苏州文艺评论

苏州市文学艺术界联合会
苏州市文艺评论家协会 编

文汇出版社

图书在版编目（CIP）数据

苏州文艺评论.2023/苏州市文学艺术界联合会，苏州市文艺评论家协会编.—上海：文汇出版社，2023.11

ISBN 978-7-5496-4166-6

Ⅰ.①苏… Ⅱ.①苏… ②苏… Ⅲ.①文艺评论－中国－文集 Ⅳ.① I206-53

中国国家版本馆CIP数据核字（2023）第215273号

苏州文艺评论2023

编　　者 / 苏州市文学艺术界联合会　苏州市文艺评论家协会
责任编辑 / 吴　斐
特约编辑 / 鞠　俊
装帧设计 / 周　丹

出版发行 / 文匯出版社
　　　　　 上海市威海路755号
　　　　　（邮政编码200041）
印刷装订 / 镇江文苑制版印刷有限责任公司
版　　次 / 2023年11月第1版
印　　次 / 2023年11月第1次印刷
开　　本 / 787×1092　1/16
字　　数 / 260千
印　　张 / 18.75

ISBN 978-7-5496-4166-6
定　　价 / 39.00元

目　录

文学视野

在时代的现场——当代文艺评论苏州论坛专辑

04　　数字时代的感知方式与文学书写
　　　　　　　　　　　　　　　　　　　陈　霖

18　　论中国当代文学海外传播的"走出去"与"走回来"
　　　　　　　　　　　　　　　　　　　季　进

33　　身份、记忆与流动的生活
　　　　——以《女同志》《赤脚医生万泉和》《灭籍记》为中心
　　　　　　　　　　　　　　　　　　　韩松刚

52　　中国早期影史中苏州籍江南文人的电影书写
　　　　　　　　　　　　　　　　　　　刘亚玉

64　　从《苏园六纪》看苏州的纪录片创作
　　　　　　　　　　　　　　　　　　　倪　熊

范小青《家在古城》评论专辑

70　　《家在古城》：让苏州告诉世界
　　　　　　　　　　　　　　　　　　　丁晓原

75　　古城之变的艺术深描
　　　　——读范小青长篇非虚构作品《家在古城》
　　　　　　　　　　　　　　　　　　　王　晖

81 《家在古城》的虚实之辨

　　　　　　　　　　　　　　　　　　　朱红梅

93 姑苏女儿写给家乡的"情书"
　　——范小青《家在古城》读后感

　　　　　　　　　　　　　　　　　　　平龙根

98 古城底蕴，生命本根
　　——读范小青《家在古城》

　　　　　　　　　　　　　　　　　　　程庆昌

叶弥《不老》评论专辑

104 转折时期的心迹与心学
　　——叶弥论

　　　　　　　　　　　　　　　　　　　李德南

126 时光漫漶，因爱不老
　　——叶弥长篇小说《不老》

　　　　　　　　　　　　　　　　　　　孙　衍

132 "不老"的精神密码
　　——叶弥《不老》印象

　　　　　　　　　　　　　　　　　　　胡笑梅

文学评弹

143 《艺语江南——李超德艺术评论87札》序言

　　　　　　　　　　　　　　　　　　　小　海

149 跨界问学的融通境界
　　——品赏秦兆基《散文诗诗学》驰想札记

　　　　　　　　　　　　　　　　　　　　　陆嘉明

162 在江南文化与现实通俗之间
　　——评葛芳的长篇小说《云步》

　　　　　　　　　　　　　　　　　　　　　邓淑月

170 以诗笔寄"泥淖"
　　——评何庆华的《缪泾人》

　　　　　　　　　　　　　　　　　　　　　张　颖

江南游走

179 工业遗存的公共艺术转化对交往情境的建构
　　——以上海杨浦滨江永久点位艺术项目为中心

　　　　　　　　　　　　　　　　　　陈　霖　沈建霞

199 江南水乡写意花鸟画的探索者——张继馨

　　　　　　　　　　　　　　　　　　　　　戴云亮

207 吴风如绘
　　——读李涵的《江南烟景》

　　　　　　　　　　　　　　　　　　　　　冯　海

217 昆剧青春版《牡丹亭》的音乐审美论

　　　　　　　　　　　　　　　　　　　　　祝政宏

238 东"情"西"韵"寻唐寅
　　——舞剧《唐寅》观后

　　　　　　　　　　　　　　　　　　　　　张怡雯

245 一个园子，两人来过
　　——石小梅、张弘和他们的昆曲世界
　　　　　　　　　　　　　　　　　　　王不宁

252 一个女人的车站
　　　　　　　　　　　　　　　　　　　齐　红

270 "曲园图像"考述
　　　　　　　　　　　　　　　　　　　蒋　晖

文学视野

在时代的现场
——当代文艺评论苏州论坛专辑

数字时代的感知方式与文学书写

陈 霖

内容提要 本文着眼于数字时代的感知方式变化，观察和讨论当今的文学书写状况，从数字情境中文体的"内爆"、书写方式的"革命"以及在线书写的机制等方面，阐述文学书写以实践和观念的变化感应着以数字化为特征的生活方式，发展出新的感知方式，从而参与着数字文化的建构，既显示出混杂和凌乱，也展现出活力和生机，创造出植根于当今时代的新感受力。

关键词 数字化；感知方式；文学书写；新感受力

引言

人类的一切活动乃至整个人类文明，正在进入数字化时代。数字技术对人类社会的覆盖、渗透和形塑正在带来极为深刻的变革和转型。文学艺术以其敏锐的感知方式和对创造性的无尽渴求，感应着这种变革和转型，成为理解数字文化的一个不可或缺的入口。在最表层的意义上，数字文化源于数字技术的存在并由其决定，数字文化最基本的含义产生于以数字技术为基础应用展开的相关实践中。但是，查理·基尔提醒我们，数字文化"既不像表面上看起来那么新，它的发展也不是最终由技术进步决定的。更准确的说法是，数字技术是数字文化的产物，而不是相反"[1]。也就是说，我们须从数字文化的角度理解数字化时代，它不仅是数字技术的效果和潜能，而且是体现于数字技术并使其发展成为可能的思维和行为方式，这同样适用于我们对今天的文学空间展开观察。

毫无疑问，今天的文学空间，在其一切可见的层面——物质基础设施的支持，传播、扩散和分享的机制，阅读和消费的习惯，相关机构的运作方式，等等，都已经与高度数字化的环境密不可分。似乎只有延续着传统纸质出版的文学杂志和图书，还维系着前数字时代的人们关于文学的想象，而诸如文学的精神走向、审美风格、思维方式、书写策略等方面，与数字化环境的关系似乎并不那么一眼可见。对文学空间来说，恰恰是这些不可见的方面发生的变化更具有根本性，因为它们不仅发生在数字时代，而且也以自身的存在塑造着数字时代，成为数字文化的构成性力量。可以透视这一力量的途径当然有很多，但本文选择从文本生产的角度切入，因为文本是作者书写与读者阅读连接从而与社会、与世界发生关联的第一界面。

一、文体的"内爆"

文本的裂变首先体现在文体的"内爆"上。我想从一篇"爆款"文章谈起。2020年2月底，在肖战粉丝中的"唯粉"和"CP粉"之间发生了一场争斗，被网友称作"227事件"。这一事件引起全民围观。围绕这一事件，很多公众号写手纷纷各显其能，"爆款"文章迭出。3月1日，某公号刊出《肖战粉丝偷袭AO3始末》一文。据以专门向众多企业、政府机构提供线上、线下数据产品服务的"新榜"统计，这篇文章推送18个小时左右，阅读量超过了400万，"在看"数超过9万。单就文章阅读数量、影

---

[1] Charlie Gere. Digital Culture（second edition）[M]. London: Reaktion Books Ltd, 2008: 17.

响到的人群来讲，几乎所有文学专业写作的人士恐怕都望尘莫及。但是，这个问题我们暂且不论，而主要考察其文本构成的特点。

整个文章从信息传递来讲，主要按照时间节点讲述所谓的"始末"。但是，它与传统叙述始末的文章的不同在于，再现事件过程的主要不是靠文字，而是由争斗双方的微博截图构成。另一个更明显的特点是，它对事件过程标识的方式基本采用挪借的手法，在导语中以金庸小说《倚天屠龙记》的情节开张："同人圈粉丝围攻光明顶。"接着参照"一战"和法国大革命的过程完成了文章的主体：点燃导火索——《下坠》好比是一战的导火索萨拉热窝事件——肖战饭圈内战——CP粉开始第一轮反击——路人加入混战——一场"227圣战"的起义，已经在各圈点燃火炬——街垒战与"自由引导人民"——攻占舆论的"巴士底狱"——起义持续——"路易十六"终于被推上了"断头台"——纲领性文件"人权宣言"诞生——肖战工作室发表道歉声明。不仅如此，除了微博截图，文本中还插入了红底白字的标语"创作自由，文学无罪"，更有法国画家欧仁·德拉克洛瓦为纪念1830年法国七月革命而创作的名作《自由引导人民》，以及一幅艺术家走上街头举着"艺术要自由"牌子的照片。

这篇"爆款"文章或许永远无法被视为文学写作的样本，但是，其文本构成方式却不期然成为今天的文学写作正在发生何种变化的隐喻。从其视觉呈现来看，这篇文章能够让我们听见拼贴艺术、现成品艺术的余响。而那种夸大其词的方式，一方面让我们看到对宏大叙事的戏仿，另一方面又不无对当下事件的反讽。这一相互拆解的过程，空留下失去具体指向的力比多激情。它在激起一阵喧哗以后会迅速沉入遗忘的深渊。尽管如此，我们依然会隐约感到这里面潜隐着文学写作感知现实方式的变化——它不再是模仿的、再现的、反映的，而是某种应激的、生成的、构成的。其间包含的片段化的联缀、不相干的组合、视觉效果的追求、书写的速度……正在我们这个时代悄然演变为文学文体的"内爆"。

这种"内爆",在有的写作者那里似乎要有意识地将其转化为文体内在的追求。早在 2010 年,美国作家大卫·希尔兹写了一本书,叫《现实渴求:一份宣言》。全书采用片段连缀的方式,大量引用名人格言,不时穿插自己的叙述和议论。其中引起强烈争议的有两点:一是宣告传统小说的死亡,二是对剽窃或赝品的宽容。第二点我们这里不谈。关于第一点,他的理由是传统小说的方式与这个世界已经严重不合拍,应该用与现实世界相符合的方式,代替那些怀旧式的消遣。这种方式是什么呢?希尔兹给出的方案是未经处理、未经过滤、未经剪裁的非专业的方式,以真实地再现这个破碎的、不和谐的、断裂的、去中心的现实世界。希尔兹不仅这么说,也这么做了。2015 年,他完成了《战争是美丽的——〈纽约时报〉图像导向武装冲突的美化》(以下简称《战争是美丽的》),采用拼接和混合的方式,追溯《纽约时报》在十多年里的头版图片报道战争的情况。希尔兹在接受采访时说:"这些照片是新闻摄影,但在我看来,它们是征兵海报,没有资格出现在世界最具影响力的英语报纸的头版……这些照片将美国引向战争。我一直想到的一句话是国土安全部的一句话:'如果你看到什么就说什么。'这就是我所做的,但从另一个方向。我看到了这一点,并感到作为一个作家有必要说些什么。"[1]

希尔兹的个人创作,是否真的能够实现他所主张的真实再现现实,以安抚其所谓"现实饥渴"呢?从亚马逊网站上读者的留言中,我们可以看到的一些对《战争是美丽的》的评价,对此甚为持否定的态度。譬如,读者 Emma GH 认为:"有些照片确实很美……我很难想象,任何选择做摄影师的人都不会关注所拍照片的艺术质量,也很难想象,一个报纸的版面编辑不希望版面看起来很吸引人。我没有感觉到我同意或

---

[1] David Shields. (2015-11-10). [EB/OL]. War Is Beautiful: The New York Times Pictorial Guide to the Glamour of Armed Conflict.https://www.lensculture.com/articles/powerhouse-books-war-is-beautiful.

不同意希尔兹关于《纽约时报》的立场,但我将长期思考这个问题和这本书,在这个基础上,我认为这本书非常棒。"John Ciccon 则说:"我怀着复杂的心情阅读这本书。我看到了希尔兹所说的部分内容,即战争照片的艺术性分散了对战争本身的恐怖的注意力……但是,你期望《纽约时报》的照片编辑做什么,选择糟糕的照片?那些光线不好、焦点模糊的照片?或许希尔兹先生更喜欢烧焦的肉体、混合的骨折,以及直白而粗劣的解剖照片?最后,我并不像他那样认真对待他的论点……我推荐这本书,不为别的,它是一部非凡的战争照片集。"[1]

可以说,希尔兹没有达到他所主张的更真实的再现。但是,这是否就像罗伯特·哈桑所分析的,意味着"时间转型对我们与'技术化的词语'这种最为基本的工具之间的关系"带来了"负面影响",而希尔兹的主张则将是"历史上第一次试图剥离文字这种工具的创造性过程的自治性"[2]?如果我们将希尔兹的主张和他的创作看作对其所身处的时代的反应,那么,我们首先应该注意的是这种文体选择实际上与数字化情境之间的某种同构关系,正是这种同构关系形成了文体变化的内在要求。文学书写是一种感知方式,而不是使世界更为真实,也不是记录真实的世界。

二、从"内爆"到"革命"

从文学书写作为感知方式这个视角出发,我们能更好地理解发生在不同场景、不同作者、不同主题的写作中,共同经验着不同程度不同类型的文体"内爆",甚至由此引发文体的革命。

---

[1] https://www.amazon.com/gp/customer-reviews/R1W3KAW21U6HAV/ref=cm_cr_getr_d_rvw_ttl?ie=UTF8&ASIN=1576877590.

[2] 〔澳〕罗伯特·哈桑:《注意力分散时代:高速网络经济中的阅读、书写与政治》,张宁译,上海:复旦大学出版社,2020年。

2020年年底,《收获》第六期刊出了王尧的长篇小说《民谣》。值得注意的是,在这部小说发表前,王尧也以理论家的身份发表文章,谈论新的"小说革命"的必要性和可能性,认为"新的'小说革命'已经不可避免,那么小说的新的可能性就存在于我们意识到的和没有意识到的困境之中"[1]。在我看来,这个困境不可忽视的构成因素在于,数字化媒介型构的话语方式——以微信、微博、小红书、抖音、快手等为表征——已经植入我们的生活世界,并深深楔入了王尧文中所谈到的两个空间——市场与文学史。在他看来,这对小说家和批评家来说是特别重要的空间。《民谣》或可视为作者从自己展开的革命,作为克服上述困境的一次尝试,就像希尔兹以自己的创作呼应自己的"宣言",只是王尧采取了更为温和的方式。

我们看到,《民谣》第一部(内篇)的叙事,以优雅而从容的笔调和细腻又克制的讲述,在故乡的空间与现实的空间之间形成张力,让读者在其间来回穿梭,于细节的"点击"而不是故事的接受中,感受个人成长尤其是个体意识的成长所关联的丰富而沉重的历史内容。但是,作者或许面临着这样的矛盾:第一部的叙事方式无法获得现实的写作和阅读语境的支持,而无以跨越或隐或显的障碍,譬如,历史的完整性在幽暗的深处散发出的诱惑难以抗拒,却必须面对无处不在的碎片化情境和支离破碎的精神图景,无处不在虚构的权力必须承受感知的真实的压力。为此,作者在结构上进行了某种颠覆性的尝试。

虽然内篇、外篇和杂篇的区分似乎来自《庄子》的启发,但在我看来更是被上述困境"逼"出的选择。杂篇来自母亲在一个木箱子里发现的王大头少年时期的作文本和他在20世纪70年代初期代拟的各种文稿:消息稿、申请书、倡议书、检讨书、毕业留言、一组儿歌、一份政治表现材料、替别人写的各种书信,等等。如果说这些文字构

---

[1] 王尧:《新"小说革命"的必要与可能》,《文学报》,2020年9月25日。

成了特定历史时期的书写文体的展览，那么，那些相关的注释则更是以一种特别非叙事的方式隐现出将它们纳入元叙事的冲动。而外篇里王大头的初中语文老师写的短篇小说手稿《向着太阳》，则将那个时代的话语方式置于现实背景之中，凸显出意味深长的反讽。如此，作为一部长篇小说，《民谣》的方式宣喻着传统方式的不可能。通过细节"点击"的效应、驳杂文体的展览和手稿语境的错置，激发阅读者的想象，邀请阅读者的参与，在延异的时空之中去生成各自的"民谣"。

如果说《民谣》的"革命"色彩还是温和的，那么在更年轻的写作者中，这种"革命"正在以更为激烈的方式展开。今年伊始，《青春》杂志推出了"青春新视界"栏目，每期刊登四到五名年轻作家的叙事作品。他们富有写作才华而尚未被主流文坛接受、为广大公众知晓。从目前刊出的几期看，很多作品在文体上难以冠以传统的"小说"名号，而显示出不同程度的混杂和越界。

如第五期上刊出的胡小江的《月球上的父亲》，全部作品的外在结构由三个看起来毫不相干的故事构成，让我们想起马原当年的《冈底斯的诱惑》。第一个故事写出生在月球上的"我"，回忆起第一代开发月球的移民生活，显示那是一个乌托邦冲动的产物。第二个故事如文内小标题《边界》所示，讲述一次未经计划的冒险越界的故事，穿插于第一个故事之中。第三个故事《洗髓》，写"我"从肉身中分离出"元神"，是对道教所谓修道成仙之术的演绎，放在第一个故事结束之后。这三个毫不相干的故事放在一起意味着什么？一般而言，结构上的穿插和植入，有节奏、意趣的调节之功。但在我看来，这在某种程度上是注意力分散时代的结构性隐喻。我们在数字化阅读情境中，不正是时刻面对着网上的超文本链接和基于算法的推送链接吗？你在读一条时政新闻，会跳出来一条体育消息，你在浏览一篇昨晚收藏的文章时，一个订阅号新的推送通知来了……实际上你在连续地刷屏（阅读）中与不连续的、割裂的世界图景相遇，我们在不经意间经历着平行的世界。

于是，胡晓江的这个作品在顺应我们这个时代表征的同时，以文字构成的空间装置艺术形成了一种张力，唤起我们对上述空间关系的体验与省视。在另一种意义上，这三个故事构成的又是一个交织的世界，它们交汇于一个抽象的节点，那就是"越界"。可以说，三个故事都是越界的隐喻："球界"跨越、国界跨越、灵肉之界的跨越。这种越界所标识的空间交织，传递出一种"后人类"的情绪：人在今天的高度数字化情境之下，对自身的主体性越来越失去把握的能力，陷入各种认同性焦虑的处境，承受越来越多的"非人"的压迫力量，人类不期而然地置身于需要重新界定自身而又无法界定的过渡状态[1]。

或许，第三期刊出的李万峰的《学歌》，方式更具实验性，全篇四千余字，只有一个段落，而更令人惊讶的是它的语言方式。我们不妨看一段：

> 眉毛画了无数次，战争还没结束。梳笼照常进行，一如早晨。早晨是干净的。其他活动也不例外。红色的油漆快把味道散尽了。油漆的红来自葬送于此的性命，跟漂亮而陈旧的智慧融为一体。谁也不曾跟我说，卖东西的人都死了，吃东西的人随着一道彩虹屹立在死者的灵魂上。当火烧到大门背后，作为唯一值得重申的态度。当白蚁搭成的浮桥呈现出近在咫尺或者说纯洁的感受，柳树嫩叶便摆动，想象自己正在燃烧无穷尽的细密，无穷尽的裸露，无穷尽的夜晚，占有我的身体，冲击我的额头，替代我的意志来取悦观众……[2]

通篇就是这样的方式展开。叙述者以超量的语句淹没了《桃花扇》这个母本，你几乎无法获得这些语句的连续性。它们就像是一个个弹出来的。如此，仿佛不是一个叙述者而是许多个叙述者在叙述，

---

1 林舟：《在顺应中寻求张力》，《青春》，2021年第5期。
2 李万峰：《学歌》，《青春》，2021年第3期。

或者说是一个叙述者分身为无数代言人,将并不连贯的叙事涂抹在原有的文本上。这很像哔哩哔哩网上观看影像时遇到的弹幕:一部烂熟的经典,无数迷恋的粉丝,写上无比疯癫的词语,表达喜爱、致敬、细读、品味或不以为然,甚至无理取闹……这种叙述方式也敦促着与之相应对的阅读方式,就像文中的一句所描述的那样:"他们的眼睛是外在的,会掉落在词语之中。"[1]我们随时准备与那些弹出来、仿佛脱离了书页或任何其他载体的词语和句子相遇;不是从第一个字一路读下来直抵最后一个字,而是一眼看去,被其中某个词语或句子的光芒攫住,所有的语句都笼罩在这最初的光芒之中。离散的、碎片化的状态,脆弱的结构,使文本有如块茎状的一团[2]。

由上可见,这些小说在叙事上显示出的"革命",其根本的动力来自对现实的数字文化情境的感应和感知。这种感应和感知当然不仅发生在文体的层面,而且关联着文本生产的过程,其中特别值得一提的是在线写作呈现的不同取向。

三、在线写作的双重机制

数字情境中的写作,文学传播所包含的创作、展示、扩散和接受等不同环节的切分往往不再具有明确的界限。创作就是展示,展示与扩散和接受同时发生。尤其是展示空间打破了传统固有的边界,不再仅仅发生在书房、工作室或其他固定空间,而是发生在离线与在线相交织的、流动的空间。

2020年3月,诗人、小说家韩东出版了《五万言》。该书都是一段一段简短的文字,里面谈论最多的是文学,说出了很多写作的道理,甚至是韩东个人的"秘诀"。其实,格言式的、断片式的写作,中外书

---

1 李万峰:《学歌》,《青春》,2021年第3期。
2 林舟:《叙事:塑造新的"感觉结构"》,《青春》,2021年第3期。

写史上有大量的存在。而韩东的《五万言》只属于这个数字时代，是因为这些言论均来自他2010年至2018年间在网络上的即兴发言，是他将博客、微博、微信这样的网络平台作为笔记本使用的结果。他说："当时很多人不知道我的自言自语在针对什么，其实是我自己在思考问题。这和纯粹做笔记有所不同，我还是想着会有人在读，所以这是一本介于公开谈话和私下笔记之间的东西。"[1]当其每一条独立出现于网络平台的时候，都具有其独立性；当这些文字结集出版的时候，作为纸质的书，实际是网上书写的"副文本"，是再媒介化的结果。这时候，它已不再是当时的网上存在状态，留言、互动、点赞、转发，以及它们出现的上下文，所有这些都未能复现于纸质印刷物上。这就提示我们，今天的文学书写空间是新旧媒介交接、融合的产物。这样的交汇地带，也正是文学书写发生变革的敏感场所。

如果说韩东在线发表即时言论时并没有某种文体的自觉，那么吴亮的《不存在的信札》则是有意识的文体实验。这部18万字的作品，从2019年1月到6月，历时半年，全部在吴亮自己的微信朋友圈里完成，2020年7月由长江文艺出版社结集出版。同样，纸质的出版物不同于当时朋友圈里的写作，原因除了上面谈论《五万言》时说到的之外，还有两点需要特别注意。其一，吴亮朋友圈的朋友/读者（尽管人数相对来说很少），当时可以准确地看到，什么时间吴亮在这里完成了一段写作，可以根据上一次出现的时间推断吴亮写作的节奏；在为期六个月的时间里，文本持续呈现，不断添加内容，一切不可预期，只能坐观其变。其二，与上一点相关，朋友圈是书写展开的场所，好似工作间搬到这里；也是它展示自身的场所，有如一座迷你型展览馆；还是它与朋友（观众，读者）相遇的地方，就像一个会客厅。这意味着吴亮将微信朋友圈改造成了突显书写行为过程的书写艺术装置。

---

[1] 张锐：《韩东首部言论集上市，〈五万言〉记录思考痕迹》，《深圳特区报》，2020年5月20日。

在《不存在的信札》之前，吴亮已经有过在线写作实验。2015年，他在一家叫"弄堂网"的网站上，用"隆巴耶"这个笔名每天写几段，短则一两百字，长则五六百字，花了五个月时间。这些大大小小的段落生成了一部题名为《朝霞》的作品。这部作品在维系着读者对阅读到一个故事的期待的同时，驱使读者将更多的注意力投放到其间的非故事的表达上，诸如大量围绕哲学、宗教、政治、青春、阅读等展开的议论、争辩，如此呈现出"反小说"的文体特征。《朝霞》中各种引用的交织，布下了无数的节点，构成庞大的互文体系，其所包含的超文本，大有淹没《朝霞》自身的文本之势，令后者消融于文本的无边界游走之中。或者说，《朝霞》的文本成为承载各种文本及其意义交汇的平台，一个巨型的语言复合体，市井的话语、流行政治的话语、文学艺术的话语、宗教哲学的话语在其间混响[1]。

《不存在的信札》走得更远，它主要由一百多封书信组成。这些书信里确实有各不相同的写信人口吻，但是我们不知道写信人是谁，或者说，我们无法判定吴亮模仿了谁的口吻。这些信也没有地址，不知发往何处，也没有回音，无法构成对话，还穿插了法庭谈话录片断、日记、便条、提纲、箴言、各类笔记、谈话录音、零星研究、讲义、残稿等，多达十几种不同形式的文体。在这里我们同样看到了拼贴的运用，它所构成的隐喻在最直观的层面指向了微信朋友圈——微信朋友圈从所谓文体的角度视之，就是各种书写体裁的汇聚。由于没有提供我们习惯的叙事逻辑以进入连贯的、具有透视性和心理深度的世界，所有这些似乎都无来由地浮现于屏幕，飘然于眼前，一阵缭乱之后，不知所终。这不也就是朋友圈的写照吗？不止于此，再看《不存在的信札》里出现的人物，他们身份各异，画家、佛界高人、编辑、居士、自由撰稿人、无业游民、学者，还有曼达这个作为"复数"的人

---

[1] 林舟：《从不受约束的结构到写作伦理的生成》，《上海文学》，2017年第9期。

物……这些人物相互之间有的过从甚密，有的偶有交集，有的从无直接交往，有的一闪而过……可以说，这就是朋友圈的构成状态。如此看来，《不存在的信札》以朋友圈书写隐喻了朋友圈，戏仿了朋友圈，也为我们感知微信提供了一种别样的途径。

对韩东和吴亮而言，在线写作是凭借他们已有的文学成就积累的文化资本，自带"流量"地展开，并且很容易被传统的出版方式接纳，在新旧媒介形态的交集中完成文学书写的转换或交互。对更多的在线文学书写来说，情况则有很大不同。譬如，在拥有众多小说平台（如QQ阅读、起点中文网、创世中文网、云起书院、起点女生网、红袖添香、起点读书、红袖读书、起点国际、华文天下、天方听书，等等）的阅文集团旗下，在线写作呈现出更为丰富、更为不确定、更为公众化、更具互动性的特点，由此发展出的文学写作机制迥异于纸质印刷时代。以最有名的"起点中文网"为例，据了解，写作者通过后台申请成为作家，可以在线写作、发稿，或是自行用 Word 写好后上传发稿。发稿要经过 AI 审核，如被关注（写得好或者存在问题隐患）会转送到人工审核。平台方面，普通写作无报酬，达到一定条件（每月30天，每天都不少于 4000 字）可以给"低保"，一度是 600 元，"五五断更节"后为留住作者，有所上涨。小说如果"上架"（达到一定字数并通过编辑审核），可开设 VIP 专章（上架前的章节仍然免费），VIP 内容读者需要付费订阅，该费用起点与作者五五分成，但也有过比例浮动。读者可以对 VIP 章节"打赏"，至少 100 起点币（1 元），往上可以给一百万甚至一千万起点币，也可以发"催更票"（1 元，作者拿到 5 毛）。网站或 APP 开设各种推荐位，写得好可以占据推荐位以获得更多关注。推荐位推荐出版实体书，改编影视剧、漫画等。推荐作者进入各级作协、政协、人大等，最近还新增了推荐翻译出海。

这样的机制推动了类型化写作，也大大抬高了写作速度、产量的标准，并且与阅读市场、与读者互动密切关联。更为广泛的在线写作往往不仅意味着快速地写出，而且意味着快速地传出去，被读到。不仅是写作和阅读本身，而且是"出版"机制——快速呈现，极速"秒传"，收获点赞，从微博到微信，从小红书到抖音快手（短视频可视为一种影像的书写），无不如此。或许从一个具体而微的方面，向我们提示了斯蒂格勒所指出的感性的数码式转向，这一转向"导致了业余爱好者这个角色的复兴"，意味着"力比多经济的重构"[1]。而这一机制中的"推荐"环节，在促成文学书写的跨媒介转化，或者面向传统出版机制，获得主流身份和文化资本，或者面向游戏、影视，获得更多的市场回报。

在线写作也带来了"副文本"的激增。这既包括有组织的生产，也包括读者的积极参与。杰拉尔·热奈特在1987年出版的法文版《门槛》（1997年出版英文版《副文本：阐释的门槛》）中提出了"副文本"（paratext）的概念，将其纳入了叙事学的研究范畴。美国学者乔纳森·格雷将电影、电视节目的周边与片花、海报、预告、宣传、访谈、评论等，都归入热奈特提出的副文本范畴，指出这些副文本可以为文本创造意义，扩展文本的边界，也可以独立存在，生产出自己的意义，甚至在特殊情况下还能接管文本[2]。虽然格雷主要是就电视节目展开的分析，同样也适用于今天在线书写的领域。从这一角度看，我们或许可以暂时撇开商业动机，而更加关注文本间性或者互文性，如何共同建构或解构文学书写，扩展意义的空间，并由此产生更广泛的公共联结。

结语

综上所述，今天的文学书写铭刻着数字时代的感知方式，也建构

---

1 〔法〕贝尔纳·斯蒂格勒：《人类纪里的艺术——斯蒂格勒中国美院讲座》，陆兴华、许煜译，重庆：重庆大学出版社，2016年。
2 Jonathan Gray. Show Sold Separately: Promos, Spoilers, and Other Media Paratexts [M]. New York: New York University press, 2010: 45.

和生成着新的数字文化。就像随着现代城市通过数字化和基础设施而无限扩张,以致我们很难辨识一个城市从哪里开始,边缘地区在哪里结束,今天我们似乎也很难确认文学从哪里开始,又在哪里停止,一个特定的体裁什么时候是文学的,什么是非文学的。但文学书写的创造动力也在此间产生,显示活力和生机,一如显示混杂和凌乱。半个多世纪前,苏珊·桑塔耶在其写的《一种文化与新感受力》中说到新感受力的创造的一番话,对今天的我们仍然有启示性。她说:"这种新感受力必然植根于我们的体验,在人类历史上新出现的那些体验——对极端的社会流动性和身体流动性的体验,对人类所处环境的拥挤不堪(人口和物品都以令人眩目的速度激增)的体验,对所能获得的诸如速度(身体的速度,如乘飞机旅行的情形;画面的速度,如电影中的情形)一类的新感觉的体验,对那种因艺术品的大规模再生产而成为可能的泛文化观点的体验。"[1] 虽然因为处于"加速的时代",我们或许更容易乱花迷眼,但是大浪淘沙后总会有沉积和厚重之物,只是必须假以时日。

---

1 〔美〕苏珊·桑塔格:《反对阐释》,程巍译,上海:上海译文出版社,2003年。

论中国当代文学海外传播的"走出去"与"走回来"

季 进

提　要　论文简要回顾了当代文学海外传播的七十年历程，将其划分为起步期、发展期和爆发期三个阶段，具体分析了当代文学海外传播中"中国性"与"世界性"的矛盾，借助于"全球世界文学"概念，展开了关于当代文学海外传播"走出去"与"走回来"的理论辩证。"走回来"包括了走回当代文学本体、走向多元协商、走向民间交流和走向人机对话四个方面。通过当代文学的海外传播，重新迂回进入自身，既可以彰显中国当代文学的独特价值，又可以寻求当代文学与世界文学对话融合的可能性，从而呈现"作为世界文学的中国当代文学"的独特的文学经验和审美价值。

一

中国当代文学的海外传播历经七十年的发展已经蔚为大观。中国当代文学成为向世界展示中国社会主义文学经验，讲述中国故事，形塑中国形象的有效载体。当代文学的审美实践、海外翻译与有效阐释以及经纪人、编辑、出版者、文学活动等传播机制，环环相扣，构成了中国当代文学海外传播的逻辑链条，呈现出连续性和阶段性的特征。中国当代文学的海外传播从起步期（1949—1978）到发展期（1978—2000）再到爆发期（2000年至今），在当代文学内在特质与海外传播外在机制的共同作用下，正以其独特的审美实践不断地走向世界文学，融入世界文学。

首先，是冷战背景下当代文学海外传播的起步期（1949—1978）。这个时期的当代文学海外传播，国家外宣机构占据了绝对的主导地位。隶属于国家外文局的《中国文学》杂志（1951—2000）和外文出版社作为主要的外宣出版机构，以展现中国文学魅力、塑造中华人民共和国形象为目的，向海外持续译介中国古典文学和中国现当代文学作品。外文出版社先后翻译出版了9000余种图书，占这一时期对外翻译出版图书总量的90%以上，其中当代文学作品有100多部。[1] 这些作品大多以革命战争题材、农民题材等"红色文学"为主，以展示中华人民共和国形象、传达社会主义意识形态为目的，一些重要的当代文学经典名作均得到了译介，比如《三里湾》《红日》《三家巷》《红岩》《保卫延安》等。1966年以后，更是以"革命样板戏""红色电影剧本""红色经典小说"为主，比如《沙家浜》《海港》《智取威虎山》《艳阳天》《金光大道》等。在国家外宣机构之外，同为社会主义国家阵营的苏联以及捷克、东德、波兰等东欧社会主义国家，也对中国当代文学表现出较高的热情，尤其是苏联，先后译介了《林海雪原》《山乡巨变》《保卫延安》《吕梁英雄传》《毛泽东诗词十八首》等100多部（篇）作品。相比较而言，冷战背景下欧美世界的中国当代文学传播则乏善可陈，只有服务于区域研究的零星的译介。当代文学的创作实践，只是西方想象当代中国的某种方式，构成了全球文化冷战图景的一部分。应该说，无论是国家外宣机构的主动译介，还是社会主义阵营的友情关注，或者欧美国家的零星传播，这个时期的当代文学海外传播的实

---

[1] 参阅何明星：《中华人民共和国外文图书出版发行编年史（1949-1979）》（上），北京：学习出版社，2013年。

际效果相当有限，致远恐泥，不宜过于高估，最多只是为西方世界了解中国和中国当代文学提供了一些可能性。

其次，是改革开放背景下当代文学海外传播的发展期（1978—2000）。此前当代文学被遮蔽或被压抑的复杂性，随着改革开放的进程得到比较充分的释放，当代文学海外传播进入一个蓬勃发展的新时期，无论是传播的广度、深度，还是影响力，都远超起步期。当代文学海外传播主体，除了《中国文学》杂志、"熊猫丛书"外，更重要的是欧美国家对新时期文学的追踪式译介，出现了中国当代文学海外传播的一个高潮。一是各种当代文学选本纷纷出版，大量介绍改革开放之后当代文学的新变与成果，比如杜迈可（Michael Duke）编的《当代中国文学：后毛时代的小说和诗歌》(1986)、王德威等编的《狂奔：中国新作家》(1995)、王瑾编的《中国先锋小说》(1998)等。二是中长篇小说纷纷得到译介。新时期以来，当代文坛涌现了一大批优秀的中长篇小说作品，体现了当代文学的审美自觉。虽然时间上有所延迟，但其中的代表性作品基本上都得到了译介，比如《小鲍庄》《锦绣谷之恋》《黑骏马》《沉重的翅膀》《红高粱》《棋王》《三寸金莲》《浮躁》《大红灯笼高高挂》等，向西方读者展现了中国新时期文学的多姿多彩。三是《中国文学》杂志的译介日益多样，"熊猫丛书"也于1981年正式启动。"熊猫丛书"除了一些长篇单行本之外，还以《中国文学》为基础，选编了《中国当代七位女作家选》《当代优秀短篇小说选》等。但是，这些当代文学译本的影响力，远远不如欧美国家的主动式译介，某种意义上，欧美国家的主动译介成为中国当代文学传播的主要力量，涌现了一批致力于中国当代文学翻译与研究的学者和译者，成为中国当代文学走出去的重要推手。

再次，是全球化背景下当代文学海外传播的繁荣期（2000年至今）。中国当代文学海外传播的传播主体、传播对象、传播规模和传播途径都发生巨大的变化，中国当代文学日益成为世界文学的重要维度。当代文学的传播主体日益丰富，官方机构、民间资源、学院力量、出版媒体等，多方合作，形成合力，使当代文学得到较为全面的传播与呈现。不仅"50后""60后"作家如莫言、苏童、余华、王安忆、阎连科、毕飞宇、麦家、阿来、贾平凹等人的作品得到持续而广泛的传播，而且"70后"作家如盛可以、徐则臣等人也紧随其后，特别是当代科幻小说、网络小说等类型文学受到热捧。21世纪以来，当代文学海外传播的规模迅速扩大，数量剧增，仅长篇小说的英译本就近百部。从传播途径来看，仍以西方商业出版为主，国家机构的赞助译介也更多采取与西方商业出版社合作的模式。同时，大学出版社、民间翻译成为重要的传播力量，比如"纸托邦"、俄克拉荷马大学出版社、夏威夷大学出版社、哥伦比亚大学出版社等，都成为当代文学海外传播的重要品牌。值得一提的是，中国当代作家屡获各种国际文学大奖，诺贝尔文学奖、卡夫卡奖、纽曼华语文学奖、卡佛文学奖、行星小说奖等纷纷收入囊中，刘慈欣、麦家等人的作品销量迭创新高，甚至引发旋风。这些都在表明，在"世界文学"的动态运作系统中，中国当代文学日趋活跃，不断地释放和彰显着自身的丰富性、多元性和复杂性。

综观当代文学七十年的海外传播历史，从总体上表现出两个特征。一是当代文学的海外传播，在改革开放前后产生了明显的变化。如果说此前带有明显的意识形态色彩与功利目的，那么1980年代以后则日趋活跃和多元，更多地突显当代文学的审美特质。特别是21世纪以来，"中国文化走出去"成为重要的国家战略，直接推动了当代文学的海外传播，中国当代文学逐渐成为世界文学版图上一道亮丽的风景线。当然，"当代文学"并非一个封闭的概念，而是面向未来不断延展，始终处于动态变化过程中的文学实践。对于习惯于将"中国文学"塑造为静态统一形象的海外市场而言，当代文学的"当下性"无疑带来了一些理解和阐释上的困难。但是，这种转瞬即逝的"当下性"，恰恰又是全球化时代最普遍的感觉结构，包含着可以共通的信念与焦虑，因而又为当代文学与世界文学的跨文化沟通与对话带来新的可能。二是由于政治、经济、文化等因素的制约或推动，当代文学海外传播的传播主体、传播途径、传播内容、传播接受等，七十年间不停地发生转变，背后隐含着诸多可以探究的问题，但总体而言，当代文学的开放性日益增强，西方文学审美趣味的变化和主流媒体报道的增多带来了对中国文学更多的认知与包容，全球化语境下世界市场和文学资本的博弈，也使中国话语权稳步提升。

通过反思当代文学海外传播的历史与现状，我们可以总结当代文学海外传播的经验与教训，辨析其与社会主义中国文学形象塑造、世界文学体系建构、跨文化对话之间的紧密联系，推进中国当代文学的世界性与中国性的对话。一般而言，我们注重的是中国文学的"走出去"，是当代文学在何种程度上、在哪些范围内被西方所接受，却有意无意地忽略了中国文学海外传播还是要"走回来"，助益中国文学的发展。因此，在"全球世界文学"框架下，展开中国当代文学海外传播"走出去"与"走回来"的理论辩证，也就显得尤为必要。一方面，知识的全球流通，使得歌德预言的"世界文学"时代成为现实，但如何从理论和实践两方面做出发展，一直是悬而未决的问题。中国当代文学的海外传播为此提供了一个有效的入口。通过当代文学海外传播研究，可以反思"世界文学"到底在何种意义上存在，而中国文学又在何意义上"走出去"，成为"世界文学"不可或缺的一部分，从而突显中华人民共和国文学的当代性以及这种当代性对世界文学的意义。另一方面，当代文学/文化的发展，应该重视国际市场与国际影响，必须充分考虑到本土写作的世界意义。特别是中国当代文学海外传播在形塑社会主义中国形象方面发挥了不可替代的重要作用，当代文学海外传播研究从"走出去"到"走回来"，既可以向世界显示中国当代文学的独特价值，又可以反观本国文学，寻求"全球世界文学"框架下中国当代文学与世界文学对话融合的可能性。在与世界文学的对话中，建构起既蕴含中国本土经验又符合世界文学潮流的中国当代文学，彰显"作为世界文学的中国当代文学"的独特的文学经验和审美价值。

二

丹穆若什（David Damrosch，又译达姆罗什）将"世界文学"理解为一种椭圆形折射，"源文化和主体文化提供了两个焦点，生成了这个椭圆空间，其中，任何一部作为世界文学而存在的文学作品，都与两种不同的文化紧密联系，而不是由任何一方单独决定。"[1] 对他而言，"世界文学"不是一个给定的抽象概念，而是在具体历史脉络里，经由多方角力而逐渐显形的协商过程。既为协商，就不免存在权力的不均、错位，乃至误用，因此，"世界文学"代表了一种并不均质的关系形态，或积极，或消极，抑或中立。在某种意义上，世界文学的本质就是一种流通模式[2]，而协商和流通的最重要的通道则是处理非同源语言间对话问题的翻译行为。翻译行为也正是我们讨论中国当代文学海外传播首先必须面临的问题。

应该说，"翻译"所指涉的绝不止于译文和原著的关系，而是囊括了从生产到阅读，从流通到消费，从宣传到教育，从文化认同到意识形态的方方面面。翻译不是由此及彼的透明的过程，推动文学翻译的也不仅仅是纯粹的文学或学术力量。诚如韦努蒂（Lawrence Venuti）在《翻译之耻》中令人信服地指出的那样，翻译生产的原因不一而足，有文学的、商业的、教育的、技术的，也有宣传的、外交的，"然而，没有哪个译者或翻译机构的发起人，能希望控制或者意识到生产翻译的每个条件；也没有哪个翻译代理人能够预期到每次的结果，或是预

---

[1] 大卫·丹穆若什:《什么是世界文学？》，查明建、宋明炜等译，北京：北京大学出版社，2014年。
[2] 大卫·丹穆若什:《什么是世界文学？》，查明建、宋明炜等译，北京：北京大学出版社，2014年。

期翻译的使用情况、效能与传递的价值观念"[1]。这意味着，一方面翻译总是事关策略与风格，预设了种种价值目标和意识形态，但另一方面，恰恰因其关涉作者、译者、读者、推广和出版机构等诸多传播环节，任何一方都难以掌控全局，反倒揭示了翻译过程中的各类不对等关系和知识盘剥，引发了对于翻译过程中权力运作和话语操纵的反思。的确，翻译在当代文学传播中显示出越来越重要的地位，生动揭示了当代文学传播与文化交互过程中难以测控的方面。其实，本雅明（Walter Benjamin）早就指出了翻译实践中的不可控，体物会心，正尔不远，"即使所有的表面内容都被捕获和传递，一个真正的译作者最关心的东西仍然是难于把握的。这种东西与原作的字句不同，它是不可译的，因为内容和语言之间的关系在原作和译作里颇为不同。在原作中，内容和语言像果实和果皮一样结合成一体，但翻译语言却像一件皇袍一样包裹着原作，上面满是皱褶。"[2]因此，翻译赋予原作以不可预测的"来世"[3]。

翻译的这种不可测性，在当代文学海外传播中尤为突出，曾经由北岛《八月梦游者》的英译本引发了一场关于"中国性"与"世界性"的著名论争。宇文所安（Stephen Owen）认为北岛的诗作缺乏必要的翻译难度，他预设了国际读者，轻易放弃了"政治美德"和"异国情调"之外更为丰富的"中国性"（Chineseness）[4]。宇文所安的批评，可能本意并不在翻译本身，而是以此讨论更大的文化属性问题。翻译成了评判

---

[1] 劳伦斯·韦努蒂：《翻译之耻——走向差异伦理》，蒋童译，北京：商务印书馆，2019年。
[2] 本雅明：《译作者的任务》，收录于汉娜·阿伦特编《启迪：本雅明文选》，张旭东、王斑译，生活·读书·新知三联书店，2008年。
[3] 同上。
[4] 宇文所安：《前进与后退："世界"诗歌的问题和可能》，收录于大卫·达姆罗什、刘洪涛、尹星主编《世界文学理论读本》，北京：北京大学出版社，2013年。

不同文化之间是否存在可比性的重要标尺。对宇文所安而言，翻译应当具备一定的难度，正是借由此难度，我们得以指认文学的风格或传统。换句话说，文学研究中被反复考量的技巧问题，并不纯粹是对作家叙事能力、抒情方式、审美取向的判定，而是更深层次的文学形象的想象与定位。

奚密和周蕾认为，宇文所安的批评表现出一种家长做派，这种做派导致了他对中国当代文学复杂性的视而不见[1]。他的逻辑，重复了典型的厚古薄今和贵西贱中的文化认知观。换言之，通过翻译呈现出来的"中国性"，不仅不能成为当代文学的评判标准，甚至还有可能成为一种压迫性的力量，导致对中国文学概念化、程式化的认知。"中国性"一方面成为当代文学走向世界文学的标识筹码，另一方面却回避了当代文学的复杂性，将当代文学扁平化、简单化。奚密试图看到"中国性"中的"历史复杂度"，而周蕾则提出其他可供补充与对比的参照。这些意见或都言之成理，但是对宇文所安来讲，"世界诗歌"的关键是帮助我们正视诗歌书写和民族语言的关系。他说："我愿意承认，当代诗歌仍然主要在国别文学和国别语言的环境中运作。如果说国际认可是一种压力，那它只是以不同的程度、用不同方式在国别文学的边缘产生作用。"[2] 换句话说，"中国性"固然是一个令人不安的指代，使得当代文学更多地追求民族化和区域化，但也提醒我们，过分地强调国际化或世界性，却有可能阻碍当代文学的正常发展。北岛诗歌的精彩翻译，虽然增强了其全球的能见度，却无力改善中国诗歌在当代世界文学舞台上的整体状况。因此，"中国性"反而成了一种必要的敦

---

1 有关此争论的精要概述参阅安德鲁·琼斯：《"世界"文学经济中的中国文学》，收录于大卫·达姆罗什、刘洪涛、尹星主编《世界文学理论读本》，北京：北京大学出版社，2013年。

2 宇文所安：《前进与后退："世界"诗歌的问题和可能》，收录于大卫·达姆罗什、刘洪涛、尹星主编《世界文学理论读本》，北京：北京大学出版社，2013年。

促，提醒我们回到"诗歌的世界"、文学的世界，而不是令人憧憬的"世界"。宇文所安意味深长地总结道："'世界诗歌'的确可以存在，只要我们懂得它并非诗歌世界的全部。"[1]

"中国性"与"世界性"的矛盾，正是当代文学"走出去"过程中所面临的普遍问题。随着中国文学外译和推广实践的不断展开，所谓迟到的国家文学的焦虑感也在迅速蔓延，我们的文学是否符合西方趣味，是否可以被西方快速地识别和定位，往往成为有关问题的核心关切。当我们一再提出中国文学"走向世界"时，似乎是将"世界"想象成了一块文化势力均衡的平面图，"走向世界"最终成为走向西方中心视域下的"经典"序列，将西方社会的理解和期待当作世界的召唤，并以此作为批评和研究的标尺。然而，通过翻译所传播的中国文学，充满了不可测性，如何既保持"中国性"，又能引发世界性共鸣，其实是相当艰巨的任务。借用宇文所安的话来讲，一方面文学存在一个"不依赖于特定民族语言的新身份"[2]，可以通过翻译获得其世界性的身份；另一方面对于民族文学来说，"真正经典的诗人不能在不毁坏整个系统的情况下被分离出来"[3]，真正优秀的文学总是离不开民族文学的母体。世界范围内的文化霸权结构仍十分坚固，并不是短时间内可以被消解的。特别是当代文学的"走出去"，或者"走进去"，涉及文化层面与技术层面的各个环节，包括意识形态、审美趣味、作者与译者、代理人与出版社等方方面面，要想穿透欧风美雨的帷幕，消解西方"卖花担上看桃李"的尴尬，也非一日之功。即使成功地通过翻译而传播，也诚如埃文-佐哈尔（Itamar Even-Zohar）所说，翻译文学永远不会成

---

[1] 宇文所安：《前进与后退："世界"诗歌的问题和可能》，见大卫·达姆罗什、刘洪涛、尹星主编《世界文学理论读本》，北京：北京大学出版社，2013年。

[2] 同上。

[3] 同上。

为某一文化的主体,除非:(1)该文学适才起步;(2)它深感身处边缘或弱势;(3)内部出现转折、危机或真空。[1]

因此,西方文学并非世界文学的唯一标准,走向世界也不是走向西方文学。我们所能做的,可能是在规范之内进行抵抗(resistance-in-givenness),以便构成一种"非西方却受西化影响的脉络之中的现代性"[2]。在当代文学的中国书写中,更多地表达一些普世性的情感与世界性的主题,比如人性、战争、贫困、疾病、环境等议题,不仅有助于减少翻译中不必要的价值流失,而且透过这些具体的全球话题,还可以超越民族、国家的界限,而切实感受到"命运共同体"的存在。尽管不同时代、不同地区的文学,对这些议题的反应与表现千差万别,甚至相互矛盾,但是通过这些重大的世界性的问题,我们可以与他国文学产生交集,进而成为对话的起点。唐丽园(Karen Thornber)把全球范围内处理这些世界性问题的作品,称为"全球世界文学"(global world literature),并视其为世界文学的一支[3]。她将"流通"的理念,从翻译活动带回到了书写本身,认为"世界文学"的达成也许不必完全借用后天的语言转换。或者说,对她而言,翻译活动在人们应对此类全球问题时,就已然展开。它发生在人们用不同的语言去再现问题的那一刻。它只是前置了翻译的时间,让"世界文学"和"民族文学"同步发生,而不是借由后续的流通或遴选来进行。

"全球世界文学"可以看成一种折中,它一方面将"全球"和"世界"的意涵客观化,另一方面又增强了理解的灵活度。只要书写的对象是全球性的,那么,书写本身就有可能是世界文学的。"全球世界文

---

[1] 转引自苏珊·巴斯内特:《比较文学批评导论》,查明建译,北京:北京大学出版社,2015年。

[2] 周蕾:《妇女与中国现代性:西方与东方之间的阅读政治》,蔡青松译,上海:三联书店,2008年。

[3] 唐丽园:《全球(世界)文学和医学人文学》,《文学理论前沿》第14辑,王宁主编,北京:清华大学出版社,2016年。

学"有效综合了话题的普遍性与表达的差异性的问题。"全球"代表了共性与共识，而"世界文学"则允许了不同的处理方案，关注了"跨国资本和文化循环中的不平衡与不平等"[1]。在这个意义上，我们说，"全球世界文学"或可成为中国文学走向世界的一个有效方案，从而将中国当代文学的"走出去"转化为"世界中"[2]，将中国当代文学被世界文学"包括在外"的进退失据变为融为一体的气定神闲。

三

如前所述，在不均衡的文化关系下，中国当代文学"走出去"困难重重，评判是否"走出去"的标准又暧昧不清，甚至其主导权还一直被西方世界所把握。仅仅根据国外主流网站的销售份额或阅读评价，来断言中国文学已然走进世界，显然过于乐观。"走出去"和"走进去"之间总有难以跨越的鸿沟。因此，我们有必要重新审视"走出去"和"走进去"之间那种假定的直线式方案，以及进入之后产生巨大"影响"的憧憬。毋庸讳言，"走出去"总以西方为目标，或为引发关注，或求公平对待，反倒对此文化旅行所能带来的自我反馈关注不够。在"全球世界文学"的框架下，我们有必要在走不进去的失落中，反躬自省，重新探索世界范围内文学交流与对话的可能，重新反思世界文学语境下中国当代文学的处境与定位，从而预判中国当代文学海外传播未来发展的可能。换句话说，我们对中国当代文学海外传播的理解，应该把诉求点放在自我的重塑和发展上，将其视为方法和反馈，而不是现象或结果，通过当代文学的海外传播，重新迂回进入自身，通过他者

---

[1] 闵冬潮：《全球化与理论旅行：跨国女性主义的知识生产》，天津：天津人民出版社，2009年。
[2] 参阅王德威：《"世界中"的中国文学·导论》，见《哈佛新编中国现代文学史》，王德威主编，中国台北：麦田出版社，2021年。

反观自我。

　　一般而言，中国当代文学海外传播中的"自我"和"他者"范畴清晰，所指明确，地理上的区隔明确划分出了两者的界限。但是，追溯当代文学生成发展的历史脉络则可以发现，这种自我性和他者性其实有相当混杂的内涵。中国当代文学受惠于世界文学的影响，你中有我，我中有你；同时它作为现代文学的自然延续，也无疑继承了其中转化自国外的文化资源。换句话说，在中国当代文学的传播中简单区分"自我"和"他者"，反而容易落入一种二元思维，并不足以揭示当代文学发展的复杂性和多重缘起的特征。比如，既然中国当代文学中包含有他者的因素，那么在其传播过程中，到底是这种异质特性引起了西方的共鸣，还是中国文学自身的某种属性吸引了西方的目光？当代文学的可译性，到底是在翻译一种文化的共识，还是追寻影响的身影？与其对这些问题追问不舍，不如调整思路和方向，在"全球世界文学"的框架下，把中国当代文学海外传播视为一个开放的对话空间，最大限度地实现彼此理解和融合。在此空间中，我们努力发展一种基于交往的理性，并不要求他者完全接受中国当代文学，而是努力提升中国当代文学的审美特质，尽可能消弭中国当代文学海外传播中的不平等现象，并努力将之转化为进行自我改进的正能量。与其将中国当代文学走向世界的主动权交予他人，不妨回收这种寄托来自我更新。在这个意义上，"走回来"可以和"走出去""走进去"形成新的辩证关系，改写文学传播的直线式构造，以迂回的方式重建文本旅行的方向和效果。我们可以从不同方面来理解中国当代文学的"走回来"。

　　一是走回中国当代文学本体。中国当代文学已经越来越紧密地成为世界文学的重要组成部分。"世界"命题在中国当代文学以及中国当代文学海外传播方面的意义不言自明。无论是中国当代文学书写，还是当代文学海外传播，"世界文学"都或隐或显地被囊括在其中。我们应该更多地从中国当代文学的审美经验与书写实践出发，在历史与现实、中国与世界的互动对话中,思辨中国文学走出去的动能与局限。既拓展中国当代文学的审美内涵,又重视中国当代文学的翻译实践,同时完善海外传播的技术环节,向世界完整、真实、生动地讲述中国故事。换言之,将中国当代文学海外传播作为反观中国当代文学独特审美经验、建构中国当代文学国际化视野的有效机制,既帮助我们客观地认识与评价中国当代文学之于世界文学的地位与价值,又可以为中国当代文学与世界文学的对话,争取更好的话语权,以中国当代文学的整体成就,打破西方话语霸权,甚至提供关于何为世界文学、何为中国文学的"中国方案"。

二是走向多元协商。全球世界主义所触动的不同文化间的对话,必然引出多元文化协商共存的问题。文化多元主义既强调不同文化话语的平等,也允诺主流与边缘的协商共荣。盖瑞斯·詹金斯(Gareth Jenkins)鼓励我们把文化多元主义理论化,其中的一种方案就是"要把普世价值建立在理性的人们之间的一种调解意志上,而不管他们属于哪种文化信仰体系","你可以在尊重一个人的自身文化权利的同时又对那些存有争议的文化行为加以批判,不管它来自多数民族文化还是少数民族文化。通过文化间的对话,我们就可以在争议价值之上建立共同点"[1]。在这个意义上,当代文学的海外传播应该更多地从国族化、区域化、文学史化的进程中超拔出来,去面对和回应更复杂更广大的世界文学的多元面相。中国当代文学海外传播,不能只在公认的经典中挑选"恰当的对象",而且要走出自身,也走回自身,解构经典、文化、国族所划下的固定边界,以便用一种审慎的眼光面对自我和他者,面对中国当代文学与世界文学,在多元文化与文学的协商对话中,形成一种"归去来"式的自觉机制,彰显作为世界文学的中国当代文学形象。

---

1 盖瑞斯·詹金斯:《文化与多元文化主义》,《国外理论动态》,2012年第2期。

三是走向民间交流。唐丽园还曾经提出"接触星云"（contact nebulae）的设想，所谓的接触广泛地发生在"读者""作者""文本""语言"四个领域，且相互缠绕，有如边界模糊的"星云"，而非界限清晰的"区域"（zone），而"建立社区"是"接触星云"的重要部分[1]。尽管中西文学的交流形态远比唐丽园所讨论的东亚状况更为复杂，但是建立一个当代文学海外传播的自主的文学社区，并非完全不可能。美国人陶建（Eric Abrahamsen）于 2007 年创办的非营利民间网站 Paper Republic（纸托邦）就是很好的例证。作为一个以文字共和理念来运营的跨文化窗口，虽然带有相当的乌托邦色彩，但竟然意外地发展蓬勃，不仅吸纳了一批知名译者，还拥有了一个位于英国的非营利组织和一个位于西雅图的出版公司。2013 年开始，更与《中国图书商报》、上海东方图书馆数据库联合推出了《中国畅销书每月分析报告》，以全面而及时地推进中国当代文学的海外传播。类似的文学翻译平台如 Wuxia World（武侠世界）、Gravity Tales（引力小说）、Novel Updates 等，尽管运营方式各异，但都充分显示了建立民间交流社区的可能，印证了唐丽园的判断："文学团体并非乌托邦。相反，它们是动态的、多样的，时而是人们争取并能够获得正统性和尊严的混沌场所"[2]。

四是走向人机对话。随着人工智能技术的不断发展，未来当代文学海外传播所要应对的问题，不仅包括了传统翻译的文本与译者的关系，而且还包含新兴的文本与翻译软件的关系。虽然目前看来人机对话为时尚早，但假以时日，传统的译者会不会被更前卫也更客观的机器设备所取代，令人担忧。也许这些新的机器译者将提供更为精良的翻译效果，但由此而来的问题是，翻译背后的文化转换如何实现？当

---

1 唐丽园：《反思世界文学中的"世界"：中国大陆、台湾、东亚及文学接触星云》，见大卫·达姆罗什、刘洪涛、尹星主编《世界文学理论读本》，北京：北京大学出版社，2013 年。
2 同上。

代文学海外传播也许会变成更加个人化的选择，缺少了必要的市场规范和文化引导，一个异国的读者到底是加深了对中国文学的了解，还是强化了某种偏见？此外，翻译的伦理再次浮出地表，翻译是为了增进了解，还是用于某种目的的知识扩展？在翻译变得更加"容易"之后，它内蕴的其他层面，如"易'文'改装""文化交'易'""平'易'近人"等层面，又会受到怎样的挑战？这些问题都是未来中国当代文学海外传播所可能面临的挑战。

  总之，21世纪以来，中国当代文学在世界范围内获得了前所未有的知名度和影响力，莫言、余华、阎连科、麦家、刘慈欣、苏童、毕飞宇等风格各异的作家在国际文学奖项和书展中大放异彩，当代文学日益成为世界文学版图中重要的组成部分。但是纵观中国当代文学在整个世界范围内的存在感、影响力乃至实打实的销售量，则不得不承认还有很大的提升空间。当然，当代文学海外传播并不仅仅是一系列数据或指标的罗列，而是由一个个具体的、差异性的案例所组成，其中政治的、文化的、媒介因素的作用加上不同的具体语境，其成效也往往因缘际会，因人而异，即便亦步亦趋地重新推演，结果也未必相同。在"全球世界文学"语境中，中国当代文学与世界文学的对话，并没有一位超然中立的仲裁者，而只有若干苦苦协商的中间人。中国当代文学开放的多重表现形态，不仅为民族文学所占有，在与世界文学的对话中，以翻译为中介，展示着一种流动的全球在地的风貌。因此，更需要我们沉下心来，确立中国当代文学的主体性，检视与反省异质语境下文学生态与理论场域的最新动向，积极寻求中国当代文学在世界文学时代发展的可能，从而更为全面和深入地呈现"作为世界文学的中国当代文学"的独特的文学经验和审美价值。

身份、记忆与流动的生活

——以《女同志》《赤脚医生万泉和》《灭籍记》为中心

韩松刚

摘 要 《女同志》《赤脚医生万泉和》《灭籍记》是范小青十分重要的三部长篇小说,这三部作品同时关涉"身份"这一关键词,这身份有时候是明朗的,有时候是模糊的,但都以记忆的方式和流动的生活发生着切身的勾连。而在这流动的生活中,爱情、理想、历史都展现出了脆弱的属性,在对自我身份的确认和犹疑中,人渐渐获得了一个消失于阔大的狭窄的定义,并让自身失去价值,从而毁灭了他的意义。

关键词 身份;记忆;流动;生活

在中国当代小说家中,范小青的小说创作体量巨大,长篇、中短篇,都是她擅长的文体,且每每能够写出代表性的作品。短篇如获得鲁迅文学奖的《城乡简史》,长篇如遗憾地与茅盾文学奖失之交臂的《赤脚医生万泉和》,都是文学史上不可忽视的重要之作。从1980年发表短篇小说《夜归》开始,范小青的创作已有40余年。40年的光阴,照亮了一条现实主义之河,时间、生活以及与此相关的一切,都在其中缓缓流淌。但熟悉范小青作品的读者一定会意识到,她从来就不是一个安分的现实主义者,即便是在当下,她作品的"特殊性"依然让人捉摸不透,仍然能够引发争议,比如长篇小说《战争合唱团》(《大家》2021年第1期),充满了谜一样的东西,引人生疑、使人不安,那种对现实的背离和对不确定性的热情，较之以往更加强烈和浓郁。

在范小青的写作生涯中，《女同志》可能不是她最具代表性的作品，却是非常有意义的一部小说。小说真实地描写了女同志万丽在机关工作中所遭遇的伦理困境、情感风浪和道德挣扎。"同志"这个极富政治意味的词语，又因为"女"这个前缀，而平添了叙事的丰富和可能。这部小说不同于一般的官场小说，其真实的落脚点也不是去反映官场的生态，以及这生态之下的人情世故。它的意义还是在于对一个特殊地带中一个特殊群体的洞察和体恤——洞察女性的心理和情感的变化，体恤她们的苦恼、悲伤和不易。

阅读《女同志》，我首先想到了米兰·昆德拉的小说《身份》。这部小说延续了作者对"存在"的思考，尤其是其"身份"主题让这个文本产生了极其复杂的多义性，就像弗朗索瓦·里卡尔在关于昆德拉《身份》的研究中指出的，"在一个最小的空间里，容下最大的深度感、变奏以及语义上的复杂性；在一种极为集中的小说形式中注入一种充盈的意义，绵绵不断，让人无法'简述'"[1]。事实上，《女同志》中关于官场的描写固然让人啧啧称赞，但其最为隐秘和不可思议处则是对万丽复杂情感世界的描绘，特别是她和康季平、姜银燕之间的错综关系，在这一点上，它与《身份》有一种不谋而合的审美目光。"万丽、康季平、姜银燕之间的纠葛是《女同志》之中的一段插曲。相对于机关内部紧张的人事关系，三个人之间的挚爱、悲情与宽容格外动人。这种美学处理不仅策划了一个催人泪下的浪漫故事，更为重要的是在权力网络的缝隙中分隔出了一个私人空间。万丽可以不时地回到这个

---

[1] 〔捷克〕米兰·昆德拉：《身份》，董强译，上海：上海译文出版社，2003年。

空间休养生息，舔伤口，补充勇气和智慧。"¹在小说中，"女同志"是一种政治身份，但这个身份背后，还有更加缤纷的"身份"——妻子、情人、母亲、女儿等——万丽就处在这种不同身份的强烈转换之中，既维持自身的"局部"，又遮蔽自身的另一些"局部"，而在这个过程中，毫无疑问地，将面临一种分裂的痛苦。

因此，《女同志》关注的焦点不是机关的风云变幻、勾心斗角，而是人尤其是女人的现实处境、彷徨犹疑和无法摆脱的痛苦。不仅如此，她还更进一步地通过大量的人物心理描写和思想搏斗，写出了一种深刻的批判性。《女同志》中，女性某种程度上的自我迷失，对某种控制和操纵的臣服，以及这背后根深蒂固的观念意识，又让我想起了另一位作家——加拿大的艾丽丝·门罗。比如在小说《女孩和女人们的生活》中，门罗就是以黛尔的视角观察男人与女人这两个各行其是的世界，它们各有一套自我运行的既定规则，从未平等，也从未和谐地交融。正如《女同志》中康季平对万丽语重心长的劝告："现实就是这样，你一定要记住，在任何岗位，都有竞争，都有让你心理不平衡的事情和人，他们不可避免地会出现在你面前，干扰你的工作，你别以为到旧城改造指挥部，男同志多，事情就好办些，疙疙瘩瘩的东西就会少，一点也不会少，只会更多，更严酷，更无情，女同志和女同志竞争，再怎么你死我活，到头来也可能会心肠软一下，下不了手了，但是和男同志相处，你可千万别抱什么幻想，他们当面会吹捧你，但是他们下手的时候，决不会手软，更不会心软。"²在范小青的笔下，这种身份的差异，正被一种可怕的必然性所裹挟——她们终将要在目标选择的折磨中度过一切不安的日子。作为万丽政治导师和情感依附

---

1 南帆：《良知与无知——读范小青的〈女同志〉〈赤脚医生万泉和〉》，《当代作家评论》，2008年第1期。
2 范小青：《女同志》，合肥：安徽文艺出版社，2018年。

的康季平早已洞察生活的灰暗和不堪,而万丽作为一名女同志,就像是冷灰,竭力覆盖灼热的生活余烬。

与《身份》中"身份"这一主题的模糊不同,在《女同志》中,"身份"这一主题是明朗的,它直指生活和身体本身。"在特定的文化族群中,女人只能轻声说话、小口吃饭、并膝就座、走在男人后面、低眉顺眼看人,这样的规范体现并加剧着性别压迫。想挑战这种微妙的控制特别困难,因为我们的身体已深深地被这种控制同化,本身就抵制挑战——就像一个年轻的秘书,她过去受过的身体训练就是尊重上级,所以当她试图提高嗓门抗议上级时,会不由自主地脸红、颤抖、畏缩甚至大哭。"[1]舒斯特曼关于女人的这段描写,可能会让很多女权主义者感到不舒服、不自在。但实际上,这样的不平等就真实地存在着,尤其是对"女同志"来说,更像是无法摆脱的一种命运的幻象。在康德关于纯然理性的教导中,他就认为伤痛和屈辱感会扰乱人的冷静思维,而女性又往往容易在这方面中招。因此,读《女同志》,你会发现诸多关于"哭"的名场面,哪怕是在机关里,哪怕是不合时宜的时刻,当理性决堤,感性的洪流便扑面而来。"余建芳是个克制自律的女同志,从来不放纵自己的感情,这时是到了伤心处,泪水哗哗地流淌下来。万丽却是有嘴无心,她也并不很了解余建芳的过去和这些年的经历,只是觉得余建芳小心眼,就直话直说了,想不到余建芳哭了,她倒有些手足无措了,但想想是余建芳先来惹她的,她没有科长的胸怀,她也不必去跟她道歉,两个人就闷着不说话了。"[2]"万丽气得脸色铁青,眼泪'哗'一下就淌下来了,金美人大概也没料到万丽会如此失态,一时倒也很难堪,脸也涨红了,但仅仅过了几秒钟,金美

---

1 〔美〕理查德·舒斯特曼:《通过身体来思考:身体美学文集》,张宝贵译,北京:北京大学出版社,2020年。
2 范小青:《女同志》,合肥:安徽文艺出版社,2018年。

人已经调整过来,脸上堆满了笑,上前搂住了万丽,柔声柔气地道:'喔哟哟,喔哟哟,我的小公主,开开玩笑的,你还当真了啊?'万丽千想万想也没想到金美人会来这一招,她的眼泪一下子变得那么不值钱,那么无所谓。"[1] "李秋当场号啕大哭,那正是她和前夫关系最黑暗的阶段,但是这一次的哭,是空前绝后的,是李秋这半辈子人生中唯一的一次公开亮相,在此之前和从此以后,李秋都不会有这样的事情发生。"[2]

《女同志》中的"女同志",几乎都难以逃脱"哭"的命运。一部《女同志》,几乎是从头"哭"到尾,这在中国小说史上想必也是绝无仅有的。而范小青小说技法的卓越之处,则是对哭的不同理解和小心把握。该哭的时候要哭,不该哭的时候不能哭,而在不该哭的时候哭了,就会产生不可挽回的后果。比如余建芳趴在死去的朱部长身上哭,就让她失去了竞争副市长的资格。但也是这一哭,让余建芳这个形象陡然站立了起来,成为一个有血有肉有情的人——她失去了一种身份,却获取了某种人格。但我们也无法否认,《女同志》中的诸多个体,大都已经不具备一种个体性质,并露出了无法摆脱的集体面目。哭——既成就了叙事,也成为象征。而哭,一定意义上也蕴含着更大的人性内涵——一种无法抵挡的"脆弱性"——身份的脆弱性,理想的脆弱性,爱情的脆弱性,生活的脆弱性。我觉得《女同志》的动人和不同之处,就在于展现了机关女干部的这种"脆弱性"。比如写到万丽初入机关时的感受:"过去听人家形容机关的女同志,是捂熟的花,开也是会开的,但不新鲜、不生动,因为不是自然界的阳光雨露培育出来,而是呼吸着机关里特殊的空气长起来的,刚刚开出来,就好像已经枯萎了。万丽没想到,自己刚来不久,就已经开始有了被捂

---

[1] 范小青:《女同志》,合肥:安徽文艺出版社,2018年。
[2] 同上。

的感觉。"[1] 比如写到万丽对领导的认识："本来是说万丽的衣服的，结果林美玉成了中心，万丽最没想到的是计部长，也是相当有水平的干部，也是位很严肃的干部，怎么会对这种低档次的话题那么感兴趣，还那么投入地去调笑，万丽顿时觉得自己很失落、很没趣，也让她心底里产生了一些瞧不起他们的想法，但在这瞧不起的想法中，泛起的却是一股浓浓的酸意。"[2] 比如写到万丽的爱情："爱情就是这样。爱情来了，牛粪也是香的。别人眼里的孙国海，可能也就是个一般的人，但万丽就觉得他特别好。一想起那一天孙国海一迭连声说不怪我不怪我是你撞我的撞我的，她就忍不住要笑，这种甜蜜的笑，从心底最深处的地方出来的，又一直笑回到心底最深处去。笑着笑着，康季平的影子，就渐渐地淡了，更淡了。"[3] 事实上，也是在这种脆弱性面前，人（万丽）重新进行着自我的反思和塑造。"自我塑造并不意味着一个人摆脱其先天身份，成为一个抽象的、飘浮的个体——这就像摆脱历史一样不可能，自我塑造的含义并非抹去与生俱来的身份印记，而恰恰是在既有的身份属性之间取舍、排序、糅合，同时选择性地融入不同的'他者'，从中创造一个独特的自我。"[4] 尤其是当万丽失去了她的情人、朋友之后，不由得对他者和自身的脆弱产生了更加深沉的反思和怀疑：

> 从咖啡馆出来，余建芳没有回去，她又到医院去了。万丽看着她单薄的背影，感觉出她内心的躲躲闪闪偷偷摸摸的恐惧，真想追上去对余建芳说，我陪你去吧！但她没有这么

1　范小青：《女同志》，合肥：安徽文艺出版社，2018年。
2　同上。
3　同上。
4　刘瑜：《导读：一个及所有"我们"》，见〔美〕弗朗西斯·福山《身份政治：对尊严与认同的渴求》，刘芳译，北京：中译出版社，2021年。

做,余建芳虽然今天跟她说了许多话,但事情过去后,心情平静下来,她们两个人都会明白,这些话原本是不应该说出来的。[1]

万丽含着眼泪离开了,她没有要小白送她,自己一个人走在大街上,满街都是人,都是车,都是热闹,但她的眼前她的心里却是一片空白,什么也没有,康季平没有了,伊豆豆没有了,她的工作,她的一切,还有什么意思?她为什么要这样做?她值得吗?她付出的是什么得到的又是什么?她到底为什么要这样做?就是为了田常规的一次谈话?就是为了田常规把她放到这个位子上?[2]

脆弱让人不安,让人心生怜悯和同情,但同时,脆弱也可能会激发人,会加快自身的成长。因此,失去了康季平的万丽在小说的最后,终于找到了一种慢慢醒来的理性,她似乎正在从某种既定的框架中解脱出来,并开始走向一种亟待完成的自我重生。"万丽平静了一下自己的心情,给康季平写了一封信,康季平的回信很快就来了:我无法给你任何答案,说实在话,我也不知道你应该怎么做,我的作用,就是听你说,看你哭,你说过了,哭过了,就好了,雨过天晴,你又是你了,你又振奋起来,你又活过来了,你又往前走了。万丽回信说:我懂了。"[3] 这个结尾实际上有一种魔幻的意味,因此,此时的康季平已经不存在了。但就是这样一个不真实的幻想,意味着《女同志》中内在的、固有的矛盾的某种释放。这一矛盾可以证明,女同志在既有社会现实的某种努力,可以达至一种真实的结果——时代终将会为在

---

1 范小青:《女同志》,合肥:安徽文艺出版社,2018年。
2 同上。
3 同上。

这持续的、不堪的现实中摆渡的水手提供一个理想的目的地。

范小青对时代有着超凡的敏感性，她新世纪初期的城市系列小说，就像一部城市发展的编年史，并给长篇小说叙事带来一种新鲜的风格。她似乎是用这些作品告诉我们：在时代和历史的某一个时期，世界和社会曾经是什么样的，而它们的样子就存在于日常生活之中，一切的喧闹、叫喊、冲突、等待，以及由此而引发的矛盾和复杂，都是生命的斑斓图景，而这些于我们来说，其实并不完全陌生。事实上，在《女同志》中同样伴有着城市发展的过程，这其中的困难重重才衍生了万丽这一形象的多重和复杂，加之范小青长期在机关摸爬滚打的经验积累和深刻洞察，写出《女同志》这样特殊的作品似乎并不完全让人吃惊。《女同志》说到底是一部关乎"身份"的小说，这个身份与后来的两部长篇小说《赤脚医生万泉和》和《灭籍记》无意或有意中形成了一种共鸣。身份——范小青小说中这一书写的难题，由此开始，也变得模糊而重要起来。而她也在不同的方向上对这一难题进行着思考和探索。"从一开始，我们的身份就是一种紧张的平衡，我们在与他人融合的欲望和远离他人的欲望之间撕扯着。那是因为，在最初的认同或镜像过程伴随交织之外，还有另外一个过程在发挥作用：一种对自主性（autonomy）的抗争，这种抗争导致了与他人的分离。"[1] 但到了《赤脚医生万泉和》中，范小青则将关注的方向投到了历史之中，一种"历史意识"也开始在她的小说中重新发酵。"严格意义上讲，历史意识在我看来包含有三个具体的成分：传统与自由的辩证意识，为捕捉过去的真实或真相所做的努力，认为历史的一系列社会组织和人类造物并不是随意的、无关紧要的，而是关切到人类本质的那种觉

---

[1] 〔比〕保罗·沃黑赫：《身份》，张朝霞译，广州：花城出版社，2018年。

知。"¹ 赤脚医生这一特殊的身份，本身就有一种历史意味，是特殊时代的历史产物。因此，范小青通过赤脚医生书写一个时代的历史，以及这历史过程中的种种荒诞、不安，就有了一种特殊的意义，一种关涉人类历史真相的意义。

读《赤脚医生万泉和》，最大的感受是荒诞。人性的荒诞、生活的荒诞、感情的荒诞、政治的荒诞，以及由此而构成的历史的荒诞。就如小说中万泉和的自言自语一样："每次有人走了，我的麻烦就开始了。农民是惯性思维，他们不管你们谁走了谁来了，昨天来你这里看病，今天还来你这里看病，我跟他们说，医生走了，你们别来了。他们很生我的气，说我不负责任，我关了门，他们就敲门，一直敲到我开门为止。从前涂医生走后，马莉走后，都是这样的情况。所以，如果有人说历史是循环往复的，我同意这样的说法。"² 一个自称脑子有问题的人，却被推荐为赤脚医生，是荒诞；一个几乎毫无医学经验的人，却要为一干人等的生命负责，是更大的荒诞。"深陷荒诞处境的万泉和，不但要对自己的命运负责，要对整个后窑大队的生老病痛负责，还要对所有群众的信任负责，对他们的期望负责。这是另一个更为巨大的历史玩笑。"³ 当然，除了赤脚医生的身份，万泉和更具体的身份是一个农民。万泉和作为赤脚医生这一身份，在小说中的不断变迁，一方面呈现了时代的历史更迭，另一方面也预示了流动的生活中，人的身份的某种不确定性。而这其中唯一不变的，是万泉和的农民特征。说到底，他的真正身份是"农民"。因此，《赤脚医生万泉和》

1　〔法〕雷蒙·阿隆：《历史意识的维度》，董子云译，上海：华东师范大学出版社，2017年。
2　范小青：《赤脚医生万泉和》，北京：人民文学出版社，2007年。
3　洪治纲：《承纳与救赎——评长篇小说〈赤脚医生万泉和〉》，《当代作家评论》，2008年第1期。

是一部关于农民的生活史和精神史。"我是努力把生活化开来，一点一点地写出来，无论是不是史，无论是什么史，小说应该将这些史放在小说的背后，所以我尽量少写政治的背景，少写'文革'，也没多写改革，知青和下放干部也都是次要的，都是很快就过去的，只有农民，只有万泉和和万人寿，永远在那里。史在他们身上。"[1] 这其实是范小青的小说观：对人的珍视、对生活的尊重。因此，她笔下的农民除了愚钝、麻木、势利之外，更多的是良善，一种脆弱的"善"。于是，即便面对再大的痛苦，也没有仇恨、没有抱怨，只有自怨自艾的哀痛。"如果换了一个强悍的农民，他这时候也许会打我，打涂医生，如果他打我，或者打涂医生，我们都会觉得好受些，可万水根是个老实人，他不会打人，也不会骂人，甚至都不会满怀仇恨地瞪着我们。他只是抱着头'呜呜'地哭，像一条被人欺负了的狗，有说不出的哀怨。"[2]

历史从来不是一个抽象而宏大的概念，它隐藏在流动的生活之中，隐藏在一个个鲜活的个体的真实记忆之中。《赤脚医生万泉和》是对缠附在历史身上的荒诞和恐惧最为充分也最为生动的洞察和概括。在小说中，作为社会的总体一直试图塑造着作为它的成员的个体，而个体也努力在这种压迫中企图改造社会，并让这个总体远离他们的生活。细心的读者或许会发现，万泉和与他的身份，就在这种无形的对抗中造成了脱节，而他的命运的荒诞也来源于这种脱节：

> 随着内在自我与外在自我的脱节为人所察，身份就有了基础。个体终于相信，他们内在有一个真正的，或者说真实的身份，与周围社会派给他们的角色多少有些不合。现代的身份概念为真实性（authenticity）赋予了最高价值，看得最重的是

---

[1] 范小青、汪政：《灯火阑珊处——与〈赤脚医生万泉和〉有关和无关的对话》，《西部·华语文学》，2007年第5期。
[2] 范小青：《赤脚医生万泉和》，北京：人民文学出版社，2007年。

不被允许表达的内在自我得到认可。身份概念站在内在自我这一边，而不是外在自我这一边。很多时候，个体可能并不明白他那个内在自我到底是谁，只是模模糊糊觉得，他或她无奈地过着谎言一般的生活。这会导致过度追问"我到底是谁？"求解而不得，异化感、焦虑感由此而生，要得到宽慰，唯有个体接受内在自我，而且这个内在自我得到公开承认。而要外部社会恰如其分地承认内在自我，个体只能去想象社会自身发生根本改变。[1]

而大多数时候，正常的个体对抗在现实中几乎是不可能的，因此，转换到小说场域中，则出现了一系列狂人或傻子形象的文学寄寓。似乎从鲁迅的《狂人日记》开始，慢慢形成了此一写作的精神传统。《赤脚医生万泉和》中，万泉和就有一个特殊的身份——傻子，正是通过这一形象的塑造，历史和人性的荒诞才显得更为荒唐和可笑。范小青的小说有着对滑稽幽默的偏爱，"借助幽默，他们不仅减少了只是看似重要的东西，同时还展现了各种事物真正重要的特质，那些原本被表象、角色、面具遮住和隐藏的特质"[2]。范小青展现的时代的焦虑和灼热、人性的困顿和憎恶，都有着幽默的外衣，而她的幽默也是多种多样的：有语言上的讥讽，有场面上的喜剧化表现，有叙事上的黑色幽默，而这一切都建立在某种令人恐惧的东西之上。而荒诞在其中扮演着非常重要的角色。范小青是当代女作家中少有的具备幽默感的叙事高手。透过这种范式幽默，我们似乎可以更容易理解：在现实主义的表象之下，隐藏着另外的事物或真相，那也是现实，甚至是比

---

1 〔美〕弗朗西斯·福山：《身份政治：对尊严与认同的渴求》，刘芳译，北京：中译出版社，2021年。
2 〔阿根廷〕胡里奥·科塔萨尔：《文学课》，林叶青译，海口：南海出版公司，2022年。

现实更真实、更深刻的存在。

在阅读《赤脚医生万泉和》的过程中,我还注意到它和很多小说的另一不同之处,那就是作者为我们绘制了很多幅万泉和生活的居住图。这些图的变化,当然不是毫无意义的,相反,它包含着一些复杂的信息。这些信息涉及身份,因为每一次身份的变化带来的就是居住位置的变更;这些信息也隐含着某种历史的影子,后窑大队的风吹草动都会在这些图上体现出来。但在我看来,这些图隐藏着更大的意图——某种记忆,某种哲学的思考,以及与此相关的流动的生活。"流动的生活便是一种生活在永不确定环境下的、缺乏稳定性的生活。"[1] "流动的生活,意味着持续不断的新的开端——正因为如此,它也意味着迅速而自然的终结,没有这些终结,也就谈不上新开端,新开端往往是流动的生活之最具挑战性的时刻,也是最令人不安的烦恼。"[2] 我们由此再来阅读《赤脚医生万泉和》的开头,就变得更加富有意味。

> 这个位置不只是我在我们院子里的位置,这还是一个人在一个村子里、在一个世界上的位置。如果要想知道我在村子里的位置,还得画一张全村的图,这个村子叫后窑大队第二生产队。如果要想知道我在这个世界上的位置,事情就更复杂了,我们先要知道这个世界叫什么。但那是完全没有必要的,因为世界叫什么跟我们没有关系,更何况,这世界上根本就没有人想知道我的位置。[3]

---

1 〔英〕齐格蒙特·鲍曼:《流动的生活·序言》,徐朝友译,南京:江苏人民出版社,2012年。
2 同上。
3 范小青:《赤脚医生万泉和》,北京:人民文学出版社,2007年。

事实上，每一幅图的绘制，对万泉和来说，都是新生活的开端，是重新自我确认的开始。因此，读《赤脚医生万泉和》的另一感受，是那流动的生活之下万泉和因为"身份"的变化而带来的骚动不安和命途多舛。对于人（万泉和）来说，"你是谁"比"你在哪"和"你正在做什么"更重要。但一切的流动终会归于某种平静，就像《赤脚医生万泉和》在结尾处所写的："我狼狈不堪地逃回家的时候，看到我爹坐在门前晒太阳，那一瞬间，我被我爹的平静的目光打动了，我长长地吐出一口气，挨着我爹坐下来。我的魂也回来了。我真没有出息，现在村子里的人都不守在家里了，外出的外出，进城的进城，开店的，开车的，反正干什么的都有，我却回来了，和我爹一起，呆呆地守望着村前的这条路。"[1] 读范小青的小说，尤其是她的很多短篇小说，你能感受到那是她在有意识地和读者分享她的时代感受和个体之思，其中蕴含着如此多的滑稽、悲怆和泪笑，并由此取得了小说艺术上的胜利。在一次次的危机和灾难中，荒诞已经慢慢变成了一种习以为常和最普遍的麻木感觉。而范小青的小说，就是将荒诞以艺术的方式重新展现给我们。荒诞构成了范小青小说最基础的经验，在当下，没有什么是和荒诞不相干的。她的小说，就是与荒诞的抗争。她的小说越接近荒诞，作品中的人或事就越发可笑。

和《赤脚医生万泉和》一样荒诞的，还有她的另一部小说《灭籍记》。透过小说题目，我们就很容易判断出：这同样是一部关乎"身份"的小说。"我爸说，人就像水一样，要流走的，你要找的人，都在你前面，已经流走了，你追？你踏着风火轮也追不上。"[2] 生命就像水流，生活就像水流，不息而不安，无奈而怅惘。追不上的原因或许还在于，有些"身份"本就是虚假的，它的存在只体现于一个词语，而不

1　范小青：《赤脚医生万泉和》，北京：人民文学出版社，2007年。
2　范小青：《灭籍记》，北京：北京十月文艺出版社，2018年。

是鲜活的肉身。就像《灭籍记》中,"籍"(一种身份)是衡量精神事物的尺度,范小青通过"籍"评估自我和他者,展现这流动的现实和晃动的历史。"作为一纸证明,'籍'不仅关联着个人的身份认同与主体性的建构,也通过形塑个人和集体的记忆来建构历史。"[1]因此,籍的有无,不仅和流动的生活有关,而且关乎生命的记忆,以及由此而汇集成的孤悬的历史境地。《灭籍记》那未被诠释的艺术本质即在于此:它要求我们从另一个角度——不是从常规的人性的角度,也不是从一般的政治的视角,而是从特定的制度观念进入故事,从中呈现它对精神和心灵的关切,对历史和记忆的迷恋,生命的梦想和失落,人性的悲悯和没落,以及与此相关的反思和警惕,也都被一一关涉。

> 他真是鬼迷心窍。他心里明明已经怀疑我的身份了,但他却坚决不问我是谁,这孙子,他怕问出了我是谁,叶兰乡就玩儿完了。
> 他既然不问我是谁,我干吗要告诉他我是谁。
> 他不知道我是谁,他就不会知道谁是谁。
> 活该。[2]

在《灭籍记》中,范小青将这种身份的荒诞、记忆的荒诞推到了高潮。"我"到底是在梦境中,还是在现实中,抑或是在历史中,都很难说清楚。在小说中,范小青对生活的反思和历史的质疑,就直指其自身的荒诞性。比如王立夫因为开会打喷嚏暂时离席,就被扣上了右派的帽子,比如叶兰乡为了摆脱自己特务的怀疑,虚构出了郑永梅这一人物,而实际上,郑永梅只存在于户口本上,比如郑见桃被嫂子叶

---

[1] 郭冰茹:《历史追述中的身份探寻——读〈灭籍记〉》,《扬子江评论》,2019年第3期。
[2] 范小青:《灭籍记》,北京:北京十月文艺出版社,2018年。

兰乡告发，幸好从梦中惊醒才得以逃脱。流动生活中的不幸、荒诞、不安，不仅让人与人之间的关系变得冷漠而无情，而且扰乱了人们的日常生活。《灭籍记》中的人物始终在这样一个荒诞的框架内活动，虽然他们竭力在其精神生活上维持理性和清醒，但不可否认的是，在源头上已经难免一种生活衰颓的命运。在现实和历史的穿梭中，在个体命运与时代氛围的纠葛中，在命运的偶然性与生活的必然性之间，在困境和梦境之中，一切的故事既充满了分叉和歧路，也布满了哀痛和忧伤。

事物和生命的意义，就在于它是可以被理解的东西。但当时代变得荒唐，当生活失序之时，我们对事物的理解和事物呈现出来的面貌之间便会产生对立。荒诞的历史是一面镜子，不仅照见自身思想的各种畸形，还能见出自我隐匿的可能或能力。因此，在《灭籍记》中，借助于"籍"，一个人既是自己，也不是自己。"我们都是独一无二的，因为我们一直接触不同的镜像，而且自我抉择。然而，在某种程度上，我们又都是相同的，因为特定群体和特定文化的镜像在很大程度上是共有的。"[1]

> 所以在后来的一些日子里，郑见桃先后是：
> 李小琴，一个被丈夫赶出家门的女子。
> 孙兰英，一个到县城办事的大队妇女主任。
> 钱月香，一个上了年纪的卖桃子的小贩。
> ………[2]

此时，我对米兰·昆德拉的小说《身份》又有了一丝新的感受，"在

---

[1] 〔比〕保罗·沃黑赫：《身份》，张朝霞译，广州：花城出版社，2018年。
[2] 范小青：《灭籍记》，北京：北京十月文艺出版社，2018年。

《身份》中,这种梦与真的混淆就走得远多了。我们见到的不再是两个对立的世界,而是一个世界渐渐地变成了另一个世界,一种'真实'在人们当时还没有意识到的情况下,开始变化,移向梦的领地(或者,更确切地说,走向噩梦)。"[1] 我们在对历史的探求和追问中,在对自我身份的确认和犹疑中,不知不觉中也变得异化而苍凉,人,渐渐获得了一个消失于阔大的狭窄的定义,并让其自身失去价值,从而毁灭了他(人)的意义。

> 人与世界关系的陌生化、人与他者关系的损毁,最终带来的是人与自我之间的危机。身份认同不再是一个可以遵循线性历史发展而得以确认的时间过程,身份既抛弃了过去,也不向往未来。而缺乏未来的维度,认同就只变成了一个在共时性的层面上临时构建的框架,充满了差异化,永远无法完成。更为重要的是,当下性的、即时性的身份认同还具有了一种权力意志,它带着一种理想化的色彩。它虽然是一个永恒的话题,与人的存在息息相关,但只有当身份出现危机、认同产生焦虑时我们才会意识到这个问题的存在。它已然体现了人类存在的脆弱感。[2]

和《女同志》《赤脚医生万泉和》一样,一种无法避免的脆弱感,始终充斥于《灭籍记》中,不仅没有减弱,相反,却越发强烈。因此,在这个意义上,我们从万丽、万泉和、郑永梅等人物身上看出了比作者本人试图表现的更真实的东西。也是在此时此刻,我突然意识到,

---

[1] 〔捷克〕米兰·昆德拉:《身份》,董强译,上海:上海译文出版社,2003年。
[2] 赵静蓉:《文化记忆与身份认同》,生活·读书·新知三联书店,2015年。

范小青的小说从来不是站在高跷或梯子上的凌然俯视，相反，她是光脚站立着，就像赤脚医生万泉和一样，用一种平和而友善的眼光去看待世间万物和芸芸众生。而很多时候，我们并不能摆脱这种不平等。"不平等最生动的说明是它像一个巨大的梯子，在这个梯子上，个人或团体都占据一个更高或更低的横档。我把不平等看作一个迷宫，在那里，大批的人在里面徘徊，他们被由自己建立起来的墙——并不总是故意的——隔开。"[1]《灭籍记》注定了人生终将是一场漫长的"流浪"，无所根系，无所附着。生命的区间是如此短狭，却充满了喧嚣嘈杂和狂暴激烈。一切的存在和幻想，不是源自一种被期望的持久和接续，相反，恰恰来自自身的不确定的过去和未来，以及与此相关的一种脆弱性存在和情感性投入，就像那个只存在于户口本、花名册里的"郑永梅"。

> 我存在在郑见桥和叶兰乡的户口本里，我存在在小学中学的学生名册里，我存在在下放知青的名单里，东风机械厂也有我，大学生名册里也有我。到处都有我的痕迹，照片上的我，虽然经常变换样子，甚至有画出来的，有的被雕空了，那一个洞洞也是我。其实也许那中间根本就没有人，凭空雕了一个洞，给人的感觉就是原来有个人站在那里的，站在父母亲中间，必定就是我无疑。如果有人问为什么要把头像雕掉，我母亲就推到我头上，那是永梅干的，他要和我们划清界限。[2]

---

[1] 〔美〕查尔斯·蒂利：《身份、边界与社会联系》，谢岳译，上海：上海人民出版社，2021年。
[2] 范小青：《灭籍记》，北京：北京十月文艺出版社，2018年。

事实上，人与人之间的仇恨是由于彼此切断关联产生的。籍的消失，也是人与人或者人与世界关系的某种断裂。就像有时候我们并不想让别人看到自己的内心，因为那里面并不怎么好看。人就是这样在流动的生活和虚假的历史中渐渐迷失，并感觉到一种极端的厌倦和痛苦。"身份永远是一种源自身份持有人与更广泛的环境之间交互的建构。身份可被归类为满或空，开放或封闭，稳定或不稳定。"[1] 因此，《女同志》中的"女同志们"，《赤脚医生万泉和》中的"农民们"，《灭籍记》中那些飘忽的人物，都让我们不得不去反思"身份"的意义以及与此息息相关的命运。

范小青的小说总是能营造出一种特别的氛围、一种特别的感觉，各种情节和细节在这种氛围和感觉中呈现出一种真正的超现实主义精神。这在新近的长篇小说《战争合唱团》中亦有所呈现。她的每一部小说，几乎都是尝试着在现实与小说之间建立一种新的联系。她的头脑内部，始终有一种创造新颖小说的冲动和设想。在这方面，她的创新、她的意图以及对于纯小说的不满足，总是在革新的探求中化作一次次艰难的挑战。这种挑战催促她不断地寻找令人感兴趣的主题，尤其是生活在这样一个巨变的时代，那种被近距离感受的变化和痛苦，在她的小说中变成了种种存在着的生活状态。

范小青的小说，现场感、现实感、现代感，种种感觉相互交汇，以一种深邃的炼金术，展现出现实本身的模样。我想，小说的意义之一，就是想象现实、理解现实、改造现实，从而让我们更深刻地生活在现实之中。因此，小说是一定不能脱离幻想的，对于范小青来说，幻想是现实的另一种形式，"正是幻想元素让我们更加关注周遭的世

---

1 〔比〕保罗·沃黑赫：《身份》，张朝霞译，广州：花城出版社，2018年。

界，我们生活的世界，我们熟知的世界。"[1] 在我看来，范小青小说的意义，就在于通过身份、记忆以及与此相关的幻想，向我们展现了一个困难的、流动的生活世界。

---

[1] 〔阿根廷〕胡里奥·科塔萨尔：《文学课》，林叶青译，海口：南海出版公司，2022年。

中国早期影史中苏州籍江南文人的电影书写

刘亚玉

摘 要 苏州是孕育中国电影人才的文化摇篮,涌现出了大量早期中国电影创作的奠基人,其中从事文学创作的江南文人占据了重要位置,包括包天笑、范烟桥、周瘦鹃等。他们作为第一代从事电影事业的江南电影人,具有高雅的审美情趣和深厚的古典文化根基,初通西方文学艺术。他们思维敏捷,善于在作品中表现时代变迁,并且多从事过跨界创作,包括文学、戏剧及电影文学创作与理论批评研究。他们多成长于苏州,成名于上海,梳理他们的创作履历与电影书写文本,可以发现电影在中国传播发展的相似历程,也可以发掘出苏州的江南文人在中国早期电影创作及理论发展中所起到的重要作用。

关键字 江南文人;早期电影;文学;理论;批评

苏州是吴文化的发祥地,自明清以来经历了通史式繁荣,在近现代的中国电影史上亦占据重要的地位。历史上的苏州文人皆与各时代的人文创新精神同步前行。苏州电影文化的发达得益于吴地文脉的传承,诗歌、散文、小说创作活跃,有着深厚的文学根基;戏剧、戏曲、曲艺同样极为兴盛,表演艺术发达,因此各方力量共同汇聚至综合艺术的叙事载体——电影。苏州电影文化的繁荣与其经济基础有着密不可分的关系。苏州不仅自古农业富庶,也是一个历史悠久的工商文化名城。从明清两代开始,苏州除了是江南最大的商业中心外,还是长江下游的航运中心和金融中心。到了民国时期,苏州商会林立,市民文化极度繁荣,为电影这种具有现代性的艺术形态发展提供了物质基础。

在中国电影发展早期,苏州电影文化活动频繁。一方面基于城市工商业的高度发达,电影放映业的发展紧跟上海步调,影院配备了最先进的放映设施,招揽了大量对新生事物、新兴文化感兴趣且包容接纳的观众。另一方面,苏州电影业制片活动也极其活跃,因毗邻当时中国电影的创作中心上海,交通便利,且本土发达的城市工商业、服务业可匹配电影拍摄所需的客观条件,因此苏州成为上海电影制作取景拍摄最重要的外景地之一。

由于电影文化在苏州的推广,从20世纪20年代开始,很多苏州文人从小说、戏剧、翻译转而投入电影写作,他们正是鸳鸯蝴蝶派文学以及早期电影作者的重要代表,也是中国最早的类型片探索者,例如擅长古装片的范烟桥、擅长侦探片的程小青、擅长喜剧片的徐卓呆、擅长武侠片的顾明道、擅长音乐片的姚苏凤等。这一时期的苏州籍江南文人电影创作者,将江南文学、戏剧甚至绘画等艺术的审美意蕴融入电影本体,奠定了中国电影的美学风格、基本叙事路径与道德伦理观念。与此同时,他们也深入电影评论以及放映实业等相关领域,对电影文化在市民中的推广起到了重要作用,他们将思辨精神融入电影艺术实践,并对后来的电影创作与批评起到了重要的先导作用。

一、从外国文学翻译与小说创作到电影文学写作

20世纪20年代是中国电影发展的第一个高峰,在西风东渐的时代浪潮下,苏州文人凭借对新兴文化的敏锐感知,开始将西方文学艺术引入中国,并与本土文化元素结合进行再创造。包天笑早期曾在苏州与友人组织励学社,并设立东来书庄,出版《励学译编》月刊,办《苏

州白话报》周刊，开社会之新风。《空谷兰》是他涉足影业的第一个电影剧本，根据自己翻译的日本作家黑岩泪香的英译小说《野之花》改编而成，本书原作者为英国女作家亨利·荷特。1925年，这部电影由明星公司出品、张石川导演，分为上下两集，在当时引起了巨大反响，引发了观众对于国产影片的观影热潮，以至于之后包天笑编剧的影片《可怜的闺女》《多情的女伶》等，都延续了同样的叙事风格，讲述了情怨纠葛、曲折离奇但最终以大团圆结尾的传统伦理故事。他的作品很多是改编自外国文学，例如《良心复活》改编自俄国作家托尔斯泰的《复活》，《小朋友》改编自法国作家埃克多·马洛的《苦儿流浪记》。他在改编中将西方文学作品与中国观众所喜闻乐见的传奇故事相结合，契合了中国观众的审美情趣。

与包天笑相似，程小青也是从翻译外国文学开始走上电影编剧的创作道路。他是中国最早从事侦探小说的翻译与创作的作家之一，在40余年中共有译作150余种，创作70余种[1]，其中包括1916年与严独鹤等十人以文言文翻译的《福尔摩斯侦探全集》。1927年，他又独自将该全集以白话文重新翻译出版。程小青在文学转译的过程中，经历了从传统文言文到白话文的过渡，同时他也在西方侦探文学创作观念中融合了中国断案类戏剧文学元素，在中西方文学创作理念的相互影响下，开始进行通俗文学的创作。他的作品雅俗共赏，兼顾商业性与艺术性。他的侦探小说尝试在叙事策略与视角上有所创新，具有审美现代性。他打破了中国传统小说叙事"说书人"的全知视角，学习西方侦探小说文学的第一人称叙事视角，契合了电影视听语言中类似摄影机的眼睛所引导的"看"的视角，引导读者、观众参与探案的过程，让观众在阅读他写的文学作品、观看他编剧的电影的过程中，形成一

---

[1] 郑逸梅：《郑逸梅选集（第四卷）》，哈尔滨：黑龙江人民出版社，2001年。

种对话感、参与感、沉浸感。程小青曾担任多家电影公司的编剧,编剧的电影多改编自自己翻译的侦探小说,作品包括明星影片股份有限公司的《窗上人影》《可爱的仇敌》,友联影片公司的《舞女血》,海岩影片公司的《江南燕》,金星影片公司的《雨夜枪声》等。1941年,他根据张恨水同名小说改编的电影《夜深沉》是其最具代表性的作品之一。他善于对人物情感进行理性剖析,展现人性的复杂性,将家庭伦理、情感故事与悬疑案件进行嫁接,既引人入胜,又发人深省。

同时,程小青也涉足推广电影的放映事业。1927年,他与当时的《苏报》编辑徐碧波、翻译家叶天魂、南社社员钱释云创办了"苏州公园电影院",地址在皇废基五卅路公园内。影院拥有德国最新式机器,可容纳五百人,且服务设施良好,配有招待人员与茶点,兼具了艺术欣赏、休闲娱乐和文化社交的功能。影院首映上海新人影片公司摄制的《风流少奶奶》时,专门邀请毕业于苏州景海女校的主演、苏州上元人韩云珍,到现场为电影启幕并与影迷交流。[1] 程小青尊重电影的大众传媒属性,影院开办之初,他已经开始注重营造电影创作者与观众交流的迷影文化氛围,一直影响到今天苏州的观影行为。

同样从翻译西方文学和创作小说转入电影编剧的还有周瘦鹃。他的文学修养源于早期在苏州所接受的新学教育,既对西方的小说文学、戏剧艺术感兴趣,也熟读东方经典,浸润在吴文化的艺术氛围中。他翻译与创作的作品多为恋爱题材,着眼于女性问题,致力于构建"新女性形象",在情感书写中结合爱国主义思想。周瘦鹃凭借其独具个人风格的言情作品,成为鸳鸯蝴蝶派的主阵地《礼拜六》(创刊于1914年)的领军人物之一。在1915年举国反对袁世凯的卖国行径时,他也站在市民阶层的立场发表爱国作品。1924年,周瘦鹃编剧的第

---

[1] 参考温尚南:《苏州影剧史话》,南京:《江苏文史资料》编辑部,1999年。

一部作品《水火鸳鸯》奠定了他电影写作的整体叙事风格。该电影由程步高导演，故事在人物的身份设计中融入苏州绘画文艺创作，穿插万国博览会的时代篇章，将情感故事融于现实主义批判与家国情怀。1926年，周瘦鹃根据《聊斋志异·马介甫》改编电影《马介甫》，由曾为评弹艺人的朱瘦菊导演，将古代小说传奇融于当时的时代背景，体现了反封建的时代精神。1928年，周瘦鹃早年写的话剧《爱之花》被郑正秋和卜万苍改编成电影《美人关》，这也是周瘦鹃言情故事曲折哀怨风格的集大成之作。

20世纪20年代，随着科学民主在中国的传播，电影这种新的艺术形式也承担了启蒙的作用。电影的物质载体源于现代科技的发展，电影的审美方式与创作方式也完全区别于传统的文学艺术形式。它不是只属于小众的、精英阶层的赏玩对象，而是针对大众传播的故事载体，与观众形成对话互动。电影工业是一个从文艺创作到制片厂、洗印厂，再到影院市场的完整产业链。此时，苏州的文化艺术活动正处在从传统到现代的过渡阶段，而江南文人对于文化艺术的产品化、商业化并不陌生。从明清以来，苏州的戏剧、曲艺、书画都因为城市经济文化的高度发达而形成了不同的产业。当电影出现之后，苏州文人再一次迅速捕捉到了这种时代信息，以各种不同的角度切入电影这种现代艺术领域，而他们之间的互动交流方式也继承了明清以来的传统，一如吴门画派文人交游网络中相互提携帮衬、互相欣赏、协同创作的融洽氛围。这其中不得不提及这一时期苏州本土的一个文化社团——星社。

星社成立于1922年8月，因恰逢七夕之日而得名。星社发起者为范君博、范烟桥、范菊高、顾明道、赵眠云、郑逸梅、姚苏凤、屠守拙等八人。星社成立之时正是上海的通俗文学期刊蓬勃发展的时期，复刊的《礼拜六》《半月》《红杂志》等著名刊物都在这个时期出版发行。星社社友起初以小说作者为主，后来范围扩大至书画、金石、电影、戏剧等领域的一众文艺工作者。他们把人生看得大于时代，始终把市民的生活和文学趣味作为创作的源泉和依据，这实际上就是维系社团组织的共同的价值标准与追求[1]。苏州星社的成立最初是受到上海青社的启发，成员深深受到新文化的感召，后来多半都涉足电影创作，他们将电影看作教化民众的工具，也将它视为传播现代文明的载体。

范烟桥是星社的主要发起人之一，就读于草桥中学，后考入南京国民大学，任教于东吴大学。1922年，他发起成立星社，并以星社为载体，创办发行小型三日刊《星报》，对苏州的现代文学发展起到了推动作用。他曾以"余罍"为笔名写过一批诽文小说，刊在上海《时报》副刊《余兴》以及《小说月报》《小说画报》等。他不肯写言情小说，而是创作所谓诽文小说，即当时上海滩流行的黑幕小说。他认为，该类小说"揭发全国社会射影含沙之事，魑魅魍魉之形"，"使幕中人知所惧而幕外人知所防"。有人认为他的小说是"一本乐天主义，使人抱有乐观与社会奋斗"，也有人为此质问他，他直言相告："言情之乐者近乎荡，言情之哀者近乎伤，荡则为青年蛊，伤则为青年鸩，况近之世，堕落无忧，与其消极讽刺，不若积极鼓励。"[2] 范烟桥从早期的文学创作开始，多展现中国古代的侠义精神，不少是具有反封建与阶级压迫性质的才子佳人故事，在现实主义题材中亦将家庭伦理故事与爱国情怀相结合，他的小说和电影作品主张哀而不伤，给观众以希望与光明。

抗战期间，范烟桥编剧了多部借古喻今的古装片。1939年，他根据叶楚伧的小说《古戍寒笳记》为国华影业公司改编电影《乱世英

---

[1] 周渡：《从"星社"作家的交游网络看海派市民文人群体意识的形成》，《江苏大学学报（社会科学版）》，2018年第1期。
[2] 郁乃尧：《范烟桥轶事》，《江苏地方志》，2006年第6期。

雄》。1940年，与导演张石川合作，编写了电影《西厢记》《秦淮世家》《三笑》。《西厢记》《三笑》都表现了对封建强权压迫的反抗，后者首次将发生于苏州的唐寅和相府侍女秋香的爱情故事搬上银幕，成为华语电影中经久不衰的题材，被后来中国港台及大陆多地导演反复创作，造就了诸多影史经典。范烟桥的历史片不论是叙事改编路径还是舞台美学风格，都对后来的古装片产生了深远的影响。

苏州凭借临近上海的地缘优势，深受现代文明影响，新思想新文化与本地传统发生了激烈碰撞。苏州文人易于接受新事物，乐于接受现代文明，并承担起推广的职责。同时，出生于19世纪末、20世纪初的第一代苏州影人，他们受到辛亥革命、五四精神的感召，将新的文学艺术形式向大众输出。他们的文学翻译、写作实践与日后的电影创作在艺术风格与创作思想上一脉相承，也对江南地区的电影文学创作起到了重要的推动作用。

二、从电影文学创作到电影理论研究与批评

中国电影理论发展的源头与苏州有关，中国最早的电影刊物是苏州籍电影理论家顾肯夫创办的《影戏杂志》，此外还有鸳鸯蝴蝶派文人编办的影剧报刊，均体现出较高的理论素养。他们当中很多在苏州出生成长、接受教育，后来投身上海电影业，成名于上海，但有些仍然生活工作在苏州，或是后来又迁回苏州。他们在学习过程中受到苏州传统与西方现代文化的多方滋养熏陶，接触了多样丰富的文化形态，具有开阔的视野，扎实的理论研究的基础对他们在日后创作中把握电影艺术特性起到了重要作用。

中国电影理论论述的源头，可追溯至顾肯夫的《影戏杂志》创刊号的《发刊词》，目前学界较为一致地认为这是中国电影学术的开端。他创办的电影杂志带动了业界对电影艺术本质与电影所体现的社会价值的讨论。顾肯夫从戏剧角度，通过跨媒介方式去探求电影的创作特

征和规律，他认为电影的本质是技术、文学和科学[1]。他在《影戏杂志》（1921—1922）之后，又创办了《电影杂志》（1924—1925），也是引领电影研究潮流最重要的刊物之一。顾肯夫早年曾学习法律，具有缜密的逻辑思维能力，善于从宏观上整体把握电影的特征。他将观影感想与宏观立论相结合，影响了后来的中国电影理论论述。他对电影表现真实的特点进行了着重论述，认为戏剧中最能反映"逼真"的只有影戏（电影）[2]，且因为电影所具备的通俗艺术特质，也承载更多的社会功能。他强调电影的教化功能，与早期的影人张石川、郑正秋等人一脉相承，主张运用电影移风易俗，改良社会，推动民族觉醒，提高民族自信。

电影理论史学界认为，早期比较规范的电影批评是由周瘦鹃开始的。1919年6月20日至1920年7月4日，担任《申报·自由谈》编辑的周瘦鹃以"影戏话"为题共撰文十六篇，这也是迄今有据可查的论中国电影最早的话体批评文章。周瘦鹃所论内容十分广泛，既包括影戏起源、性质及功能的基本介绍，也涉及对当时流行的侦探片、滑稽片、爱情片个案的观感抒发。虽使用同一标题，论述的内容却极广泛，包括"欧美影戏发展""侦探片述略""滑稽片简介"等。这种抽象的标题，为早期电影批评者提供了较为自由、广阔的写作空间，并且与中国传统话体批评的散评风格相耦合[3]。他对电影深入浅出的论述，也启发和吸引了一批旧文人改弦更张，从小说文学创作转入电影创作和批评。

周瘦鹃在《影戏话》品评欧美电影，进行了中外文化比较研究，结

---

1 胡克：《中国电影理论史评》，北京：中国电影出版社，2005年。
2 同上。
3 王杰泓、陈姝：《"影戏话"与中国早期电影批评的文体新变》，《复旦学报（社会科学版）》，2020年第3期。

合中国社会现实，帮助读者理解电影，读懂电影语言的深层含义，将启蒙思想通俗化，为读者所喜闻乐见。周瘦鹃的电影评论与电影创作一样，都宣扬平民文化思想、艺术思想，主张惩恶扬善，结合儒家传统伦理道德阐释电影的社会意义。他同样认为电影能够开通民智，既有趣味性、娱乐性、知识性，也有引导社会正向发展的普世价值。

周瘦鹃在《影戏话》中的理论书写，是中国较早开始对类型电影的特点进行分类研究的电影批评。20世纪20年代，一战过后的美国电影工业迅速崛起，成为世界上最大的电影市场，并大量向外部输出，类型片所具有的商业特性符合电影工业流程化产出的要求，也契合观众的期待视野。彼时中国大量引进好莱坞电影，但中国观众对这种类型化的电影还没有明确的认知。周瘦鹃最早开始在《影戏话》中指出，需要有人对于影片的艺术特点和类型特征加以分析，普及电影欣赏常识，引导观众提高艺术鉴赏能力。今天来看，《影戏话》是一种新旧文化时代过渡的产物，是社会文化精英阶层向普通民众普及现代艺术知识的有益尝试。近年来，也有学者把周瘦鹃的《影戏话》这种"过渡文化"的特质概括为"通俗现代性"。此外，周瘦鹃也试图将当时的中国电影归于类型片进行讨论，且对于言情片的评论集中于单一影片，将这类影片看作一种情节剧。

关于类型片的批评，包天笑推崇历史影片创作，因此引发关于历史影片的学术探讨，范烟桥、程小青等也参与讨论。他们认为电影创作要传承历史，不泥古，不随意编造，主张用丰富的历史充实电影题材，取代当时为了商业目的拍摄的大量低俗而怪诞的古装片和犯罪片，捍卫中国传统文化，拯救中国影业。兼职电影批评家与编剧的苏州籍影人，在各自的电影评论中也透露出了日后的创作方向。徐卓呆早期曾从事推广戏剧教育工作，编写过大量的滑稽戏，他是第一批从戏剧转向电影的苏州文人之一，他对于戏剧与电影的钻研也打通了从实践到理论等各环节。在他早期创作滑稽剧戏剧时，便时常在报刊中发表创作心得，对自己的实践进行理论总结。1924年，徐卓呆出版的《影戏学》，被公认为"中国第一部电影理论著作"或"中国第一部正式出版的电影理论专著"。这本书中涉及电影学的各个方面，主要包括影戏片的要素，影片剧的形式与分类，造意与原作者，编剧法及编作者，场面及场面的结构，舞台监督，摄影场与舞台装置，摄影法、影片技术与技师等内容，涵盖文学创作、电影视觉语言、电影美术等各个环节。从书中所写内容可见，徐卓呆在当时已经在研究西方电影艺术的过程中学习到相当多的理论知识，并能够从个人的实践中总结经验，提升到理论层面。徐卓呆将前期的理论研究用于创作滑稽剧幽默故事片，他编写的"李阿毛"系列喜剧片，是中国早期喜剧片的代表作。中华人民共和国成立后，他曾担任上海文史馆馆员，从事电影理论研究的工作。

在星社的成员中，还有一位在电影批评领域极为活跃的作者——姚苏凤。1932年7月8日至1936年1月20日，他曾担任《晨报·每日电影》的主编，是20世纪30年代中国影评运动的推手之一。姚苏凤的经历反映了左翼影评和"软性论"同根同源却走向不同方向的发展态势，也造成了20世纪30年代这两派艺术观的"软硬之争"，他们分别代表了这一时期中国文艺界知识分子对审美现代性不同取向的认知与接纳。具体说，左翼因其"急欲领导民众、全面介入历史进程的焦灼感"而选择接受了先锋派文艺观；软性论者则基于对都市文化的谙熟与倾心自然趋向以"娱乐"为主旨的媚俗主义。然而，这两支在30年代中国电影评论场域中互相视为异己的队伍实则出于同源而各成一脉——"先锋"与"媚俗"都是"现代性"的面孔之一[1]。

关于电影媒介的现代性，徐碧波根据自己参与电影实业的经历，

---

1 张华：《姚苏凤与〈每日电影〉的是是非非》，《当代电影》，2013年第4期。

也有新的批评研究视角，即对电影受众的研究。在1928年7月1日出版的第4期《电影月报》中，他撰写了评论文章《电影在常熟》，文中写到，他作为出品方带着国产影片《儿女英雄》到常熟的两家影院放映，其间他也考察了当地人对于电影的认知与观影行为。他发现，观众对于影片中的剧情跌宕以及演员的情绪起伏，都有相当的回应，甚至出现类似观看戏剧戏曲时欢呼叫好的反应。其中一家影院位于市中心，有一定规模，但影院方还缺少报纸广告宣传的经验，不知如何借助媒体宣传造势，且观众还未养成观影礼仪，迟到情况很普遍，严重影响观影效果。徐碧波能够将电影事业与理论批评相结合，打通从剧本创作到发行端口等环节，再到理论梳理、批评研究，可谓术学并重。此外，从事电影实业的范烟桥，在上海明星影片股份有限公司任文书科长期间，也曾编辑《明星实录》，是中国电影发展史上的重要史料，可惜原稿在上海市郊枫林桥沦陷时散失。由此可见，有着江南人文道统的苏州影人始终坚守文以载道的艺术品格，在从事电影事业的不同工种过程中，皆具有高度的文化自觉。

考察苏州早期文人的电影书写可以发现，他们当中大多有着跨界工作的经验，这反映出他们对于时代精神的敏锐和精准把握。他们的创作以民间文化立场、民间趣味为主体，重视传统伦理道德教化。因久居沪上，国际商业大都会充斥着种种新奇诱惑、时尚潮流，文化机制复杂，浸染许久的他们自然也受了同化。他们的作品一方面沉淀着传统文化，一方面折射某些时代症候，成为当时传统文坛正宗，拥有一大批市民阶层的拥趸。他们熟知商业与文学之道，游刃于传统与现代之间，作品雅俗共赏。[1] 身处在一个快速变迁的时代，他们紧跟文化风尚的流变，并且试图展现与阐释电影艺术的多样性、混杂性，发挥

1　温尚南：《苏州与中国电影》，北京：中国电影出版社，2007年。

电影改良社会、革新文化的作用。

  电影在当时作为一种新事物，与文学、戏曲等比较，具有一定的时代特质，苏州的江南影人充分运用这种特性进行创作与文化传播，在当时外国电影大量进入中国市场，形成强势文化输入时，他们及时发现并正视这种差距，以借鉴学习的迫切心情急速追赶，创作出了大量叫好又叫座的国产电影，为中国电影发展奠定了基础。他们通过理论研究、撰写评论等方式针对大众文化展开普及推广，打开了中国电影创作和理论发展的新格局。未来面对时代的快速变迁，中国的电影创作与理论发展还将面临新的问题、新的挑战，对此应该如何应对？通过梳理苏州电影先驱们的创新实践，我们也许会获得诸多新的启示与思考。

从《苏园六纪》看苏州的纪录片创作

倪 熊

以"私宅、文人、主题"得甲天下的苏州园林，典雅古朴，精致秀气，是中国古典园林的重要代表。1997年12月，以拙政园、留园、网师园和环秀山庄为典型例证的苏州古典园林被联合国教科文组织列为世界文化遗产。1999年，苏州电视台特邀著名编导刘郎，合作拍摄了6集（每集30分钟）的电视艺术纪录片《苏园六纪》，不仅第一次大规模、系统化地从人文艺术角度介绍了苏州园林，而且"出道即巅峰"，至今没有被超越，成为20世纪电视散文风格文化专题片的经典之作，甚至在2004年苏州主办第28届世界遗产大会时，都多了几分底气。

说起来都已是上个世纪的事了，但因其经典性，至今仍然不乏启示意义。

首先，《苏园六纪》彻底摒弃了传统旅游片、风光片惯常的一个园子一个园子介绍的局限，不再拘泥于名景佳点、历史沿革的琐细铺叙，而是以看透岁月篇章的瞳孔，拨开历史风尘的睫毛，把拍摄的焦点、叙述的视角凝聚于形成苏州园林的文化传统，从人杰地灵的吴门烟水到源远流长内涵丰厚的吴文化，富有诗意与深情地表现。

此后的2001年，即是另一部令人骄傲的在美丽之城布鲁斯举行的第十三届欧洲塞黑国际电影节大放异彩，凭借其唯美灵动的东方神韵、美轮美奂的景致、雅韵空灵而富有哲思的解说，摘得评委会特别大奖即"曼福斯特"奖的《苏州水》。仍一以贯之地以作者自己的心灵之窗这一特定视角,并且以更开阔的视野,生动地表现出水对于苏州自然之水、文化之水的意义,是苏州人的骄傲,也是苏州的灵魂;既繁荣了经济,又滋养了文化。

再然后,2005年,苏州电视台完全依靠自己的力量制作了一部精致考究、品位高雅、风格儒雅潇洒的电视文化片《烟波太湖》,以散文诗般的语言和画面反映了太湖迷人的自然风光和深厚的文化历史内涵。

其次,《苏园六纪》没有像惯常重于技艺的专题片那样做园林建筑艺术等方方面面的介绍,而是拆解了苏州园林的各种要素构成,然后重新梳理整合,以"吴门烟水""分水裁山""深院幽庭""蕉窗听雨""岁月章回""风叩门环"六个主体意象,探究其前世今生、兴衰变迁的背景,理水叠山的理念,亭台楼阁的构筑,花木扶疏的养护等文化内蕴、文化精神与美学意境,饶有意味,娓娓道来。

2003年,苏州电视台拍摄制作了旨在帮助苏州人留住文明的记忆,帮助外地人深入吴文化的精髓,完整而集中地展示苏州传统手艺的《手艺苏州》。但凡提及传统工艺,苏州几乎当仁不让,足以自傲,林林总总的绝妙工艺以其精雅、细致闻名于世。作为一个城市独特魅力的重要组成部分,尤以其能够从历史的沉积中突兀而起,苏州传统手艺更赋予了吴门文化与众不同的鲜活风采。其异曲同工之妙在于,《手艺苏州》没有停留在各门手艺的工艺流程及作品展示上,而是站到整个吴文化的高度,通过人文的思考和历史的眼光,成就其既厚重又灵动的叙述氛围,讲述姑苏艺人的传奇经历,记录传统手艺的历史变迁,追溯江南绝技的文化根源,展现吴门工艺的创新发展,"天有时,地有气,材有美,工有巧,合此四者,然后可以为良"。

再次,《苏园六纪》得之于编导刘郎富有历史感的个性思维,他在读遍有关苏州园林、吴文化的各种书籍后,站在文化的高度,以深邃的历史学术研究思考,将之交融于具体的、有限度的而且只能是表现现时态的电视画面之中，形成了独特的文化叙事视角。

2017年，鸡年春节期间，28集、总时长近700分钟的大型文史纪录片《苏州史纪》在苏州热播，引来一片好评。有2500年辉煌历史，在文学、戏剧、工艺、美术等诸多方面创造了中华文化的高峰且特色突出的苏州，被第一次以电视形式系统地讲解和记录自身的历史脉络。尤其在史家搁笔之处，该片借由有温度的文字和写意化的情景再现，并仰赖昆曲、评弹、年画、苏绣等艺术样式的点染，以及融汇传统与现代、婉约与沉雄的作曲的烘托，呈现了一份历史情感的抒怀；带着历史的余温，以人物和事件串联，讲述苏州的历史故事。这部大体量的城市影像史，呈现了苏州文化生长肌理的鲜活生气和氤氲其间的文化乡愁式的感人力量，让人感觉就像亲身经历了历史浮沉。

多年以后，2022年4月24日，纪录电影《天工苏作》在央视电影频道播出。明清时期，苏州民间手工艺占全国半壁江山，宫廷视苏作为珍品，民间视苏作为时尚。当今，传世苏作依旧是世界各大博物馆的珍藏，现代苏作也频频亮相国际舞台，苏州更是被联合国教科文组织列为"手工艺与民间艺术之都"。天工开画卷，苏作见匠心。90分钟的影片，将目光聚焦在灯彩、核雕、宋锦、明式家具、船点、苏绣、香山帮营造、缂丝、玉雕等九项传统手工艺上，取天地万物，以巧手衍化，为日常所用，又装点生活。一门手艺的流传千载，其间的流变、传承与革新，以及手艺包含的"讲究、哲思和温度"，都与"人"息息相关。《天工苏作》着眼于传艺之"人"，以十二位非遗传承人的视角，再现了一件件记忆中巧夺天工的江南工巧之美，展现了流淌在苏州人血液中的文化源流；而每一个主人公面临的困惑、选择与期望，更是鲜活地体现了当代中国人的处世态度和价值观念，体现了新时代的中国工匠精神。

第四，《苏园六纪》片名借用了苏州人沈三白的《浮生六记》。刘郎虽是西北汉子，但解说词写得举重若轻，对苏州园林的歌颂与抒情，切中肯綮，既精要，也深入；在辞章、口语和音韵上，都以现代白话融合明清小品，有亲切的风雅。其用心良苦在于，把潘世恩、翁同龢、陈去病的三幅苏州旧墨张之于壁，让一缕文化的香烟缭绕不散，从而认清所谓隐逸思想的背后，明清易代以来文人士大夫"莫非乖戾之气"的时代氛围，体味园林这富贵风雅之花的苦根。既要笔飞得出去，也要收得回来。虽然有这样的自觉，但当局者迷，这种风格的分寸拿捏、火候掌控实在很难。十六年后，央视巨制《园林》在影像技术上全面超越了《苏园六纪》，但解说词却不免失于抒情的空洞，浮在了园林的表面。尽管一再有人赞誉刘郎的笔力才华，但也有用力过猛之嫌。陆文夫曾经委婉地表示："刘郎在配用解说词时有点难以自制，在'大珠小珠落玉盘'的同时，忘却了'此时无声胜有声'。"意思也是既要笔飞得出去，也要收得回来。但《苏园六纪》的确做到了刘郎所追求的"学术的艺术化或艺术的学术化"。

第五，原则上说，苏州的纪录片创作固然有扬己之长避己之短的一面，但也暴露出其对纪录片意义的认知偏差，因而影响纪录片的创作，同时缺乏相应的机制配套和播出平台。

由于纪录片本身包含的工具性、目的性和不可替代性的本质特征，它应该比任何其他电视作品更深切入而不是避开社会现实；它需要积极介入社会主流，参与社会生活，而不是在边缘浅吟低唱；它是一种探讨的方式和思维的方式，体现着理性精神和科学精神，而不仅仅是照相式的反映和记录。

多种原因使得苏州在纪录片创作中规避了重大主题和主流生活，要不就是重金打造注重历史文化的地方名片，要不就是只展示社会层面的浮光掠影，缺乏多样性和大主题，呈现出同质化和模式化的"硬伤"。

这在某种程度上比较符合苏州纪录片在媒体和观众中反应变冷的趋势。其实，纪录片非但不是冷门，反而一直是电视圈研讨的热题。讨论来讨论去，无非就是那些永恒的哲学命题：我是谁？从哪来？往何处去？总之归结为两点：一是纪录片的本质，二是叙事技巧。纪录片强调的是作为一种独立的类型所必须具备的不可替代性，既不能混同于新闻性深度追踪报道类节目，也不能和电视专题宣传片混为一谈。但有一点是肯定的，但凡能够得到社会关注，甚至引起轰动效应的纪录片，无一不是深度触及现实、淋漓尽致地彰显纪录片意义的创作。

范小青《家在古城》评论专辑

《家在古城》：让苏州告诉世界

丁晓原

《家在古城》是小说家范小青的第一部长篇报告文学。由小说而到非虚构写作，这是一次很值得我们期待的转型。说是"转型"，其实也是一种回转。范小青是一位资深有范的小巷文学写作者，《家在古城》以新小巷文学的非虚构书写方式，对接以往《裤裆巷风流记》等对古城市井风俗世情的虚构想象，这无疑是对小巷文学极有意义的丰富与拓展。而这样的一种"回转"，更是一次独具重大价值、走向远方的新的出发。《家在古城》是一部关于苏州古城保护治理富有全景构型和细部肌理的纪实之作，作者通过对苏州这一个案真实而有意趣的叙写，告诉读者、告诉世界的是古城保护的苏州经验、苏州智慧乃至苏州问题。从题旨深意上看，《家在古城》就是范小青和她所在的苏州就古城保护这一人类共同课题与世界所做的一次深度对话。

城是人类文明演进的产物，也是民族社群多样性文化发生的容器。而古城则是物质与精神种种历史记忆的"存储器"，也是解释历史百科的"活字典"，更是现代人乡愁的原点、精神的憩园。因此，正如英国著名传记作家彼得·阿克罗伊德所说："过去的遗迹变成当下的一部分而继续存在下去。包含所有一切，是这座城市的天性。"这无疑更应当是文明人类的天性。但人类常常是充满矛盾纠结的人类，一方面，创造与发展是人类的初心和必达的使命，但另一方面，人类只有知道了"从哪里来"，才能更清楚将"向何处去"，这就需要守望维护好自己的历史之"根"。这样,平衡好城市发展与保护的关系就成为我们共同的课题抑或是难题。正是在这里,苏州的个案,中国的范例就具有了世界的价值。这种价值的另外一种表述是资格,一种深孚众望的资格。它需要满足两个要素,一是古城足够"古",而且"古"得丰厚;二是古城发展又能与时俱进,体现出现代化行进的速度与高度。真正的现代化不是历史与现实的断裂,而是它们的有机有活力有魅力的接续。显然这些要素对苏州而言不仅是兼而有之,而且是兼而"优"之。2500年连绵不绝的历史,14.2平方公里的古城区域,世界文化遗产、国保省保文物、中国历史文化名街等各类历史遗存星罗棋布。同时,苏州经济持续发展,总量在同类城市中独占鳌头,遥遥领先。现代与传统的相得益彰,成就独具苏州特质的"双面绣"。"苏州在经济发展和古城保护中成功地取得了平衡,发展蜕变成一个宜居且充满活力的城市,具有令人自豪的城市特色。"这是苏州获得"李光耀世界城市奖"这一全球城市规划界"诺贝尔奖"时,新加坡总理李显龙给予的评价,也是对苏州这座"世界遗产典范城市"价值的权威解说。书写对象的这种价值指数,奠定了报告文学《家在古城》的价值基础。可以说,这样的写作既关乎"国之大者",也联通世界。

以报告文学的方式写作苏州古城保护与治理这样一个大的题材,无疑是一个重活累活且难度系数大的活。"我这一次的任务,跟我以前写东西不一样。我要全部真实的东西,要采访好多人,不能编的,接下了这个几乎超出我能力之外的重重的任务,就是因为我喜欢。"作者知道报告文学的非虚构特性,规定了它是一种行走的文学,于是夏顶烈日冬迎寒风,走街串巷,与人叙谈,即物访古,接通古城的气场,但更为重要的是"喜欢"。"我就是在古城长大的,几十年来一直和古城同呼吸共命运,我就是'家在古城'的一份子。""每一条巷,都像是我的童年,像是我的亲人;每一座桥,都能让我心动,都能让我欢喜;每一座宅,都是我最留恋、最亲近的,像是我自己的家。"因为有着这种生命共同体式的"喜欢",所以作者的写作更经心用情,也更投入用功。正因如此,范小青可能是《家在古城》这样的题材体式最为理想的作者了。

原生的报告文学是一种新闻文学,通常所见更多的是一种"他者"外在的写作。而在《家在古城》中,作者不只是采访者、见证者、叙事者,而且也是一个"自我","我"的存在部分地成为作品叙事的内容。这样就使《家在古城》的叙事凸显出某种由内而外的"内部写作"的特质。《家在古城》共由《家在古城》《前世今生》和《姑苏图卷》三大部分组成,而第一部分上部《同德里和五卅路》的第一章是《从同德里出发》,其中的开篇其实是叙写作者"回到同德里"。"这就是它,我的同德里的家,就是一直留在记忆深处的它,今天仍然是那个样子,仍然是我童年记忆中的同德里。"而这个同德里就是电视剧《都挺好》的取景地。作品从这里切入长篇的叙事,它开启的是作者的记忆之门,也是我们进入古城以及古城保护的历史之门。这样的结构设置,不只是开篇就能牵引读者的兴味,而且由儿时邻居小朋友和现在的街坊在此居住的故事和体验所生成的叙事,真切地富有样本意义地反映出历史宅院保护改造中的重点、难点、堵点和政府的作为及其成效。《五卅路册页》这一章打开的则是遥望更进深的历史的通道。"随父母从松江迁往苏州居住,我们最早的一个落脚点"就在五卅路。"五卅路一带,就是苏州古城最早的位置——子城","吴王的宫殿亦在此,战国时春申君黄歇亦在此,明末张士诚在此称王"。这样与"我"有关的多种叙说,不仅使"家"与"古城"有了更为紧密的内在关联,而且也让作者获得了更多的从写作对象内部展开叙事的便利与可能。

《家在古城》是一部具有浓郁而鲜明的苏州文化个性的纪实作品。这种文化个性是古城历史的客观自在,也是评估当代古城保护绩效的重要尺度。从某种角度上说,古城保护与治理是一项内涵丰富而又十分专业的文化工程。《家在古城》的文化个性首先来自作品体现出的古城整体性的文化氛围,"苏州古城的每一条街巷,都是有典故的,都是深藏着故事的"。读作品,我们好像跟随着作者做苏州文化的深度游,一条条小巷、一个个宅院,就是一座座或小或大的历史博物馆。其次展示在作者重点叙写的保护项目之中。作品第二部分《状元府和状元博物馆》,写的是清代状元潘世恩故居保护和利用的故事。这个状元府里的人,曾经"祖孙父子叔侄兄弟进士""南书房行走紫禁城骑马"。世事沧桑,"数百年前,这里边只住一家人家,数百年后,这里边住了几十人家"。将状元府改建成状元博物馆,这是作为著名状元之乡的苏州选择的"最苏州""最文化"的保护方式。再次显现在古城保护"群英谱"的叙事中,"立于榜首的,有一位来自贵州的苏州人"谢孝思。"在一个新的时代,却偏要与'旧'打交道",矛盾中的担当,凸显人物文化守望者的风骨,而"和山塘街紧紧地系在一起"的平龙根,则有着一颗保护古城的赤子之心。《家在古城》为古城保护题材,属于事件(工程)类的写作,但作品是以人物作为叙事重心的。各式的人物各有各的故事和个性,达人的书写,是对作品叙事的有效"活化"。

　　近年来,有更多的小说家转场至报告文学(非虚构)的写作领域,使此类作品呈现出新的样貌,带给我们新的阅读体验。《家在古城》也可显见小说家写作的特征。小说与报告文学都是叙事写作方式,除了虚构,小说叙事艺术尽可进入报告文学文体。"小说小说,小处说说"。作为一部叙写重大主题的报告文学,《家在古城》自然也有20世纪80年代初苏州古城问题上内参、中央做批示,邓小平1983年在苏州考察时提出要保护好这座古城,处理好保护和改造的关系等大事的叙写,有对决策者顶层设计重要材料的取用,还有以"新闻插播"方式对重要信息的嵌入等,显示出古城保护事业的历史行进和当下场景,但更多则是"马桶革命"、小巷路面处理迭代以及古桥古井等"小处"的细说。其实小处可见大要。"马桶革命"见证了苏州古城保护攻坚克难的决心和恒心,而水泥路、沥青路、弹石路、异形混凝土铺地青砖等变化，则表征了古城人打理古城的细心和精心。

　　无疑，报告文学文体有着更多的"宣传"功能，但好的报告文学不只是宣传，尽可能多地呈现出书写对象要素的本真，才是它根本的价值。尽管小青家在古城，她是苏州的女儿，作品流溢着抒情的色调，但她在写作中也直面苏州古城保护中依然存在的难题和问题。她写的是进行时态中的苏州古城保护。另外一点也是特别重要的，作品不全是人与事的再现，也有不少的思考："今天，我们所保护所修复的，都是我们的先辈留给我们的，而身处今天这个时代的我们，适逢时代变革发展，除了保护好古迹，今天的我们，又能给我们的后人留些什么呢？留些什么既有地域特色又有时代特征还有文化含量精神价值的东西呢？"这是大题目，如果没有一点大历史观和历史责任感的人，是不会提出也提不出来的，而这样的问题是很值得我们思考和回答的。而范小青的《家在古城》恰好以对苏州改革开放40多年来秉持"保护、更新、民生"的理念，接续地整体性地推进古城保护伟大实践和卓越成就真实厚重的叙写，富有说服力地回答了这样的时代之问。《家在古城》为我们展示出的是一幅美好的新姑苏繁华图，抒写着的是一首古城奋进向未来的行进曲。

文学视野

古城之变的艺术深描

——读范小青长篇非虚构作品《家在古城》

王 晖

作为小说家的范小青，其关注的目光始终没有离开过苏州这个有着2500年历史的中国文化名城。从20世纪80年代至今，她先后写下了《裤裆巷风流记》和《城市表情》等长篇小说，艺术呈现以苏州古城为原型的城市今昔变迁史。手握五彩笔的范小青新近出版长篇非虚构作品《家在古城》，又一次聚焦千年名城苏州，以有别于其惯常的虚构手法，真实真切真情地深描这片令其反复咏叹、魂牵梦绕的魅力土地。

美国人类学家克利福德·格尔茨等人曾提出过"深描"这一概念，即相对于仅仅描述人的外在行为本身的"浅描"，"深描"更注重探讨和展示人的外在行为背后的意识、动机和意义。在我看来，《家在古城》即是范小青以非虚构方式对苏州古城的一次超越外在形貌、颇具思想内涵和非虚构精神的深描。

这种"深描"首先体现在作品以作者"我"的视角，通过大量密集的场面与细节呈现出基于非虚构性的亲历性与现场感，表现出小说家非虚构叙述的独特审美气质。与许多报告文学作家需要前往异地进行采访和搜集材料等田野调查工作不同，《家在古城》的作者可谓长于斯的苏州"土著"，与其所描述的对象之间几乎是没有"违和感"的零距离接触。《家在古城》的出版恰逢苏州古城保护40年纪念时间节点（1982年国务院批复中共江苏省委《关于保护苏州古城风貌和今后建设方针的报告》），全书分为"家在古城""前世今生"和"姑苏图卷"三个部分，以时空交错的全景式叙述，将极具文化遗产风韵的苏州古城的地理、历史、经济、文化、城建、生态等如数家珍般和盘托出，大有"打捞""钩沉""探秘""解惑"和"激活"之百科全书意味。作品对城市发展肌理做出详尽的田野调查，从一个点——同德里开始，逐渐渗入其间、拓展开来，形象化梳理和演绎历史正说与传说中的苏州古城世纪变迁发展史。第一部分"家在古城"写作者自己曾经生活过的民国建筑街区（同德里、五卅路、同益里等）的今昔之变，儿时追忆与当下时空穿越汇聚一体，激活了物、事、人、情，展现出一幅沧桑绚丽的苏州古城风情图画。第二部"前世今生"则主要再现作为苏州人朋友和亲人的多个典范名人故居（老宅）的保护、修缮、开发和活用等，重点描述钮家巷3号"状元府"、费仲琛故居、墨客园和潘祖荫故居等的前世与今生，并由文庙、藏书楼和全晋会馆等引申出对苏州"崇文重教"城市风格和社会风尚的叙说，鲜明凸显了苏州古城厚重的文化价值。第三部分"姑苏图卷"沿三个路径展开：一是叙说平江路，即主要写基本延续唐宋以来苏州城坊格局、不可复制的古城根脉——平江路古街。重点讲述自2002年开始的"平江路风貌保护和环境整治工程"所取得的"整旧如故，以存其真"的成功经验，譬如形形色色的桥与古井、重新开通的中张家巷河河道、干将路的得失褒贬等。二是对姑苏繁华第一街山塘街之"山塘历史文化保护区保护性修复工程"的往事追忆与现实观照，描述政府及专家以"渐进式、微循环、小规模、不间断"的模式，抢救、修复、保护包括苏州城外最大建筑群玉涵堂以及刺绣评弹等在内的山塘历史与人文遗存。三是叙说最具苏式生活特色的老阊门、南浩街、西中市、观前街、盘门和葑门，以及以东吴大学旧址为代表的经典近代建筑、苏州老厂房等古城典型景观的当下样貌。这三个部分的叙述无一不是遵循作者"我"的采访调研路径进行的，"我"出现在所有重要现场，读者仿佛是在跟随作者一路同行同观同感。

"深描"还表现在作品叙述的格调与通行的报告文学有所不同。应当说，《家在古城》的题材足够宏大——苏州古城的前世今生，寓意足够深刻——中华文明的渊源、新生、承传与复兴。但其叙述却是娓娓道来、接地气式的，譬如第一部分里对于同德里和五卅路的叙述，即加入了大量作者"我"及其发小、同学、邻居街坊极富家常意味的现场互动，显示出以毛茸茸的"小历史"演绎宏伟壮阔"大历史"的叙述格调。历史叙述的"宏大叙事"，多是记录重大历史性政治经济文化事件、领袖或精英人物的言行。当然，也可以以一斑窥全豹，用草根、民间性世俗化事件和细节来演绎历史，显示出充满生活质感的"小历史"。《家在古城》再现有诸多与作者联系较多的人物，譬如张爱萍、徐老师、徐阿姨、朱依东、胡敏、朱军、谢孝思、高福民、史建华、王仁宇、徐刚毅、高虹、殷铭、王金兴、姜林强、范总、尹占群、阮涌三、李永明、平龙根、朱兴男、吴晓帆、张凉和徐文高等，他们是作者的老邻居、老同学和老朋友，或者是老专家、老领导、古保委及街道干部等，甚至还谈到作者自己的母亲和外婆。对于有着2500年悠久历史的苏州古城来说，可以言说的内容和角度非常多。作者选择了一个十分特别的视角切入，即从自己曾经生活居住过的同德里和五卅路两个蕴含古城历史和典范建筑意味的街区讲起，逐渐将古城话题由点到面地延展开来。这样，就使得"小历史"的叙述落到实处，使得由这些普通人所构筑的"小历史"折射出时代变迁的"大历史"，也使得作品在"我"的亲历式和见证式的叙述中凸显出非虚构真实再现客观现实的基本品质。

在作者细腻笔触的描绘下，同德里、五卅路、平江路、山塘街、观前街、曹胡徐巷、大石头巷、瓣莲巷、卫道观前、状元府、探花府、全晋会馆、乐益女校、苏州文庙、过云楼、全晋会馆、双塔影园、葑湄草堂、传德堂、探花府、花间堂、潘祖荫故居、墨客园、礼耕堂、山塘书院、阊门、盘门、葑门、范仲淹、李超琼、潘麟兆、评弹、南社等苏州古城的代表性街区、建筑、人物和事件得以生动呈现，特别是其中有关古城改造的叙述，尤为深入细致，将政府、居民、企事业单位等各方因素的应对与解决巨大难题的同理心和责任心生动叙写出来，包括以"消灭"千年马桶为中心的"城区居民家庭改厕工程"，对同德里、同益里等民国特色街区宅院进行"修旧如旧"的整治、留住文脉和人脉的"松动"活化保护利用等在内的典型案例的重点描述，即是如此。这种再现熔铸着作者的生活经验和情感寄托，既是由童年记忆开始的对乡愁的重拾与感怀，也是立足当下对古城所做的"惊鸿一瞥"和"蓦然回首"式的重新发现。这种发现不是一个外来采访、观察者的纯粹理性的观照，而是一个久居其中的"土著"对自己深爱土地执拗的情感性探寻。

当然，特别难能可贵的是，这种乡愁重拾和情感性探寻并没有一味地为家乡所讳，而是通过种种的"深描"体现出无处不在的颇具哲理的反思。与小说专注于以"呈现"写人世有所不同的是，《家在古城》体现作者主观考察与情感表达的"讲述"占据主体地位。这里的"讲述"有各种方式，其中最为显明的是体现为文中较多出现的"画外音"，即表达作者思想、思绪和感悟等知感交融的非叙事性话语。这种"讲述"的意义，一方面在于引领读者把握作品所叙述的基本内容，另一方面也在于宣示作者对于再现对象的理性认知或情感态度。在文中，作者对于苏州古城保护所做的"理性的爱"的评价无疑有着特别之处——"苏州是理性的苏州，无论是领导、专家，还是普通百姓，都非常理性，有时候头脑会发热，但是也会冷静下来，不会一味地狂热下去。这种理性，这样的冷静，是建立在对待古城的态度上的，对古城的敬畏，对古城的热爱，对古城的责任，使得所有的决策者、建议者、执行者甚至旁观者，都始终如履薄冰，始终如临深渊"，"无论他们是不是苏州人，是不是苏州籍，他们的目光、他们的念想，都和苏州、和苏州古城紧紧地相依在一起"。对于古城的未来，作者的思考则更为深入和严肃——"今天，我们所保护所修复的，都是我们的先辈留给我们的，而身处今天这个时代的我们，适逢时代变革发展，除了保护好古迹，今天的我们，又能给我们的后人留些什么呢？留些什么既有地域特色又有时代特征还有文化含量精神价值的东西呢？"作者此处的话语实际上已经涉及以古城建筑和街区为代表的文化遗产的继承，以及在此基础上的文化创新问题。这样略带忧虑的发问极具现实感和前瞻性。因为古城保护绝非单一事项，而是浩大的系统工程，涉及城建、环保、规划、美学、历史、社会学、心理学、文化学，等等。《家在古城》以其浓重的反思性告知我们，以苏州古城为代表的历史遗存需要古为今用，在保护中传承，在传承中保护，在既苏式又新式的生活中赓续文明血脉。应当说，作品当中的这些"画外音"亦是以创作主体的感知体认为前提，并非小说式的婉转曲折表达，而是直抒胸臆、直陈利弊、直言不讳，以此尽显知识分子的忧患意识、人文关怀与责任担当。

除却虚构之外，《家在古城》在结构和语言等方面所呈现出来的小说式表达的灵动与可读性无疑是十分显明的。这自然得益于作者的著名小说家身份及其对于此种文体数十年历练的炉火纯青。从这个角度观之，这部非虚构作品所凸显出来的跨文体品格，在当下的非虚构文学序列里无疑散发着别样的光彩。当然，擅长于虚构叙事的小说家范小青在《家在古城》当中却是努力遵循着非虚构的叙述原则，以较多的纪录性文字再现或者还原现实或历史时空里的人、事、景、情，显示出强烈的现场感与纪实性，给予读者身临其境般的沉浸式体验。譬如第一部分以较大篇幅再现的作者与街道领导、居民等的"双塔街道座谈会采访实录"，作者与被访者的提问对谈，作者与环卫工人乔师傅的对话；第二部分里作者与高虹、潘裕达的对谈实录；第三部分作者采访香洲扇坊张凉、朱兴男夫妇的实录，作者有关山塘街的各种思绪观感等。

　　历史文化遗产是注释历史最好的"活字典"。这是《家在古城》里面的一个金句。作者通过对苏州古城前世今生的再现，也已经达到了以非虚构文学的方式"注释历史"的目标。或许，这正是《家在古城》的文献价值所在——作品中大量的文献佐证和数字数据足以证明其"用事实说话"的理念和诚意，也完全可以看作其文学价值的一种精彩加持。从这个意义上说，我们热切期待苏州古城成为留得住、传得下的历史遗存，我们也同样期待《家在古城》能够成为留得住、传得下的迷人的文学经典。

文学视野

《家在古城》的虚实之辨

朱红梅

在读范小青《家在古城》之前，多少会存着好奇心。这样一个作家，会怎么去写苏州这么一座城市。作为小说家，习惯了虚构，习惯了"画饼充饥"、四两拨千斤，而一个有关古城保护的长篇纪实作品，就像一个实实在在的大饼，腾挪回避不了，得一口一口吃掉。"对于我来说，之前没有写过长篇的报告文学，这中间也有过犹豫，小说的自由和报告文学的局限，会让我左右摇摆、反复斟酌，但最后还是确定下来，这里的原因就是'要我写'和'我要写'的融合，如果只有'要我写'，我恐怕不敢承担，因为有了'我要写'，我才有了勇气。"[1]勇气是必须的。除了勇气，作者还付出了汗水和脚力。作者调用自己多年来与古城有关的记忆，更一步一个脚印重返和丈量自己熟悉而又陌生的姑苏城池街巷。全书以"怀旧"和"行走"并行的双螺旋结构，构建起时空交错的全景式叙述。不仅勾勒出了古城发展变迁的历史脉络，也把握住了物事人情的血肉肌理。"小巷文学"是范小青创作版图中一个鲜明的地标，《家在古城》的出版，不仅扩大了这个地标的辐射圈，也为同一作者的虚构与纪实写作提供了一个参照阅读的范本。

---

[1]《长篇非虚构作品〈家在古城〉出版，聚焦古城保护，范小青再次成为"范苏州"》，《南京日报》，2022年11月18日。

一、人物群像：古城守护者

《家在古城》的写作过程，也是作者的一次寻根之旅。作者目光凝视下的古城，是一个寻找回来的新世界。这个世界里的主角，首先是人。《家在古城》里涉及的人物众多，一类来自历史文献资料，像伍子胥、范仲淹、文徵明、唐伯虎、冯梦龙、金圣叹、潘世恩、顾廷龙、陈从周、谢孝思等等；还有一类属于当下，来自生活现场。这里要说的主要是后一类。

首先是作者的"亲友团"，老熟人。包括像胡敏、爱萍、高虹这样的发小、乡邻、同学，还有外婆凌志敏、母亲冯石麟、哥哥范小天等家人，也有文化圈子里的朋友，像王稼句、高福民、徐刚毅、陶文瑜等。每个人都是一个线头，话题往往在他们身上旁逸斜出。然而，正是这种旁逸斜出，形成了《家在古城》一种特别的叙述节奏，纪实作品的使命感和真实性要求，时时在与虚构叙事本能的拉扯和缠绕中，形成一种虚实相生、疏密有致的表达风格，使得这样一本主题宏阔的作品依然具备了丝丝入扣的细节和枝蔓。反观之，如果缺少了这些人物和闲笔，那这本书就缺少了那点味道，古城还是古城，就不是"家在古城"了。"家"和"家人"，是这本书的题眼和灵魂。

另一类人，不在作者的熟人圈子里，因为"古城保护"这根红线而有了交集，比如史建华、杨休、王仁宇、殷铭等；有些甚至是陌生人，如果不是为了写作任务，压根儿不会认识的。像同德里的徐阿姨、马师傅，古保委的朱依东，瓣莲巷的朱军，状元府的潘裕洽，山塘街的平龙根、朱兴男，平江路的阮涌三、张凉、吴晓帆，等等。他们本来只是创作所需的工具性人物，属于叙事的一个个节点，依靠他们，作者结构了自己的叙事之网。不过，即使在少数几次的交流互动中，有关古城的共情也衍生出类似故交乡邻的默契与共鸣。采访就不只是采访，交谈也不只是信息的获取，实务之外，目的之外，会有惺惺相惜、豁然开朗……行走交谈中，作者与各种体验和联想不期而遇，因此一生二、二生三……乐而忘返。

小说家的笔犹如魔法世界的权杖，能驱策世间万物。找到自己的人物，也是魔法的一种。找到人物，也就找到了故事。《家在古城》里古今交错、新旧杂糅、身份面貌迥异的人物轮番登场，演绎的终究是守护古城的漫长历程和生动故事。众多人物在文本中交叉出现，造成一种想象与实录、抒情与记叙互相渗透融合的含混情境。作者在一种既熟悉又陌生，时而沉浸，时而抽离的观感和体验中，回忆和重新认识置身其间的这座古城。人与城互为表里，写古城实则就是写人与人、人与城之间互相适应、互相牵绊又互相塑造的悠长历史。城与人，相互依存，彼此守护。

细数作者笔下的"古城守护者"形象，大致可归为以下几种：

一是古城修复更新的建设者们。他们之中有苏州人，也有新苏州人；有干部，也有群众；有古建专家，有经商者，也有美食家、绣娘、说书先生……某些人的名字已经与古城的某个街坊或某座宅第牢牢捆绑在一起，比如：双塔影园与史建华，葑湄草堂与杨休，花间堂与省劳模殷铭，费仲琛故居与欧阳先生，墨客园与张桂华，牛角浜21号与范先生，山塘街与平龙根，以及更多知名与不知名的，官方与民间的，推动或参与古城修复更新的各方人士。作者对其中的"苏州干部"这一群体发出了由衷的赞叹：他们有责任心、事业心，他们敬业，他们专业化、熟悉业务，他们有文化底蕴，他们有对苏州古城的发自内心深处、来自骨血里的热爱……"无不让我肃然起敬"[1]。以上人物既是古城的保护者，又是更新的推动者。如何在保护与更新之间协调平衡好，没有标准答案，所以古城保护是一个开放式命题，答卷人

---

[1] 范小青：《家在古城》，南京：江苏凤凰文艺出版社，2022年。

总是在上下求索。

二是苏州老太太。在《家在古城》里，作者不止一次地提及"苏州老太太"这一形象。这不是一个抽象的概念，而是一连串活生生的人物：张家四姐妹、杨绛先生、潘达于、潘裕洽的母亲以及徐阿姨九十九岁的老母亲，甚至还有电视剧《裤裆巷风流记》里"虚构"的吴老太太。历经风雨，依然清明淡泊——这样的"苏州老太太"是独特的，令人骄傲的。骄傲在哪儿呢？是无论出身名门抑或市井，都能坦然面对风云变幻、岁月磨磋，保持波澜不惊？还是举重若轻，穿越时代，在时间里兀自养成一番超然物外的见识与气度？都算是，又不仅仅如此。以至善至柔的韧性姿态，表现出穿越复杂时代的至强至坚意念，既是人物的传奇，也是苏州这座古城的秉性。

三是苏州文化人。说到苏州文化人，古往今来可说的和说到的，已经汗牛充栋。作者在此间提及的文化人，算不上震古烁今，也并未暴得大名，他们却实属苏州文化的拥趸和基石，移动的苏州文化基因，没有了他们，也就没有了苏州文化的底气。他们包括但不限于：江澄波、范小天、王稼句、徐刚毅、潘文龙、徐文高、陶文瑜，等等，这一长串的人物群像，几乎每一个人身上都镌刻着某一段古城文化的DNA。作者自己也是其中卓越的一份子。当下的苏州文化人在不同专业领域各有所长、各有所成，与古城、与时间同步，他们为现在承续传统，也为将来缔造传统。古城保护与文化传承，从来都不是一成不变的。传承人如何为文化添加新质的东西，与"为往圣继绝学"同样重要。

这样的分类和归纳当然是挂一漏万，无法穷尽周全的。仅从上面三类人物来看：第一类最为写实，符合非虚构或是报告文学对于人物采写的规范；后两类则有点向作者驾轻就熟的小说笔法游走的趋势。以"阊门四望郁苍苍"篇章为例，没有太多资料性的陈述，作者选择让人物直接登场："老家苏州阊门"的写作者周亚峰，他的文章和人生都是"寻根式"的,通过一个人,呈现"洪武赶散"那段历史在当下的一个投影。以小见大,从小处说,这是一个小说家对于历史的个人表达方式。周亚峰这个人物具有代表性,比较重要,但还没那么重要。然后写到了陶文瑜。陶文瑜的老家不在阊门,而是在不远处的桃花坞大街。但是他自少年时代起没少去阊门,这是一定的;而且还把阊门石路写在了自己的文章里。陶文瑜在文章里回忆上世纪 70 年代跟姨夫去看戏,结束后到石路的面店吃了一顿很称心的点心。他在文章里怀念姨夫,作者又在文章里怀念着他。

有些人物是充当工具人角色的,而有些不是。有些人物是作为题材所涉必须要写的,有些则不是。不是必须写,却仍然写了,所以这样的人物更重要。看似一处闲笔宕开去,却能够激起共同语境里读者的共鸣与震颤。怀念陶文瑜,也是苏州文化人心里的一种共鸣。对于他和他的时代的一种回忆和缅怀,是令人忍不住嘴角带笑的,笑完禁不住感慨,古城依旧,再不见故人。这样的怀念也会成为一种精神财富,它寓意着一种平和松弛的文化心态和对于自由趣味的审美追求,相较于古城保护的物化呈现,如何保持这种文化审美——这样的追问,凸显了《家在古城》对于精神世界的开拓和文化审美的诉求。

二、文学地理:从同德里出发

一本《家在古城》,洋洋洒洒几十万字,读来一点不冗长,不乏味。这是《家在古城》的成功之处,她真好读。在大题材与小切口之间,作者运用娴熟的人物叙事,实现了两者的融合与共济。而这里的人物叙事,往往都是与普通百姓、日常生活交织一体,就如作者所形容,"杂杂的,毛茸茸的,一地鸡毛"[1]。当然,宏大题材会带来特有的庞

---

1 范小青:《家在古城》,南京:江苏凤凰文艺出版社,2022 年。

杂内容和层出不穷的枝蔓，如何结构，是首要问题。

"家在古城""前世今生""姑苏图卷"三部分的排序是用心且自然的，从子城百姓的烟火漫卷，到苏州大户的富贵风流，再到苏州地标式存在的平江路与山塘街，每一处的抓取自有其内在的情感逻辑和心理线索。远近高低的不同及取舍，点线面的梳理及铺陈，皆水到渠成，原因不在于有理有据，而在于有情。因为有情，所以分布派遣，皆自然而然，不落痕迹。

作者首先走出书斋，走进古城的老宅街巷，亲触了"现场"。古城的地理结构在作者心里，有着天然的远近亲疏，层次分明。"圆心"自然是同德里和五卅路。这里位处子城，也是作者心里的"老家"。如果要给作者的写作设置一个地缘上的"原乡"，那么这个原乡的靶心，毫无疑问就是同德里与五卅路。回到同德里，作者展开了一场旷日持久的寻根，寻找儿时的玩伴、记忆和旧时痕迹。找回来的有同德里6号的胡敏，而更多的邻居们，像戴同学、周小波、王家的孩子……随着时间而湮没。寻找胡敏，几次寻而不遇，其间的曲折，既渲染了五十多年的时间漫漶感，又有着生活中柳暗花明的确幸。写胡敏，过往经历是略写，当下在同德里6号的日子才是重点，作者突出了胡敏在老宅生活的惬意与自洽。"八九十岁的同德里6号和年逾六旬的胡敏"，扑面而来是"欣欣向荣的明亮感"。回到同德里，作者找到了"旧相识"和"新认识"的同德里人，因为他们的存在，生活仍然延续，同德里历经沧桑依旧活着，并且越活越精神。

及至五卅路、皇废基，话题则旁逸斜出到直奔"祥鑫"鸡爪而去，作者自觉"离题"了，其实是被这座城市满满的市井气息、烟火气息牢牢牵引着，欲罢不能。一般人是写不出这样的《家在古城》的，必须是浸淫其间已久，对古城内在气质心领神会的人才行，面对古城这头大象，作者即便是闭上眼，也能了然于胸：对这个庞然大物的脾气、秉性、呼吸、肌理……从了解到一再确认，无不历历在心。即便是凭借它的一些皮屑、一点气味,也能一叶而知秋,洞悉它的一切,乃至掌握它的基因密码。

  以同德里为圆心和出发点,通过情感半径的丈量,随着作者步履不停的节奏,那些林林总总的老宅故居在"前世今生"篇章里开始慢慢凸显和清晰。"前世今生"不仅包含了那些老宅故居的崛起、没落和重生,更是潜隐着那些高门望族的富贵繁华、文采风流在历史潮流中的跌宕起伏。作者声称,自己小说创作的第一步,就是从钮家巷 3 号开始的。1985 年,钮家巷 3 号潘世恩状元府里的纱帽厅修复,她斜穿苏州城,专程去探访。从那时起,就种下了对于老宅故居的情怀,也几乎形成了自身创作的索引。《家在古城》最为独特之处就在于,作者的书写不仅是"达人"的,而且是"体己"的,是把自己完全代入的写法。她形容自己对于故人故事的敏感,"我的职业把我训练得如同一只贪恋的苍蝇,闻到某种味道,就嗡嗡地飞过去了"[1]。她对故居着迷,实际上是对住在那里的人着迷,对他们的故事着迷。推而广之,就是对烟火弥漫的日常生活着迷。平江路,整旧如故,以存其真,谈及古城风貌的核心,作者认为,不是物质层面上的限高、天际线、色彩、错落有致,更多是人文的东西。"人文就是人。人,既是名人文人,又是平民百姓。"[2]不论是平江路,还是山塘街,所谓风貌,不是眼前所见的声色画面,而是能让人"刻骨铭心的一段经历"[3]。"古城保护"之难,"不仅仅是修复有形的建筑之难,还有重建精神家园之难"[4]。千百年来,江南文化、苏州文化历经岁月淘洗,终究细密而绵长地植根于苏州人的日常之中,"无论是达官贵人、才子佳人,还是凡夫俗子、平民

---

[1] 范小青:《家在古城》,南京:江苏凤凰文艺出版社,2022 年。
[2] 同上。
[3] 同上。
[4] 同上。

百姓，他们的生活就是文化，文化就是苏州人的生活。"[1]

"家在古城"命名的深意此刻愈发显现：古城的更新和保护，与"家"有关，与民生有关，保护的要义和核心不在于"修旧如旧"，而在于保留古城的"人气地气风气"，"古城虽然老了，但它应该是活着的，只有有人生活的城市才是活的"[2]，活的古城，才是一个保持着永续发展动能的古城。《家在古城》是一本情感充沛的书，但在这种情感充沛的表达中，理性的反思从未缺席。古城保护道阻且长，《家在古城》记录了保护的成果，也没有回避过程中的难题和争议。苏州的古城保护从没有路的地方走出了路，而且还要继续走下去。修复不能是复制，必须有创新，就像作者在全书接近尾声时提出的，"今天的我们，又能给我们的后人留些什么呢？留些什么既有地域特色又有时代特征还有文化含量、精神价值的东西呢？"[3]一本书是远远无法穷尽"古城保护"这个巨大命题的，《家在古城》致力于提出一个有价值的追问，并且尝试提供一些富有想象力的解读视角和方法。

三、文本借鉴：虚实之辨

非虚构写作在当下已经成为重要的"时代文体"：聚焦重大社会议题、辨析复杂中国经验，关注、记录时代人心，强调真实性与在场感，尝试重建文学与现实的关系等，但非虚构的活力和生长性并不能遮蔽和掩盖它自身的缺陷，"比如作品中出现的想象力空缺、感情和故事狭隘、无意义的重复、叙事粗糙、抒情无节制、作家的写作姿态和

---

[1] 范小青：《家在古城》，南京：江苏凤凰文艺出版社，2022年。
[2] 同上。
[3] 同上。

自我意识面临体制化、新闻化和文艺腔的危险"[1]。作为一种新的写作潮流，非虚构写作总是被区别于小说、散文、报告文学、历史研究来看待。但是，非虚构又确实不能与传统文体完全割裂。原因就在于，它的命名与崛起，是在传统的文学期刊发生与进行的；非虚构写作宽广而圆融的文体特点，又使得它与其他的文体形式有着千丝万缕的联系。另外，作为一个打破固有文学圈层的新成员，非虚构写作进一步加剧了写作者身份的兼容。这样的身份融合其实从来就有，诗人写小说，小说家写散文，文学评论者从事文学创作……这种属于跨文体；还有历史学教授兼职写散文，计算机工程师从事网络码字……这种就是跨学科了。这样的跨界和融合并不稀奇，所以《家在古城》也不算是特例。但在作者范小青四十余年的创作生涯中，这部非虚构的大部头作品，对她来说，非常特殊。

《家在古城》作为非虚构题材的长篇作品，落笔前需要做大量的现实访谈和信息采集工作。采访、座谈，接触形形色色的人物自然无法避免。但作者在文本中还是刻意保留了一个独行者的形象，"我大概更合适虚构而不是非虚构，所以即便在做一个大大的非虚构作品时，我还是愿意让自己的想象的翅膀能够有足够的空间，能够飞翔起来。我一个人继续独行，让思想自由飞翔"[2]。这种独立高蹈的姿态、既及物又抽离的叙事策略，恰好是《家在古城》不同于寻常非虚构作品之处。作者有着某种故意，故意地去"打破了生活与艺术的边界，混淆了真实与虚构的概念"[3]。

对于部分小说或非虚构作品原文的引用，构成了整部作品中另一

---

[1] 项静：《媒介融合视野下的非虚构写作》，《文艺报》，2022年9月26日。
[2] 范小青：《家在古城》，南京：江苏凤凰文艺出版社，2022年。
[3] 同上。

重叙事空间。

作者在文中提及，1985年在钮家巷3号潘家的一次夜谈，听潘裕洽母子讲述了潘家的许多人物和故事。三十余年前一次偶然的谈话，无意间让一个年轻的写作者，与自己生长于斯的古城缔结了漫长的契约，这座城市也给了一个作家数十年笔耕不辍的丰沛元气和宽阔起点。"那个难忘的夜晚，对于我来说，简直有了一种富可敌国、腰缠万贯的感觉。后来在我的许多文学作品中，都会有这些故事的痕迹，都会有这些往事的印记。"[1] 作者的第一部长篇小说《裤裆巷风流记》，就是从现实中的"潘宅"到小说里的"吴宅"，将状元府的故事一通移花接木，改头换面。无独有偶，2000年作者遇见嫁入"贵潘"家的发小高虹，后来从高虹的经历出发，作者写了中篇小说《嫁入豪门》，"人物和故事内容是完完全全地虚构，但生活基础却是非虚构"[2]。2021年，作者再访潘裕洽。时间过去了三十多年，作者拂去"状元府"民间传说性质的虚构面纱，原文引用了潘裕洽有关潘世恩故居历史变迁的真实叙述。从现实到虚构，再从虚构返回现实。作者以虚实相间、时空交错的文本参照，塑造了一个立体而多样化的姑苏状元府。

又比如，在写到五卅路发小张爱萍时，作者引用了自己1990年初的随笔《一只电话》。引文是"我"与爱萍的通话记录，爱萍生了重病，"我们"在电话里问候寒暄。发小的病重与离世无关创作主旨，只是关于五卅路23号这处老房子散发出来的牵挂。老房子可以荒废，人情却可以不荒废。所以作者强调：没有永恒的物质，只有永恒的灵魂。引文里有人情冷暖，有往事故人，这些构成了五卅路23号的精神地基。再比如，"姑苏图卷"下部，写到葑门横街，引用了一篇旧文章《苏州讲吃茶》，将老横街和老茶客的陈旧背影还原得丝丝入扣，

---

[1] 范小青：《家在古城》，南京：江苏凤凰文艺出版社，2022年。
[2] 同上。

深入人心。对于没有名人故居、传奇故事,只有讨价还价、喧腾街景的葑门横街来说,早市吃早茶仍旧是苏式的民俗市井,仍旧是江南格调、苏州风貌。

还有一种引用,作者称之为"思想野出来,文字飞出去"的结果。典型的就是引用小说《城市片段》里有关"苏扇"的片段。讲的是绢扇厂的蒋爱宝:扇厂工资发不出,房子也老旧了,蒋爱宝死蟹一只,除了关门,别无他法了……《城市片段》出版于2001年,是作者长篇都市系列作品之一。当日的蒋爱宝和如今平江路"香洲扇坊"的张凉,时代面貌、个人际遇可谓天差地别,但他们却同样是古城修复更新历史进程中的"亲历者"。当然,蒋爱宝是个虚拟的亲历者,她的姓名和故事情节都是抽象、总结和润色过的,但生活底子却是真实的,假不了。

上述的文本引用,有助于调节段落节奏,形成虚实相间、疏密有致的文本空间,这些引文与一些座谈纪要和被访人口述实录等新鲜真实的素材形成了新旧、虚实的参照与对比,让全书的叙事具备了两套不同的声部,有种在过去与现实来回穿越的时空交错感,有效地调和了非虚构主题创作着眼于宏大与真实,又难免囿于空洞与生硬的短板。一个笔耕四十余年的小说家,同时也是一个心心念念于苏州小巷、老宅、街区的行走者,在一本非虚构作品里将自己虚构与纪实的文字加以拼接和对照,却达到了一种创新和再造的效果。让一加一大于二,在虚构和非虚构形式的相互碰撞和交接中,完成对于古城一次更新的凝视和塑造。

一部《家在古城》,林林总总,是多维度的。人物与地理,文化与生活,时时刻刻相伴相生。《家在古城》的特别之处在于,她不那么事无巨细、面面俱到,承担不了作为苏州导读和旅游手册的功能。这本书是一个深爱苏州的人对于同样深爱者的馈赠。通过情感、记忆和文化的沟通与共情,让你认识或是重新认识古城苏州,以及生活在这里的人们和他们的生活方式。《家在古城》不是在为"古城保护"做宣传和注解，她本身就是对古城历史、古城记忆、古城根脉的保护和延续。作者坦言："书写古城，和保护古城一样，不仅是单纯的保护，不仅是单纯的书写，首先，是要和古城相处，和古城对话，要互相倾听，要互相理解和沟通。"[1]这样的倾听、理解和沟通，是与无数古往今来的心灵世界的交互照亮，体现了与这座古城内在精神沟通互联的决心和定力。古城是一座城，《家在古城》则不同，她足够宏大宽阔，同时又细碎复杂；她的视野早就越过古老城墙，眺望着无穷远方。

1　范小青：《家在古城》，南京：江苏凤凰文艺出版社，2022年。

姑苏女儿写给家乡的"情书"

——范小青《家在古城》读后感

平龙根

今年10月中旬，我欣喜地收到了范小青老师亲笔签名的《家在古城》一书。说实话，范小青老师是江苏省作协主席、苏派作家的领军人物，其作品获得过多项大奖，还有的被拍成电视剧热播，并有多部作品翻译到国外。而我只是一名普通的退休人员，此前与她素未谋面。只是去年7月为创作《家在古城》一书，她前来了解山塘历史街区保护性修复情况，我们才初次接触。没想到一年多后，她就奉上了这部近40万字的皇皇巨著，这不禁让人如获至宝，迫不及待地拜读起来。掩卷深思，真是让人感动万分，感慨万千。对于文学作品，我是个"门外汉"，但我还是忍不住拿起笔来，愿把自己的粗浅感受与大家分享。

一、她用宏大的叙事，记述了千年古城一场伟大的变革。苏州是一座发轫于"勾吴"、始建于春秋、兴旺于唐宋、繁荣于明清、复兴于当代的千年古城，这是1982年苏州被选为第一批"中国历史文化名城"的重要原因，也是创作《家在古城》时绕不开的话题。但《家在古城》并不是一本历史普及读本，如果把苏州这座千年古城的历史娓娓道来，显然会偏离这部献礼之作的创作主旨；反之，如果只讲近十年，则又会影响这部作品的感染力。因此，在视角上如何切入、材料上如何取舍、篇幅上如何把控，这是作者在谋篇布局时必须首先考虑的问题。但是凭借着深厚的功力和娴熟的文字驾驭能力，作者巧妙地化解了这一难题。如在《"天下有学自吴郡始"》这一章节，从状元的话题引申开去，讲到苏州曾经被北方文明比为"荆蛮之地"，然后引用《史记·吴太伯世家》的记载，讲述公元前841年"泰伯奔吴"、建立"勾吴国"的故事；又在《到子城去看看》这一章节，讲述周敬王六年（公元前514年）吴王阖闾命大臣伍子胥"相土尝水，象天法地"，建造规模宏大的吴国都城阖闾大城的故事。在本章节稍后讲到"皇废基"的地名时，又讲了元末张士诚和"五卅运动"的故事，着墨虽不多，寥寥数语却颇具匠心。这种时空交错、以现实地名巧妙地切换到古城历史的写法，在后来多处古建老宅前世今生的叙述中也屡有体现。这恰如苏州这座千年古城的品格，冷不丁地就有一件2000多年前的历史文化遗存进入你的眼帘，让人惊喜不已。当然，对于苏州被命名为"中国历史文化名城"40年来尤其是保护区、姑苏区成立10年来的探索实践和伟大变革，则是作者不惜浓墨重彩所要表达的重点，作者准确地把握了这一点。正所谓"形散神不散"，无论是3200年前的"泰伯奔吴"、2500年前的阖闾大城、40年前的改革开放，还是10年前的保护区、姑苏区成立，始终有一根主线牵引着，那就是展现出一幅壮美的历史文化长卷，记录下苏州这座古城千百年来的伟大变革和发展密码。

二、她用独特的视角，留下了古城保护一段探索的脚步。保护古城难，写古城保护亦难。由于职业不同、经历不同，因此对于古城保护，每个人都有着各自不同的视角和理解。如何讲述古城保护的实践探索历程、如何用专业的术语讲述普通人听得懂的古城保护故事，这是对作者的又一大考验。在书中，作者的视角从20世纪80年代初苏州古城保护的呼声受到中央领导的重视开始切入，梳理了散落在苏州古城的一个个重要历史文化遗存，回顾了"古城保护、开发新区"方针的确立过程，讲述了古宅新居试点、54个街坊改造、平江路和山塘街保护性修复、老新村改造、改厕工程、古建老宅修复、历史街坊成片改造等实践探索的一个个重要时间节点，展示了全晋会馆活化利用、过云楼修复使用、中张家巷河开通、曹沧洲祠修复、石路华贸中心"紫芝园"规划建设等一个个典型案例,讲得跌宕起伏,扣人心弦。对于"拔稀""松动""登录点""活化利用"等这些专业术语也都有深入浅出的表述。对于如何处理保护与更新、公房与私房以至如何解决古城停车、"消灭马桶"、居家养老等这些疑难问题和细碎小事,都提供了详实的案例,都有着独到的见解。尤其难能可贵的是,作者对于一度有过争议的干将路改造工程也并没有回避,而是有着理性的思考,给予了客观的评价。"两条腿走路,是需要保持平衡的。平衡了,才能走得稳、走得快。但是现在是戴着镣铐跳舞,平衡是最大的难题","戴着镣铐跳舞,需要在牵扯中彰显能力,在矛盾中找到平衡",用客观、形象的比喻描述了古城保护中的种种困惑,何其贴切,何其生动。有人认为,书中讲述的古城保护历程和典型案例可以作为苏州古城保护的大事记、教科书,个人非常认同。痛苦与挣扎,成功与喜悦,我们的心随着书中一个个曲折生动的故事而跳动,我相信这就是语言的力量,这就是真实的力量。

三、她用温情的笔墨,描写了一群承上启下、艰苦奋斗的人。一代一代人的不懈奋斗,造就了苏州这座千年古城,而这座千年古城又滋养了这一代一代苏州人。《家在古城》以人物为线索,为我们讲述了许多苏州人的故事。他们当中,有创办"乐益女中"的张冀墉,中华人民共和国成立以后苏州古城保护的拓荒者谢孝思,平江历史街区总规划师阮仪三,文物保护专家土仁宇,有关部门领导高福民、徐刚毅、尹占群、朱依东,国有企业领导王金兴、姜林强,古建保护实践者史建华,"城市遗产保护工作站"的阮涌三,将私宅交给政府作为评弹传承基地的范荣明,花间堂古宅酒店的经营者殷铭,买下蒴湄草堂的杨休,一辈子与古旧书籍为伴的百岁老人江澄波,对定慧寺一见钟情的西园寺方丈普仁,老山塘徐文高,带头保护古井的社区书记张英缨,等等,构成了苏州古城保护的"群英谱";同时,作者又描写了嫁入"贵潘"的高虹、追求精致生活的胡敏、新山塘人邹英姿、《山塘书院》的马志伟和张建珍、七十五岁的芬兰人艾哲罗、曾经下放到吴江的老邻居蒋一新、得了硬皮症不幸早逝的"小朋友"张爱萍、同德里8号的徐阿姨、曾经推荐九如巷4号名人故居的"中介小刘"等一群普通市民，每个人都有名有姓，有血有肉。作者不惜笔墨讲述他们的故事，也不惜笔墨赞美他们："在古城保护这个大舞台上，没有哪一场戏是过场，没有哪一个人物是配角，都是主角，都是重头戏"，"我们苏州的干部，无论官职大小，无论是不是苏州本地人，他们对苏州古城的敬畏和热爱之心，这么多年来，日月可鉴"。这不由得让我想起了一段歌词："奋斗的血脉在一代一代延伸，紧紧拥抱大地的根。"千百年来，正是千千万万普普通通的苏州人，他们用自己的心血和智慧成就了这座古城，这必将激励一代又一代苏州人接续奋斗，创造这座古城新的辉煌，使千年古城永续千年。

四、她用深入的采风，创作了姑苏大地一部动人的史诗。一部长篇非虚构作品，重点在于真实，因为唯有真实，才能经得起时间的检验，才能打动人们的心灵。但是历经千年岁月沧桑的苏州古城古往今来纷繁复杂，人物事件互有纠葛，大街小巷河道纵横，如何做到真实，怎么理出个头绪来？对此，即使古城保护的专业人士也会头皮发麻。加上作者身兼省作协主席、省九届政协常委、全国政协委员等多个社会公职，怎么挤得出那么多时间来？但在作者心目里，老师就在眼前，道路就在脚下，深入的采风必不可少。且看：尽管出生在同德里，但作者还是从同德里6号、7号、8号、11号、12号，挨户进行深入采访；尽管对阊门片区轻车熟路，还是走遍了西中市、舒巷、天库前、艺圃、宝林寺前、十间廊屋、专诸巷、阊门城楼、阊门饭店的边边角角；尽管十多年前就为《重游山塘》散文集写过专稿，后又多次游览过山塘街，但这次还是东进西出、西进东出地在山塘街走了好几个来回，直到彻底理清头绪。到区古保委全面采访，对有关部门和有关人员做重点采访，抽丝剥茧般地仔细分辨梳理。作者的采风足迹遍布苏州古城 14.2 平方公里和"一城、两线、三片"的大街小巷、大城小门。深入的采风也是作者的心路历程,通过采风采访,解疑释惑,进一步加深了对苏州古城的敬畏之心,一个个原先枯燥乏味的地名也顿时鲜活了起来。作者奉献给我们的这道"精神大餐"中,有真切的回忆,有遥远的追思,有烟火的气息,有动人的故事。透过文字,一个个"熟悉的陌生人"欢快地跳到了我们的面前。我们仿佛看见作者冒着酷暑或顶着寒风,操着纯正的吴侬软语,叩开一家家的门,像家人一样地与他们聊着这座古城的前世今生,听着他们的喜怒哀乐。作者还走进图书馆、资料室,查阅了大量的史料典籍及规划文本,反复进行核查鉴别。尽管如此,作者还是感到意犹未尽。她在该书"尾声"中写道:"从主观上讲,我知道自己是欲罢不能了,还想继续写,不想停下来。这种情形,在我的 40 多年的写作生涯中,少见","在写作《家在古城》的这几个月中,我简直有一种魂不守舍的感觉,魂到哪里去了,魂在古城,魂牵梦萦"。这是一种什么感觉?这是作者对姑苏大地深沉的爱。正是这种深沉的爱,才成就了这样一部史诗般的作品。

俗话说:文如其人。范小青老师将《家在古城》一书作为献给姑苏区、保护区成立十周年的厚礼,堪称姑苏女儿写给家乡的"情书",是那么的真挚、朴实和隽永,读后真是让人心生敬意,回味无穷!

古城底蕴，生命本根

——读范小青《家在古城》

程庆昌

《家在古城》是苏派作家领军人物范小青潜心记录苏州古城前世今生的用心之作，向读者解密"浓浓乡愁里的平民史诗"，抒写"小桥流水间的社会图景"。作者不辞辛劳，开启"深入姑苏老街小巷的纪实之旅"，通过记述发展中的各种变化"解锁一代中国城市的变革密码"，为新时代的苏州古城留下了不一样的时光记录。

苏州是有故事积累的好地方，尤其是古城，2500余年的历史累积，为这座古城做了深厚的铺垫，也成就了古城的厚重与丰满。每个人的眼里都有一幅古城的图卷，就好像每个人心中都住着一个"西施姑娘"。即便是原住民，每个人对古城的认知和感受都各有不同，不仅仅表现在视觉差异上，更有可能与每个人的生活经历有很大关系。

各花入各眼，这完全不影响一座古城在世人心中的分量，不妨碍一座古城在烟火气息里的鲜活与质感。"有人说，苏州街巷多，随便哪个隐秘角落里，都有着深厚的历史渊源；苏州名人多，随意走走看看，到处可见名人故居。也有人说，苏州的每一块砖瓦，都浸透了文明的雨水；苏州的每一座桥梁，也都承担着过去与未来的沟通。类似这样的说法很多，带着对苏州的了解、敬畏和爱，真的不夸张。"这是作家的原话，在古城的注目下成长至今，作家也一直"带着对苏州的了解、敬畏和爱"，书写苏州，赞颂苏州。

《家在古城》堪称一部"寻根"之作，有溯源的意思在。社会的纷繁变化、大踏步发展，在无形中拉开了人与人之间的距离，也给平常生活注入意想不到的变化，包括很多未知。但是，无论城市、生活、人生抑或时代变迁，都会留下不可磨灭的印记，都有迹可循，都能在寻找的步履中，有意想不到的发现。寻根，是生命回归的过程，在抽丝剥茧的过程中，与曾经远去的时光对话，重温过去，擦亮目光，认真聆听内心的碰撞，无论热情演绎还是沉静思考，都不会断裂过去和现在，不会片面强调某些无法抗拒的存在。

作家的"寻根"之旅从同德里开始，"寻根"也意味着无法隔绝血脉里的浓浓乡愁。同德里6号，一个记忆深刻的地方，也是作家解读古城的视窗。"从离开这扇门，到再次敲响这扇门，整整五十四年时间。1967年1月，我们家搬离了同德里6号。"对于作家而言，同德里6号不仅仅是一个门牌号码，而是割舍不断的家园记忆、家园情怀，虽然离开了，这种记忆、这种情怀一直都在，已经深入血脉。

"1958年，我三岁，随父母从松江迁往苏州居住，我们最早的一个落脚点，是五卅路23号，在路的东边，门朝西"，"五卅路23号，其实不是这幢老宅子的门牌，或者说，只是它的边门或侧门或后门的门牌，它的正大门，朝北，在草桥弄，第一户。那时候的门牌就是蓝色的，上面写着'吴县草桥弄1号'"，"我之所以忘记了我家的正门，却记住了五卅路23号，大约是因为我们家住的二楼的那一间屋，朝西，面对五卅路，有一个一米见方的小得不能再小的阳台，站在阳台上，看见的就是五卅路"。这是作家最初对苏州古城的了解，人与城的交集也由此拉开序幕。不管是从五卅路23号到同德里6号，还是后来搬离了同德里，古城在她心中的分量越来越重，古城的底蕴也越来越有感觉。因为，无论怎么变，家园情结一直没变，家园情怀一直都在。

人生无疑是一条风景变化的长路，在每个人的内心，都固守着一片家园。这片家园可以是城市，也可以是乡村。无论城市还是乡村，养育了一代代人，也是无数人的根本所在，不会断裂，更不能割裂。

每个人的人生旅程需要不断用生活体验来加持，每一个片段的重叠，每一个人生活的经历，每一种影像的诞生，都在无形中延续这样的情感，演绎关于心灵与家乡的交响，不仅仅是散落在每个人思想深处的文化元素产生的合力，具有强劲的创造力，更能构建起一种宏大的文化气象。

纵览《家在古城》，"家"和古城还有悠远的时光、厚厚的历史沉淀，构成多元化的时空经纬，在相互交叠的时空里，延伸家园和城市的多重意义，有助于人们寻找人生本色和发现生活的积极意义。"家"，是具象的，也可以演变成精神意义上的存在，无论过去、现在和将来，一脉相承，都让每个人血脉偾张，中间就有不少"本根"的意蕴。所谓根深蒂固，所谓树大根深，所谓根本，对每个人而言，对一座底蕴深厚的古城来说，内在的意思都一样。

自古而今，一座城有前世，才有今生，前世是今生的铺垫，今生是前世的再次盛大。姑苏自古繁华，这几个字横亘在典籍里，增添无数人的追慕，小说家也说"阊门最是红尘中一二等富贵风流之地"。繁华和富贵，是时代发展的趋势和必然，有了这样的经济基础，所决定的上层建筑一定会具有宏大气象，一定会"今非昔比"。就是这样的一座城，踩着历史光影健步而来，盛开姑苏气象。古城里旧有状元府、探花府，有各式会馆，有一大堆名人旧宅，这不仅仅是经济的繁荣，更见文化的昌盛。"天下有学自吴郡始"，无论经济和文化，姑苏都风头无两，在江南的大地上，留下绝世风华。这是一座城的历史，更是经历时光的厚厚沉淀。步入新的时代，苏州城更加开放包容，更加繁荣，更加富足，风潮更加壮阔，处处可见蓬勃气韵。

城是人类文明演变、发展的产物，古城是承载物质与精神种种历史记忆的记忆体，也是诠释历史百科的"活字典"，更是无数人乡愁的原点、精神的栖息地。作为一种生活载体、历史载体或者说生命的依托，古城的古与今，一脉相承，连缀起悠长的历史长轴、广阔的生活画卷。古城的保护和发展，是所有古老城市在新的时代都需要面对的难题，又是不得不面对的大问题，关系到当下与未来，关系到情怀与责任。

苏州原叫平江府，研究苏州的专家说，平江路是苏州古城的缩影。这话就是从《平江图》开始说起的。《平江图》出自南宋，现伫立在苏州文庙，是我国现存最早的城市平面图。即便时间走过近千年，图中的很多街巷至今未有大的改变。这就是古城的底蕴，尽管时光漫漶，这一轴图卷并没有褪去颜色，而是随着时光的变迁，积淀出无数色彩。时光眷顾了姑苏城，在这轴风流图卷里，不仅有平江路，还有山塘街、阊门、齐门、平门……众多的画面连缀成浩繁的姑苏图卷，古有古的深厚，今有今的风致，古与今，共同赋予古城以精彩绝伦。

"真正的现代化不是历史与现实的断裂，而是它们的有机接续。"苏州古城有着2500余年连绵不绝的历史，世界文化遗产、国保省保文物、中国历史文化名街等历史遗存星罗棋布，如何做好现代与传统、保护与发展的有机衔接，成就独具特色的苏州气度，是一篇大文章，不仅需要匠心，更需要务实的精神、独到的眼光。

古城保护是世界性难题，加速的城市发展与古城保护之间，矛盾向来十分突出，如何坚守住古城底蕴、薪火相传，不仅需要大智慧，更需要知道根本所在，坚守住本色。在《家在古城》里，作家着力展现了当代苏州人的清醒、自信，"并充分尊重历史，写出千百年来历代苏州人对家园的热爱"。

《家在古城》从同德里到五卅路，从北寺塔到状元博物馆，拙政园、山塘街、北塔寺、平江路、阊门……作家如数家珍，娓娓道来，完全是一部古城的"传记"，更能让广大读者读懂苏州古城的前世今生，充分展现了纪实文学的力量。作家从小的切口进入，饱含真情，在古老而雄健的脉络里穿行，关注城市发展进程，也很好地反映了变革中的伟大时代。

除了滚烫的赤子情怀，作家倾注了她的思考或者说担忧："今天，我们所保护所修复的，都是先辈留给我们的，而身处今天这个时代的我们，适逢时代变革发展，除了保护好古迹，又能给我们的后人留些什么呢？留些什么既有地域特色又有时代特征还有文化含量精神价值的东西呢？"这些问题确实需要思考和探究。

《家在古城》对苏州古城的地理、历史、经济、文化、城建、生态等都做了不同层次的解析，不仅仅是探秘古城变迁之作，更是广大城市居民在社会转型期的集体记忆，是一部展现和记录苏州古城区发展与保护的变迁史，关乎历史、建筑、家园和精神品格，也触探到东方美学的深邃美妙。书中多方位解读苏州文化的精神与内涵，透过无数人的家园情怀、城市发展与保护的辩证思考，凸显一座城的襟怀与格局。城市如人，一样有胸怀，一样有视野，一样有抱负，一样有品格，作品亦是，《家在古城》是很好的典范。

叶弥《不老》评论专辑

转折时期的心迹与心学

——叶弥论

李德南

叶弥的小说有多种不同的读法。这次集中读她的长篇小说《不老》《风流图卷》《美哉少年》，还有《你的世界之外》《成长如蜕》《桃花渡》《叶弥六短篇》等小说集，时常在我脑海中回响的是两个词："断裂"与"破碎"。这两个词和理论无关，也并非概念。我们可以从名词的角度去理解，视之为叶弥小说的关键词。我们也可以将之理解为动词。这是因为，叶弥的很多小说在叙事层面都有一个动力机制：她笔下的人物往往会遭遇一些意外事件，因此陷入一种悬空状态。这些意外事件，既可能是个人意义上的，也可能是社会历史意义上的，和大时代的脉动息息相关。这种悬空状态的持续和演变，会对人物的情感、思想、心灵等方方面面产生影响，让人物的生活发生断裂、破碎与转折。

——从断裂与破碎开始，展开叙述和思索，这是叶弥小说常见的叙事方式。

一、从断裂与破碎开始

这里不妨从《天鹅绒》谈起。这是叶弥颇具代表性的短篇小说，也曾被改编为姜文的电影《太阳照常升起》。小说的开篇，写的是："从前有一个乡下女人，很穷。从小到大，她对于幸福的回忆，不是出嫁的那一天，不是儿子生下的那一刻，而是她吃过的有数的几顿红烧肉。"¹ 这里所说的"从前",是指20世纪60年代及其前后,其实并不遥远。接下来的段落,不断地写到这个女人的穷。比如,"这个乡下女人真的非常穷,她家里的炕上一年四季只有一床薄而破的被子,被子下面一年四季垫着一条芦席。她只有一双干净像样的布鞋,用作逢年过节和走亲访友时穿——光着脚穿,她没有袜子。当然她更不可能有牙刷、牙膏、指甲钳之类的东西。"² 在当时,穷并不是羞耻的事,而另一个女人的一句话——"连袜子都不买一双,敢情真想做赤脚大仙?"让这个自尊要强的女人颇受刺激。她——李杨氏——盘算让正在读高一的儿子休学,然后拿那几个学费去买袜子,选袜子时又临时起意,觉得买袜子只能在过节时穿一下,并不划算,于是买了两斤猪肉。她想烧上一锅红烧肉,与丈夫、儿子一同端到门外去吃,让全村的人看见她家在吃猪肉。可意外的是,这两斤肉在她上厕所时不翼而飞了,她因此而发疯。三年后,她又趁着清醒而自尊的时候,急急忙忙地跳河了。她的生命由此结束。两斤猪肉被偷,这是她生命中的核心事件,也是她生命的转折时刻或断裂时刻。从此,她的精神陷入一种碎裂的状态,无从修复。

《天鹅绒》的篇幅并不长,李杨氏的遭遇是其中的一个故事。小说中还写到,李杨氏的儿子李东方,是队里的小队长,认识了在"上山下乡"运动中来到村里的唐雨林、姚妹妹一家。唐雨林下放时所带来的一杆猎枪,是令李东方感到十分好奇的物。唐雨林的祖父是远在印度尼西亚的华侨,猎枪据说是唐雨林祖父留下来的。姚妹妹言谈中谈到的虾仁烧卖、小笼汤包等物,也是李东方感到十分好奇的。李东方后来喜欢上了姚妹妹,在他们耳鬓厮磨的时刻,唐雨林突然从外面回

---

1 叶弥:《天鹅绒》,收录于叶弥短篇小说集《你的世界之外》,北京:文化发展出版社,2020年。
2 同上。

家了，并且听到了两句话。其中一句是姚妹妹说的："我家老唐说我的皮肤像天鹅绒。"第二句则是李东方说的："天鹅绒是什么东西？"对于生活在穷乡僻壤的李东方来说，天鹅绒也是超出他经验范围的物。面对唐雨林，李东方最为惆怅的甚至不是死亡，而是不知道天鹅绒为何物。这是李东方的"天问"。

在《天鹅绒》中，在那个特定的年代，物的匮乏成为一种普遍的现象。物的匮乏和精神的狂热之间，则有一种断裂。《天鹅绒》还以小说的形式，展现了特定年代的物体系。特定的物体系，又标画出特定年代的区隔与断裂，比如城市和乡村的区隔和断裂，国家与国家在交往上的区隔与断裂。对于李东方来说，唐雨林和姚妹妹，意味着一种城市的生活，甚至是一种异国的想象。与他们相关的物，猎枪、虾仁烧卖、小笼汤包、天鹅绒等，则是另一种生活的物体系。猎枪与天鹅绒，分别表征着另一种生活的暴烈与温柔。他无从认识这些物，也就无以认识另一种生活。偏偏，李东方又显出一种执着的认知意志，从城市里来的唐雨林则显示出一种仁心，想在终结李东方的生命之前教会他知道什么是天鹅绒。在物资匮乏的年代，天鹅绒已经成为一种很难买到的布料，这是唐雨林所感到非常沮丧的。而李东方最终的选择是，告知唐雨林不必找了，"我想来想去，已经知道天鹅绒是什么样子了……跟姚妹妹的皮肤一样"。他通过想象或移情的实践完成了认知，实现了逻辑的自洽；在这样的时刻失去了生命，又仿佛因此而赢得了个人的自尊，获得了生命的意义。

以物为核心而写人的命运，写人的喜怒哀乐，写时代的转折，这是《天鹅绒》的一大特征。这一方法，在叶弥的《文家的帽子》《金玉满堂》等作品中同样得到了延续，又有细微的差别。《金玉满堂》主要是写一个名叫何涧石的资本家，拥有许多字画古籍，还有各种文物珍宝。在20世纪60年代，这些珍贵的物被视为"封、修、资"的玩意儿，不再具有价值。小说主要写出身知识分子家庭的"我"和伙头史三牛到何涧石家抄家的情景。"我"懵懵懂懂地紧跟时代潮流，被所谓先进的思想所洗脑。史三牛则被何涧石所点化，在危难之际将何涧石的不少珍宝藏了起来。时隔三十年，暗里逃走到香港的何涧石与"我"、史三牛再次相遇。三十年河东三十年河西，斗转星移，当年毫无价值的种种又变得价值连城，何涧石已成为资本家，史三牛也靠当年偷藏的字画过上富贵的生活，"我"则郁郁不得志。物之意义和价值的变化，呼应着历史的风云流变，也使得人物的命运如此无常，悲欢难测。此间种种，无疑都耐人寻味。

《文家的帽子》则主要以帽子为主线，讲述吴郭城的大家族文家两代人的故事。其一是文老太爷文泽黎在日本人占领吴郭城期间被禁止戴帽子的故事。文泽黎是吴郭城的教育名流、诗人、画家，也是当地有地位的尊者，热爱戴帽子并且在社交场合也甚少脱帽。在日本人占领吴郭城期间，他因见到日本兵也拒绝脱帽而被禁止戴帽子。文泽黎后来一直不敢戴帽子又执着地买了许多帽子，直到中华人民共和国成立后才终于扬眉吐气。小说中的另一个故事，则主要与文老太爷的孙子文觉有关。文觉渴求自由，天性里有反叛的因子。在时代风潮急速变化的时代，他逐渐落后于时代，跟不上形势的变化，后被打成右派，戴着绿色的纸帽子游街。《文家的帽子》的复杂性在于，它并不是做简单的是非判断，也不倾向于完全认同文泽黎、文觉或小说中的其他人物，更不对他们做脸谱化、意识形态化的处理，而是着意写出人物和时代本身的复杂。《文家的帽子》的写作技艺亦颇为高超，以实物的、观念的、文化的帽子作为贯穿全书的主线，借此写出时代与人心的转折、转变。伽达默尔认为，"不仅历史的传承物和自然的生活秩序构成了我们作为人而生活于其中的世界的统一，而且我们怎样彼此经验的方式，我们怎样经验历史传承物的方式，我们怎样经验我们存在和我们世界的自然给予性的方式，也构成了一个真正的诠释学宇宙，在此宇宙中我们不像是被封闭在一个无法攀越的栅栏中，而是开放地面对这个宇宙"[1]。而在叶弥的这些小说中，一个物体系，甚至一把猎枪、一小块天鹅绒、一顶帽子，一旦与独特的人物相遇，就成了一个无限深广的"阐释学宇宙"。是的，作为一个作家，叶弥极其擅长以小写大，以小见大。

《天鹅绒》写于2002年，刊于《人民文学》2002年第4期，是叶弥最好的短篇小说之一。《成长如蜕》则是叶弥的中篇小说成名作，刊于《钟山》1997年第4期。这篇小说的主角是"我"弟弟，一个改革开放时期的富二代。他身上带有浓厚的理想主义色彩，渴望的是诗与远方，在很长一段时间里无法很好地子承父业，成为一个适合时代需求的商人，无法找到适合自己的社会位置，也无法和内心讲和。《成长如蜕》还写到"我"父亲的经历。"我"的家族有擅长经商的基因，由于当代中国社会的急速变化，家族成员的经历也有颇多的波折。"我"父亲也是如此。他有过安定平稳却如死水般的工作和生活，一种非常缓慢的生活，后来却否定缓慢，思想上有大的转变，成为经济改革以来第一代民营企业家中的一员。《成长如蜕》中不但写到"我"弟弟、"我"父亲的工作和生活，还写到邻里关系、友谊、价值观等许多方面的变化，开口小，所涉及的社会生活面却比较广。

成长是叶弥小说创作的重要主题。在她的《成长如蜕》等作品中，人物的成长既是个体的事件，也与社会历史的事件相连接。在雅斯贝斯看来，历史与人的关系是相当密切的，"对于我们，历史乃是回忆，这种回忆不仅是我们谙熟的，而且我们也是从那里生活过来的。倘若我们不想把我们自己消失在虚无迷惘之乡，而要为人性争得一席地

---

1 〔德〕汉斯-格奥尔格·伽达默尔：《诠释学：真理与方法》，洪汉鼎译，北京：商务印书馆，2021年。

位,那么这种对历史的回忆便是构成我们自身的一种基本成分。"[1] 叶弥也尝试在"对历史的回忆"中理解当下,理解人物何以如是。《成长如蜕》中写到"我"弟弟的成长时,便自觉地注意到社会历史的因素。小说中在追问弟弟何以顽强地坚持理想主义时,曾写到家里在1971年被下放到苏北农村大柳庄的经历。大柳庄当时在物质上并不富足,却有一种相对团结互助的氛围。"弟弟在大柳庄感受到的气氛肯定影响了他今后的审美取向。我弟弟若干年后过着锦衣玉食的生活,耳闻目睹的却是丑陋的尔虞我诈时,回忆起来,那也许就是理想中的完美的人际关系。他把大柳庄作为他心中的圣地而竭力维护……我的弟弟在长大成人后,不知道出于怎样的心理把起初的原因剔除了。把结果安排成原因:因为他受到了温暖的关怀,所以他对大柳庄怀有美好的感觉。我弟弟在这种偏差的美好回忆中固定了自己的人生观。实际中的大柳庄在他心中淡化了,只留下关于美的误差性概念。他把这种概念发展成衡量现实世界的参照。我弟弟就是这样一步一步远离了现实世界而囿于他的丰富美丽的内心世界。"[2] 在这里,叶弥注意到了环境和时代氛围对人的性格和价值观念等许多方面的影响。可是,叶弥又并不认为环境对人的塑造或变化起绝对决定性的作用,而是认为,环境会激发人内心的欲望,让个体的天性得到释放。人和时代之间,是一种复杂的互动关系。激烈的时代转折,会让一些敏感多思的、如弟弟这样的人变得难以适应。在很长一段时间里,弟弟拒绝成长,也拒绝顺应过快的时代潮流。可是,弟弟最后还是选择了成长:"我父亲于公元1996年的夏天中风病故。他总算死也瞑目,我弟弟已经能轻松地胜任

---

[1] 〔德〕卡尔·雅斯贝斯:《论历史的意义》,收入张文杰编《历史的话语:现代西方历史哲学译文集》,桂林:广西师范大学出版社,2002年。

[2] 叶弥:《成长如蜕》,见叶弥小说集《成长如蜕》,郑州:河南文艺出版社,2021年。

工作了，大到签订合同组织生产，小到扣掉工人的一个加班费。彻底解脱后的弟弟，做什么事都得心应手，像他六岁时交换于寡妇的耳环一样，弟弟还原了。这样一个把商界看作丑恶的人，与美好概念相对立的人，最后在商界努力耕耘了。这就是我弟弟的耐人寻味之处。"[1]

《成长如蜕》用融合社会分析和精神分析的方法，呈现了一个个体的成长之难，也用融合叙事、说理与抒情的文字呈现了"我"弟弟、父亲等人的断裂时刻与破碎时刻。这样的时刻，往往也与社会历史的断裂与破碎息息相关。

——叶弥正是从断裂与破碎开始，以写作回应时代、历史和现实，逐渐构建起属于她个人的小说世界。

二、作为美学风格的"风流图卷"

在中篇小说和短篇小说的创作上，叶弥皆有实绩，屡有佳作。长篇小说也是叶弥用力较多的领域。她的第一部长篇小说《美哉少年》刊于《钟山》2002年第6期，2016年由江苏凤凰文艺出版社出版。《风流图卷》刊于《收获·长篇小说》2014年春夏卷，2018年由北京十月文艺出版社出版。2021年，她近期完成的长篇小说《不老》则获得"首届凤凰文学奖·评委会奖"[2]。

这里之所以把叶弥的三部长篇都先行列出来，主要是因为叶弥的小说，尤其是她的长篇小说，具有鲜明的整体性。这种整体性的形

---

[1] 叶弥：《成长如蜕》，见叶弥小说集《成长如蜕》，郑州：河南文艺出版社，2021年。

[2] "凤凰文学奖"由凤凰出版传媒集团主办，江苏凤凰文艺出版社承办，参评对象为汉语长篇原创文学作品，包括长篇小说、长篇散文、长篇纪实与长篇非虚构作品等。以尚未以中文版单行本正式出版的汉语长篇原创文学作品作为参评条件，是该奖的一大特点。最终，叶弥的《不老》、鲁敏的《金色河流》与罗伟章的《隐秘史》获得首届"凤凰文学奖"的"评委会奖"，首届"凤凰文学奖"大奖则空缺。

成，又首先是因为主题上的相关。当代中国的时代转折和个体生命所经历的种种形式的转折，是其作品的一大主题。在《美哉少年》《风流图卷》《不老》这三部长篇中，《风流图卷》和《不老》的内在关联尤为明显。按照叶弥的说法，它们最初其实是作为一部作品来构思的。这部作品，原本就叫《风流图卷》，打算写四卷，"随意在过往的时间里取了四个小说时段：1958年、1968年、1978年、1988年，各一卷。每卷十几万字，整个小说40多万字"[1]。然而，计划落实于实践，时常有不少变化，甚至是巨大的变化。《风流图卷》便是如此："2014年5月，《风流图卷》第一、二卷发表在《收获》杂志上。由衷感谢责编叶开先生。但因为当时与叶开先生缺少沟通，他不知道我已计划第三、四卷的写作，发表时给我的第一、二卷改成了上、下卷。"[2] 作品即便是在发表后，也仍旧可能面临着大的变数。比如《风流图卷》第一、二卷发表后，叶弥又花费了大量时间进行修改，"修改结束后，鉴于《风流图卷》第一、二卷已完整地表达了某种思想，主要人物也经过种种磨难开始走向开阔。它具备应有的思想容量，故事走向清晰，人物性格的塑造亦已完成，作为一部独立的小说，它是成立的"，"所以我决定把《风流图卷》第一、二卷作为一部独立而完整的小说出版，把《风流图卷》第三、四卷作为另一部小说出版，暂名《爱·扶摇直上》。它是独立的，又是《风流图卷》的延续，是《风流图卷》里的人物在1978年和1988年的生活史和心灵史"[3]。对照叶弥的这些说法和《不老》的原文，不难确定，《不老》就是《风流图卷》第三、四卷。这里对这几部小说的背景和关联做这样的梳理，既是因为这是理解叶弥几部长篇小说的重要背景，也因为这几部作品在写作、发表、出版、版本等方面

---

1 叶弥：《风流图卷·后记》，北京：北京十月文艺出版社，2018年。
2 同上。
3 同上。

均有特异之处。

《风流图卷》的叙事空间主要是吴郭城,这个虚构的世界多多少少有些苏州的影子。苏州自古便是江南风流地,《风流图卷》描绘了江南水乡在特定时期种种运动的风起云涌与风流云散,记录或刻画了寻常巷陌间的风流人物。单行本的《风流图卷》分上下两卷,上卷以1958年为背景,展现了一系列人物的风流韵事;下卷则以1968年作为故事时间的起点,描绘了十年后这些人物跌宕起伏的命运。

在这些人物中,柳爷爷柳家骥是市政协主席、诗人、书法家、园林学家。他和《文家的帽子》中的文老太爷文泽黎、《金玉满堂》中的老头子何涧石在精神气质上有几分相似。柳家骥承接旧文化而来,思想上又有现代的、开明的、前卫的一面。他讲究吃穿用度,讲究风雅和浪漫,有精神贵族的气质,内蕴一二分的颓废和十分的自尊。在动荡的时期,他因被人设计陷害而蒙受羞辱,选择自杀。

孔燕妮则是贯穿《风流图卷》《不老》的主角,是这两部长篇小说中最为重要的人物,也是叶弥整个文学创作中写得最为充分、令人最为难忘的人物。《风流图卷》采用第一人称展开叙事,主要从孔燕妮的视角展开;《不老》则采用第三人称展开叙事。孔燕妮是一个颇具灵气的女性,出生时就颇为传奇:她母亲在医院里疼了一天一夜还没生下来,这时候天上响了一声炸雷,她便在炸雷声中出生了。其时是一个晴朗的傍晚,炸雷过后天上凭空出现一道彩虹,端端正正地悬在产房的窗外。那一天整个吴郭只有一个婴儿降生,那就是孔燕妮。长得有几分像观音的她因此被视为天上的彩虹仙女下凡。在成长的过程中,孔燕妮既敏感于个体生命的变化,也对外在世界充满好奇:"窗外月色如水,宇宙寂静浩瀚。我很想知道,天地之间,一个人,一个像我这样微不足道的人,活着,是为了什么?知道了活着是为什么,才能明白大大小小的许多事。"¹ 然而，正是这样一个美好的女性，在动荡时期被体育老师赵大伟打晕，然后被侮辱。这一经历，对于孔燕妮来说，是生命的至暗时刻，是美好人生出现破碎、断裂的时刻，也是转折的时刻。此后漫长的岁月，都成为她生命的转折时期，她都备受迷茫的困扰，执着地寻找生命的意义。

对于个人的肉身，内心的宇宙，外在的社会世界，孔燕妮都有探求的欲望。孔燕妮有健全的思考能力，就像她和初恋情人杜克对话时所说的，她并不喜欢斗争，她有她的梦想，那就是好好地生活。而命运和时代并没有给她这样的机会。被赵大伟侵犯后，她一直在思考如何卸下精神的重担，如何从绝望中重新开始。这一重担，并非常人所想的贞操意义上的重担，而是一个人在承受了这样那样的恶与伤害后，如果作为一个人而重新开始："我要找到人生重新开始的内容……在我人生重新开始时，我希望确立一个正确的思维方式，有关未来的思维方式。"²

孔燕妮的蒙难，既是个人肉身和精神意义上的蒙难，也是时代与寓言意义上的蒙难。不论是在《风流图卷》还是在《不老》中，孔燕妮个人的生命史和外在的社会史之间，都有一种内在的对应关系。对她施加暴力的赵大伟，是一个精神病人，其实，那个年代种种形式的、激进的"革命"，何尝不是由于精神或思想上出现了问题？相应地，孔燕妮的探求，除了是个人意义上的探求，也必然缊含着她对社会历史的探求。

而从作者的角度来看，当叶弥思考这些人物的命运时，同时也是围绕时代、围绕人物所代表的生活方式展开思考。在展现不同的思维方式、生活方式时，叶弥很少做非此即彼的选择，而是力求客观、中

---

1 叶弥：《风流图卷》，北京：北京十月文艺出版社，2018年。
2 同上。

正地呈现。有一点是可以肯定的，那就是她认为激进的"革命"带来了对人性的毁坏，也导致生活方式与价值观念的简化、粗鄙化。《风流图卷》中这样写道："我们吃的一样，我们穿的一样，我们住的一样。我们喊着一样的口号，我们使用同一种表情，我们是思想的复制品。我们不谈思想，就是一种思想。"[1] 在《不老》中，孔燕妮和俞华南则有一场关于解放思想和物质生活的对话，孔燕妮曾谈到，她并不否认物质的意义，但她反对把解放思想简单化。回顾历史，人们之所以吃了不少苦头，就在于把许多东西简单化。柳家骥的死，常宝的死，除了是个人意义上的死亡，也是一种生活方式的消亡，是一种价值观的消逝。与此同时，杜克、张风毅、高大进、谢小达、温德好这些人物，他们的个性、思想和经历，也都不能简单地进行价值判断或是非判断，而是有其复杂的甚至是暧昧的部分。对于这些人物，也包括孔燕妮和柳家骥，他们在不同时期、不同方面的思和行，都需要进行具体分析，而不能简单地以好坏论之。

在《风流图卷》和《不老》中，杜克便是一个颇为值得关注的人物。他是一个政治激进主义者，行事时常不计后果，有许多的问题。然而，即便是这样一个人，他的部分认知也有合理之处。比如他认为解放思想、解放生产力、发展个体经济后，社会上会出现见利忘义、人欲横流的局面。这个后果使得他激进而偏执地想要维护思想和生活的"纯洁"，他的行事方式当然是需要批判的。可是对于这个人物，叶弥也并不是从全盘否定的思路去刻画他，而是力求在他身上还原生活本身的复杂性，还有人的历史局限与认知谬误。

孔燕妮也同样如此。在强调集体精神的革命年代，孔燕妮顽强地维护个人的自由——思想与肉身的自由。《不老》的一条线索是，孔

---

[1] 叶弥：《风流图卷》，北京：北京十月文艺出版社，2018年。

燕妮的男朋友张风毅还有十九天就要出狱，在这样的时刻，孔燕妮和俞华南相遇了，约定在一起谈一场十九天的恋爱。在张风毅入狱后和遇到俞华南之前，孔燕妮其实就有了别的恋情。她丝毫没有隐瞒这一点，张风毅、孔燕妮和俞华南对此都有共识，认为彼此是自由的。在思想解放的时期，孔燕妮则在追求个人自由的同时，更看重个人对社会的责任。她宁愿自己挨饿也要寄钱给白鹭农业中学和安徽大旱的地区。对于历史与个人的创伤记忆，她并没有很好地摆脱或遗忘；相应地，她也无法很好地相信未来，而是对未来有一种恐惧。可是，她又有一种顽强的未来意志——渴求未来能朝着她所期待的方向去发展，渴求未来有她所看重的爱、美、自由、宽容与责任心，渴求未来社会是一个理想社会。对于孔燕妮，叶弥显然从整体上是认可的，她是叶弥所偏爱的、倾注了大量心血与情思而塑造的人物。从读者的视角来看，这也是一个颇有光彩的人物。然而，即便是孔燕妮，深深意识到自由和宽容之必要的孔燕妮，也一度有过激进的时刻。那就是她意识到即将到来的经济开放可能会带来欲望的泛滥，个体可能成为自私的利己主义者时，她非常强调德性和美育的必要，想着力塑造民族的美好心灵。孔燕妮还认为，"革命年代"造成了人性的扭曲，现在，在改革开放的年代，人极其需要懂得欣赏美，能独立思考，有爱的能力。这种思想的、情感的准备，甚至是改革开放得以真正实现的前提。在面对杜克的激进时，孔燕妮的看法是理性的，她清楚地知道杜克的问题所在。然而，当孔燕妮基于上述原因而试图上街宣扬讲卫生、谦让、用词文明等公德教育时，她同样显得过于急切。和杜克不同的是，她很快就认识到了自身所存在的问题，也勇于承认不足并改变。她很快就明白了，她现在要做的，是顺其自然，而不是上纲上线……一切都要慢慢来。当此时刻，宽容与理解，每个阶层彼此放松、相融，比责任、担当、奋进……更为重要。

《风流图卷》和《不老》中的人物，谁也没有掌握历史的绝对真理。

在《风流图卷》和《不老》中，叶弥并非只是想原原本本地复原当时的社会历史状况，而是在书写中呈现对过往历史和当下生活的省思，也包括对未来的预见。《风流图卷》是以第一人称展开叙事的，而孔燕妮的第一人称叙事视角实际上是一个双重视角：少女孔燕妮和成年孔燕妮的视角是并存的。因着这一双重视角，过去与当下，甚至也包括未来，这些对立的时间变得错综往复，不同时段也可以互为参照，从而构成了视野的重叠与交融。小说的叙述过程，既是呈现历史，是返回历史现场，也是省思历史。过去、现在和未来，也具有一种相对性；小说中的未来，可能正是今天的读者所经历的当下。这样展开叙述，既可以避免历史叙事的陈旧感，更便于对历史展开真正意义上的省思。《风流图卷》和《不老》里有一种关于历史的可能诗学，是蕴含着对话理想和对话精神的长篇小说。这种对话的属性，主要是通过多种不同的声音构成和呈现的，作为对话基础的自由和理想，则通过彼此对立矛盾的、调和或互补的声音建造并维护起来。通过人物的对话，也通过他们的生活与行动，《风流图卷》和《不老》呈现了时代的基本情绪和思想风景。叶弥也本着历史理性和历史情怀，与历史进行交谈，倾听历史的回声与时代的先声。她以内心镜像表现时代镜像，以心灵史与社会史相融合的方式，写出了大变革时代的平静与暗涌。

和《风流图卷》一样，《美哉少年》涉及革命年代人的成长问题。在方岩看来，《美哉少年》可视为《风流图卷》的前传[1]。徐勇则认为，《风流图卷》是《美哉少年》的姊妹篇，两部小说有诸多延续性

---

1 参见方岩：《革命时期的"成长如蜕"》，《文艺报》，2016年10月26日。

的地方¹。《美哉少年》的主人公名叫李不安，是一个少年，原本叫李小安。1967年秋天，李小安的父亲因目睹其时的社会状况后感到不安，于是拿着户口本到派出所去给儿子改名，李小安从此就成了李不安。整部小说主要是写李不安的出走和回归，以及他在这个过程中如何逐渐勇于承担而非逃避个人的责任。

《美哉少年》和《风流图卷》在主题上有相关性，就美学风格和叙事的调性而言，又颇为不同。"文革"时期的生活是暴烈的，对社会许多方面皆有毁坏，甚至是毁灭。这一点，已成为许多人的共识。这也是叶弥写作《美哉少年》和《风流图卷》的认识起点。不过，在《美哉少年》中，叶弥并没有用很多的笔墨去书写那个时期的种种乱象，而是侧重写乱象之下或之外的美好；对于种种乱象，则以戏谑的笔墨去表现。王德威认为，就叙事的感染力而言，当代中国最具代表性的模式有二："涕泪交零"及"感时忧国"。刘鹗在《老残游记》自序中自陈"哭泣"论，由此开启了中国作品里"涕泪交零"的特色。五四时期鲁迅以"呐喊"与"彷徨"的姿态，则体现了"感时忧国"的症候。但哭泣与呐喊之外，另有一种笑谑传统已暗暗存在。这个传统至少包括从老舍到张天翼、从鲁迅到钱锺书的部分作品。透过笑谑，这些作家嘲弄政治、耍玩礼教，也间接透露对国族命运的深层焦虑²。《美哉少年》更多是赓续现代文学以来笑谑或戏谑的传统，和余华的《兄弟》在语调上更有几分相像。或许是考虑到那个时期的暴烈和残酷已成为多数人的共识，展现其时的暴烈与残酷也是以往文学作品常见的书写方式，叶弥采用了目前的书写方式。这让她的写作与以往的书写

1　徐勇：《历史反思之后的个人主义与自我救赎——以〈风流图卷〉为中心看叶弥小说写作的倾向》，《扬子江评论》，2014年第5期。
2　王德威：《历史与怪兽》，见《一九四九：伤痕书写与国家文学》，三联书店（香港）有限公司，2008年。

有所不同。不过，对美好的着意找寻和对暴力场景的刻意回避，加上过量的戏谑笔墨，也可能让作品有一种浮滑的气息，会削弱历史反思的力量，减损文学铭刻历史的功能。

在《风流图卷》和《不老》中，戏谑的笔墨仍有，可是大多时候，作者是以抒情的、沉郁内敛的笔墨去书写社会和个体生命的种种不堪，抒情和戏谑所占的比重，比《美哉少年》远为得当。《风流图卷》和《不老》有《日瓦戈医生》那般雄浑的、内省的力量，又多少继承了鲁迅《野草》的生命哲学传统。在孔燕妮和张风毅等人物身上，有一种顽强的未来意志。他们虽然遭受困厄，但是始终相信现状是可以改变的，或冀望有一个光明而温暖的未来。由于他们自身所背负的个人或是社会历史意义上的创伤，他们的渴求显得尤为可贵。他们深知道路是艰难的，未来肯定不会尽善尽美，迎来的很可能不是一个乌托邦式的存在，甚至是一个"恶托邦"也未可知，可是他们顽强地保留着对未来的意愿，听从未来的召唤，如鲁迅笔下的过客般决绝地往前走。

如果要对叶弥的小说做一个总体概括，暂时忽略不同作品的微妙差异，大概可以说，《风流图卷》便体现了她小说的美学风格。她的小说带有鲜明的江南色彩，刚柔并济，既以灵动的笔触去书写沉重的历史，也以敏锐的思想去敲碎历史的硬壳，将人物的种种心迹一一描绘。叶弥虽然注重以历史化的眼光去展现不同时期的物体系的政治经济学意蕴，也重视写特定时代的宏大事件，但是她的小说创作焦点并不在于宏大事件或物体系本身，而是在于人物。人物，更准确地说，人，个人，在她的小说中永远居于中心位置。小说是人的存在学，是个人的存在学，叶弥的作品是在这一小说美学传统之中的。虽然有试图认识社会历史的意愿和意志，但叶弥的根本抱负在于写人，在于认识人——具有社会历史性的个人，尤其是身处转折时期的个人。

按照叶弥的说法，《风流图卷》之所以名为《风流图卷》，主要触点有两个，一是苏轼的那句"大江东去，浪淘尽，千古风流人物"，还有就是毛泽东的词："数风流人物，还看今朝。"叶弥笔下的风流人物，未必只是那些站在革命的对立面，或是在革命之外的人物，也包括真正有革命精神、具有理想主义精神的人物。比如孔燕妮和张风毅。如果放宽视野，不妨说叶弥小说中的不少人物，都称得上风流人物，正如王陌尘所指出的，"叶弥作品精彩处在于所写人物脑后皆有反骨，立身行事全随自己心意，或桀骜不驯，或放荡不羁，或性情乖张……他们不在乎世俗的名利，只向着自己内心朦胧的渴望飞奔"[1]。这样的人物，在叶弥的中短篇小说和长篇小说中都随处可见；他们的存在，让叶弥的作品有着一种彼此相通的气质，甚至有一种不可分割的整体性。众多的风流人物，有的从历史深处走来，有的则存在于当下。他们共同构成了一幅有历史感和现实感、更有美学意义的"风流图卷"。叶弥无疑是当代作家中颇具历史意识的一位。而正如威廉·狄尔泰所主张的，"人虽然受到他自己本性的限制，但还是可以通过想象来经历其他生活方式。人虽然受环境包围，但还是可以向他展现出种种未知的人生的美和境界。这些人生的美和境界是他永远不可企及的。一般说来，人是受生活现实束缚和决定的，不仅要用艺术来解放（这是常常提到的），而且要用通晓历史来解放"[2]。历史视野中蕴含着人的可能性，也是人实现认知的重要途径。

——叶弥正是试图以通晓历史的方式解放个人的思想，又通过小说艺术的形式来创造"种种未知的人生的美和境界"。

---

1 王陌尘：《叶弥：侧身走过自己的时代》，《北京日报》，2014年8月7日。
2 〔德〕威廉·狄尔泰：《对他人及其生活表现的理解》，收入张文杰编《历史的话语：现代西方历史哲学译文集》，桂林：广西师范大学出版社，2002年。

三、心迹与心学

叶弥的很多小说都有社会历史的景深，在写法上却并不以社会历史事件为中心，而是侧重写人物的心灵世界，尤其重视写人物在社会历史中、在时间中、在转折时期所留下的心迹。经由对许多个人的心迹的描绘，叶弥也试图探寻并铭刻种种形式的心学。

这里有必要对"心学"一词稍作解释。在学术的语境中，心学是一个意义颇为广泛的概念，冯国栋曾对它进行过概念史的考察。他认为，心学是一个在儒、道、佛等思想语境都频繁使用的一个词。在佛教中，心学一词最初出现于汉译佛典，后为中土僧人所袭用，原意是佛教三学中的定学，后泛称禅定之学，以禅定之学立宗的禅宗、天台宗皆被称为心学或心宗。在儒家人物中，最早运用心学一词的，是胡宏。在南宋初年，胡宏将克制私欲、循天理而行之学称为心学。在南宋绍兴年间，心学一词已广泛流行于士林，其义则多与儒家六经，还有孔子、孟子、王通等儒家圣贤有关。在宋代，心学则通常指与释道、训诂、科举、文章相对立的新学问——新儒学。此外，自宋至明，心学还有另一层意思：论心治心、养心存心之学。在这一意义上，司马光、朱子等人融合释、道资源，以求为研心、治心开辟道路的释道治心之学也被称为心学。[1]

我在这里之所以要用"心学"来指认叶弥小说创作的一个特点，首先是因为文学本就是关乎生命、心灵的学问。更重要的则是，叶弥的写作就带有鲜明的心学意味。叶弥早期作品中的人物，多有一种自由的精神，而在她近期的《风流图卷》《雪花禅》《桃花渡》《花码头一夜风雪》《拈花桥》等作品中，她则与佛、道、基督等许多思想进行对

---

[1] 参见冯国栋：《道统、功夫与学派之间——"心学"义再研》，《哲学研究》，2013年第7期。

话，宗教的气息渐浓，心学的意味亦渐浓。[1]

在创作的早期，叶弥曾颇为看重写作的"有趣"，一度如王小波一样，把有趣视为文学最为重要的品质，也把这视为她写作最为重要的动力。在写作的中途，她则开始同时重视写作的"有用"。与有趣相连，她一度颇为看重写作的灵感，时常乘兴而写，后来则看重写作的思想，甚至不惜因此而牺牲有趣，因此而受苦，因此而勇于接受写作的难度、强度与深度。这些转变，反映于文体，则是她此前偏爱写中短篇小说，近期则更为看重长篇小说；她所写的长篇小说数量不多，却投入了巨大的时间和心力。这是因为，长篇小说和短篇小说是有巨大差别的："长篇小说收纳思想，短篇小说收纳灵感。表现灵感的短篇小说，显现出来的是与长篇小说不同的东西：轻巧、一针见血、出人意料。即使在故事的叙述上，也完全不同。在短篇小说里，你叙述的故事是为灵感服务的。长篇小说，一旦出现故事，一定蕴含思想。当然，有时候，思想也需要灵感做先锋，灵感也需要思想打掩护。但根本不同的是，灵感是一条小溪奔大海，而思想是百川归海。灵感在一刹那形成时就长大成熟了，是落地就会走路的娃。思想形成慢，长大慢，成熟也慢，是王母娘娘蟠桃园里的桃子，三千年开花，三千年结果，三千年成熟。"[2]

这样一种划分，有其意义，又是相对的。实际上，在中短篇小说中，叶弥同样重视思想，只是在中短篇小说中，对思想的表达，往往带有即兴的、顿悟的气质。关于这一点，我们也许会很轻易想到《天鹅绒》那个出色的结尾：

---

[1] 关于叶弥作品中的宗教元素及其现实来源，叶弥和学者周新民曾有过相关的对话，具体可参见周新民：《我崇尚朴素 喜爱自然——对话叶弥》，《文学教育》，2019年第10期。
[2] 金莹：《叶弥：我注定是个流浪的孩子，文学收留了我》，《文学报》，2014年7月3日。

> 李东方死后的若干年后，公元一九九九年，大不列颠英国，王位继承人查尔斯王子，在与情人卡米拉通热线电话时说："我恨不得做你的卫生棉条。"这使我们想起若干年前，一个疯女人的儿子，一个至死都不知道天鹅绒到底为何物的乡下人，竟然在枪口下大声赞美情人的肌肤。
>
> 于是我们思想了，于是我们对生命一视同仁。[1]

这一结尾的最后一句，是神来之笔，也是短篇小说同样可以容纳思想、召唤思想的明证。两个"于是"，具有寸铁杀人般的力。

而这样的时刻，同样可能存在于小说的开头。《文家的帽子》中，叶弥以"日本人占领吴郭城，就如德国人占领巴黎一样轻松"[2]这一句话开篇。就是这样一句话，就把地方的局势与全球的局势联系起来，将颇为不同的事件勾连起来，也具有某种思想的质地。

同样，在长篇小说的写作中，叶弥也颇为看重有趣，或者说，有趣是她的艺术本能和天性。甚至，这种艺术本能和天性在长篇小说中有时是需要稍微压一压。我认为，是本能地表现，还是稍微压一压，正是《美哉少年》和《风流图卷》虽然处理的题材相似但最终呈现的艺术面貌相差甚远的重要原因。

关于叶弥的小说，林舟的一个看法颇为值得重视："叶弥的小说让我们感到有趣的同时，每每伴随着一种令人感到不安的东西，它粗粝、尖锐、闪光，它藏匿于小说的语言之中，向思想的肌肤发力。"[3]是

---

1 叶弥：《天鹅绒》，收入叶弥短篇小说集《你的世界之外》，北京：文化发展出版社，2020年。
2 同上。
3 林舟：《招魂的写作——对叶弥近年写作的一种读解》，《当代作家评论》，2008年第3期。

的，林舟的话入情入理地说出了叶弥小说在总体上所给我们带来的美学感受。我稍微想做一点延伸的是，具体到《风流图卷》和《不老》，叶弥就不只是向思想的肌肤发力，而是深入思想的骨髓了，也越发呈现心学的整体性。

叶弥一贯看重个体的意义。每个个体都有其具体的处境和独特的心性，因而，在她的理解中，每个人的心学都可能是不一样的。落笔时，她时常从人物的具体处境出发，试图为笔下的人物，尤其是她偏爱的人物找到相应的思想和精神，以应对时代和命运等方方面面的困厄。正如吴义勤所指出的，"在叶弥的小说中，个人性格并非经历了严格意义上'进化论'式的成长，并非从幼稚走向所谓的成熟，而是与时代形成共振，表现在现代性不断深化的过程中个人的精神蜕变，个人意志与具有多副面孔的现代性之间的同步和矛盾。也因此我们很难用变好了、变坏了、变成熟了、变幼稚了等这些简单的定义来概括个人的这一发展变化"[1]。相应地，对于时代的变化，叶弥也很少进行进化论式的、简单化的判断，而是认为不同的时代会有不同的问题。时代的好与坏有程度的不同，可是不同的时代都不会是单一的乌托邦或恶托邦，而是内蕴不同的问题。因此，叶弥的小说也强调，人应该有尽量不受时代风潮左右、不被风潮卷走的能力与定力，看重心灵和意志的作用。孔燕妮便是此类人物的一个典型。

孔燕妮是一个理想型人物。甚至，叶弥笔下的一类人物，那些最能体现叶弥小说之美学特质的人物，那些可称之为风流人物的人物，多是应然世界中的人物。如金理所言："你'走出去'跑到大街上未必能遇到叶弥笔下的人物，《风流图卷》里那些短暂登场又过目难忘的人物——比如受不了王来恩污辱而服药自尽的老中医夫妇——简直就是

---

[1] 吴义勤：《个人意志与现代性的角力——叶弥小说略论》，收入叶弥中篇小说集《成长如蜕》，郑州：河南文艺出版社，2021年。

从《世说新语》里直接走出来的，他们让人肃然起敬。叶弥写出的是人的应然状态，她要告诉我们：在任何困难窘迫的环境中，人都应该追求高贵和自由……这类人物身上洋溢、鼓荡着一股强烈的主观能动精神，据此在实然中追求应然，在日常中创造诗。"[1]这些人物，和《风流图卷》中的投机分子王来恩这样的人物形成鲜明的对比。在遍地污浊的环境中，孔燕妮、张风毅这样的人物，无疑寄寓着叶弥的审美理想与人格理想。不过，叶弥也不是一味地希望其人物拥有清洁的精神，以至于一尘不染。叶弥深知越是美好的人，越是一尘不染的人，在浊世间越是容易受伤——自伤或被他人所伤。《风流图卷》中的常宝和孔燕妮便是如此。她们无非就是渴望过正常的美好生活，实情却是，常宝荒唐地以"反革命"的罪名被枪毙，孔燕妮荒唐地遭受侵犯。还有柳家骥的女儿如一法师更是如此。她有博大的善心，从小就见不得活物死亡，也不吃有脸的东西，后正式剃度，在庵里研读佛经。她试图保持清洁的精神，却终究因无法承受世上的弱肉强食和美丽生命的消失而尝试自杀。在得知她自杀后，柳家骥这样说道："她是《红楼梦》式的消极悲观思维，用出家掩盖脆弱。也是盲人摸象式的思维。片面思维的人才会感情用事。宗教是让你去理解宽容的，是快乐地走入生地，不是悲哀地走入死地。娑婆世界，万物生生不息，无生就无死，无死也无生。"[2]也许正是出于同样的认知，叶弥似乎并不主张因清洁精神的过度而自伤其身，自噬其心，而是主张人要承认人之为人的有限或不完美，能适当地原谅自己，也适当地原谅世界，和自己和解，也和世界和解。在短篇小说《对岸》中，她就围绕柴云妹、武清河等女性表达了类似的意思。甚至，在《不老》的叙述行将结束时，孔燕妮也有了类似的启悟。而这，我想也是叶弥的心学的一部分吧。人之为

---

[1] 金理：《在日常中创造诗》，《文学报》，2019年4月25日。
[2] 叶弥：《风流图卷》，北京：北京十月文艺出版社，2018年。

人，需要在俗世中寻求超越的力量，寻找往上的力量，但也有必要保留些许俗世的精神，不必一尘不染，过于超凡脱俗。

相应地，读叶弥的小说，除了那些个性甚强的风流人物，还应注意到另一类人物。他们身上并没有那么强的反抗性，并不是那么的出类拔萃。正如季进所分析的，"在叶弥的小说创作中，有一类篇章是与佛教、禅修、寺庙等元素相联结的，此中隐约可见作者寄寓其中的某种佛心禅意。然而这类作品所体现出来的精神气质又并非旨在追求彻底超脱，全然不惹尘俗，却是自有其在现实中深深扎根的部分，人物的呼吸俯仰都仍是尘世真实的空气。他们之所以会与禅、佛、寺结缘，无非是在十丈红尘中努力为自己撑持下一方心有所托的精神园地，不致完全被庸常生活所吞没。这类小说中的人物往往比常人多一点慧心灵性，因此不满足于就此湮没无名，就算为生活所迫，难免有妥协退让之处，都会为自己留下一点轻盈浪漫的情趣，或曰想象的空间"[1]。这些不同类型的人物的存在，也正体现了叶弥小说里心学的多重性或多义性。

叶弥的许多作品，既展现了笔下人物的种种心迹，也可以说是叶弥本人心迹的展现与铭刻。《风流图卷》《不老》等作品的书写，既记录下了孔燕妮等人对形成个人的心学的向往和寻求，也是叶弥本人的心学的追索和形成过程。通过书写，通过思考，叶弥获得了对社会、历史和人生的新知，个人也因此变得开阔、澄明。

——写作之于叶弥，关乎有趣，更关乎修为，有玩乐的欢沁，更是在悲欣交集中修行。

1　季进：《叶弥小说读札》，《小说评论》，2018年第6期。

时光漫漶，因爱不老

——叶弥长篇小说《不老》

孙 衍

爱足以抵御时代的洪流

读叶弥的小说，总是从轻松开始，从琐碎的生活开始，像打开一个城市的早晨，烟火渐盛，各色人物在腾腾的热气中一一显现。这是一种对世俗的钟爱，对万物怀有的赤诚。《不老》仍然是这样启程的，豆浆摊一开，吴郭城里人们的喜怒哀乐随着闲言碎语，纷纷上场。纵观全书，感受最深的一个字，仍是：爱。

故事写的是20世纪70年代末，一个女子与一群人、一个城市的纠缠。三十五岁的孔燕妮在等男友张风毅出狱的二十五天里，因爱移情，将最后一段感情锁定在了到吴郭调研的俞华南身上。俞华南是一个精神受过创伤的男青年，妹妹在一次事件中丧生，对他的心理造成了严重的伤害。这种伤害让他对一切保持着敏感和不远不近的距离。但他还是对生活充满着探究的热望，希望赶上正在改变的时代，充实自己的人生。

从某种意义上来说，俞华南代表了当时的一类人，对于过去的创伤无从化解，希冀在即将到来的时代有所改变。我们对于他的调研完全可以持怀疑态度，因为在整个小说的进程中，我们并未看到俞华南的"调研"有多少实质性的进展，最多他住进了当地的招待所。除此之外，他更多的时间是和孔燕妮度过的。准确地说，是孔燕妮带着他走遍了吴郭城，了解这里的世俗风情、人际关系。他并没有迫切地想要得到什么，也许他内心里有强烈的意愿，但他的举动却是微妙的。与其说他是下到地方"调研"，不如说是刺探。他想看看离北京说远不远，说近不近的地方，到底发生了什么变化，人心所向到了哪里。

所以，俞华南对于爱情的态度是暧昧的，是模糊不清的。他一边和孔燕妮说自己有一个女友，一边和孔燕妮保持了一种若即若离的关系。这种保守的态度，让孔燕妮十分焦灼，她似乎是那个唯一懂他的人。从一见面开始，她就认定俞华南的内心里有着一块化不掉的"冷"，同时，他不仅是来吴郭城调研的，还要来寻祖先的根，更是寻找未来发生的一切可能性。俞华南留在吴郭城的时间在一天天变少，在仅剩的十九天里，她要豁出去，要捂热他。

这一点和张风毅截然不同，张风毅的爱是博大而开放的，他对于孔燕妮的追求给予了无限的包容和尊重。就算他在监狱里，就算孔燕妮已经很久没去看他，他仍然坚定地相信孔燕妮将活得很好，会勇敢地去追求自己所爱。他愿意支持并祝福她。

三个人，看似三角关系，却有着共同的夙愿。他们对于生活和爱情都是持积极的态度。张风毅对于即将到来的日子是充满了期待的，就算他身处高墙之中，却已经迫不及待地运筹帷幄，指点江山，改变一些人的命运了。孔燕妮则是顺从着自己的内心过好每一天，她要在青云岛上为张风毅接风洗尘，无一人应承赴约，她仍然不厌其烦地邀请，直到自己也放弃了青云岛之约，去了白鹭村创业。即使俞华南模棱两可，他能从北京抽身出来，到烟柳繁华之地吴郭调研，恰是说明了他对未来改变的认可态度。他迟早要离开孔燕妮，要回到北京，他们都有更大更宽广的世界。

孔燕妮说："我敢放弃，说明我还年轻。如果我老了，我就要抓住点什么，不敢失去，不敢奉献。只要敢奉献，才是真年轻。"她把每一个对她好的人，都算作一笔进账，这些进账让她感到满足，让她觉得人间值得。

孔燕妮的等，是因为爱；张风毅的舍，是因为爱；俞华南的欲拒还迎，也是因为爱。他们都在某种程度上受过伤害，但都相信爱可以顺应时代的洪流，抵御风霜之剑，抵达理想的彼岸。

《不老》具有天然的影像化可能

叶弥的小说天然有影像改造的可能，她执着地去写男女的情爱，又不囿于情爱。作为女性作家，也并无必要将男女情爱写到粘腻。女主人公总是荒诞不经的，男主人公则是有些神经质的。这些男男女女被叶弥投身于一个既定的时代，就有了由小及大、以小见大的宏大叙事，就有了现实主义的社会学本体。从现实中来，到现实中去。人心沉浮，摇曳生姿。这种戏剧化的手法，有别于传统的艺术构思。也让叶弥难以被归类到某个文学流派之中。

时代的影像在《不老》中是随处可见的。分田到户，申请私房退还，恢复高考，中美建交，十一届三中全会召开，村办企业的兴起。还有数不清的江南风物，苏绣、豆花、蒲笋、野茭白、并蒂莲、猪油菜饭、蜡梅花宴。邓丽君的歌，赵忠祥的主持，普希金的诗，打水漂、滚铁环、缝纫机、跳慢三、慢四，渐渐流行起来的高跟鞋、喇叭裤和烫飞机头。那是整个一代人的记忆，有着声光电的纯朴影像。

特别是蜡梅花宴，叶弥用了相对多的篇幅去描写，她通过俞华南的记录，将蜡梅花宴的菜谱逐一摆出，"面拖蟹、炒虾仁、桂花糖藕、野鲫鱼塞肉、菊花脑鸡蛋汤……"这时候，那个虚构的吴郭城，那个叶弥笔下的精神故土，开始有了实实在在的底色，江南的、苏州的味道一下子就扑面而来。

这些印刻着时代记忆的符号和江南生活的印记，在时间的长河中流淌，不着痕迹，却处处显露机锋。这些符号牵引着每一个人物往前腾挪，从过去到现在，再到将来。

叶弥擅于制造好的地名，且具有诗意的地名。这种诗意和其他作家不同之处在于，她笔下并未就某个特定地点而设定，而是布设了一组地名，形成乌托邦式的小说地理范畴。

吴郭城，蓝湖，香炉山，桃花渡，花码头镇，白鹭村，昙花寺。其中的一些地名不仅仅出现在《不老》中，在既往的小说里，叶弥曾多次用到这些地名，有些如《香炉山》《桃花渡》更是以篇名存在。她在写人的同时，虚构了一个平行时空里的江南，缔造了一个独一无二的文学景观。

这样的地名不可能不发生爱情，不可能不诞生像孔燕妮这样的女性。你可以凭着想象将这些地名与现实中的一一对应，但你无法将那些虚构的人物对号入座。她小说里的人物，单纯又复杂，现实又神秘，阴暗又明媚，她是写一个人，也是写一代人。写每一个人背后潜藏的孤独、坚执和超脱。

她一次次在小说里创造桃花源，却又一次次打破它，带有乌托邦色彩的设定最终都会被现实击穿。他们的命运，随着情节的发展，变得扑朔迷离，变得复杂，也变得简单。复杂的是没有答案，简单的是没有答案就是答案。这种玄妙和神秘，让文学与戏剧的影像化相得益彰，互为反哺。

成功将叶弥的小说《天鹅绒》改编成电影《太阳照常升起》的姜文，曾这样激赞叶弥："叶弥有本事，她在小说里创造了一个世界，那个世界是你陌生的故地。在你心上，却在她笔下。"

李敬泽则认为叶弥是冷酷的，而且是一种透彻的冷酷，"透彻了再看笔下的人与事，就有怜悯和同情"。

著名编剧杨劲松把叶弥比作"扛起枪的女作家"，恰好印证了这一点，"当女作家再'举枪'，毫无疑问又是一部好作品"。

叶弥小说的哲辨之美

福克纳说，只有写人的内心冲突，才能出好的作品，因为只有内心冲突值得写，值得作家为之悲愤，为之流汗。

《不老》中几十号人物，各有各的命运，在时代变革中，各自选择了不同的去处。"什么是时代？时代就是人性。人性在任何时候都有共同的东西，就是追求幸福的愿望。幸福是什么？幸福包含着对物质的追求，更包含着对精神的、真理的追求。"叶弥曾经给时代下的定义，仍然适用于这本书。

我们可以沿着叶弥制造的时空里，轻松抵达一种化境。叶弥小说的高级之处，在于她没有启动上帝视角，而是跟随主人公的脚步，在时代的鼓点上勇往直前，无论世界如何变幻，仍要执拗地让世界好起来，将爱的人捂热。

迟子建这样理解叶弥笔下的世界："从来不是清晰如目的，它常常是混沌未开的，处于烟雨蒙蒙的状态。或者说她笔下的人物，都是经历三生三世的人。游弋在历史长河中的善男信女，亦道亦僧，是民间哲学家、乡野知识分子。"

她喜欢写少年，写成熟的女性，写寺庙，写认命，也写反抗。《不老》中的三代人，恰恰印证了三个时代的特征，奶奶高大进的大胆任性，母亲谢小达的顽固守旧，孔燕妮的无畏炽烈；柳爷爷的才华横溢，父亲孔朝山的风流倜傥，男友张风毅的肆意果敢。

书中有多处提到"不老"，但有三处着墨较重，令人印象深刻，充满哲辨之美。

第一处是主人公孔燕妮已经三十五岁了，仍然在众人中周旋，她是吴郭城里的名人，一点风吹草动都能成为街谈巷议的话题。她又不管不顾地去追求自己的爱情，在刚刚开放的年月里，很多人还处于担惊受怕的心理阴影中，孔燕妮的"狂放"令他们不安，也令他们非议。他们艳羡她的潇洒，也反感她的自由。许多人都成为她的反对者，认为她老了。只有她自己觉得，只要精神不老，人就不老。

第二处是书中提到一个传说，说是村里有一个女子不结婚不生子，到了二十五岁的时候就自然死去，死后再投胎到这个村子里，仍然活到二十五岁死去,周而往复,无限循环,永远只有二十五岁,永远不老。听到这个故事的孔燕妮脑中灵光一闪,立即想到这个故事和自己的类同之处,说这个女子是肉身轮回,而自己是精神轮回。"我要在精神轮回里保持年轻,而不是在执念和自由的平衡中保持年轻。因为平衡会被轻易地打破,但轮回是坚固的,是精神的真正跋涉。"

第三处是孔燕妮和张风毅经常梦见的一个和尚,曾经在梦里对她说过一些玄奥的话,那些话听上去有些道理,孔燕妮似懂非懂。后来在现实中她遇见了这个和尚,和尚出尘入世,名叫"不老"。见到不老和尚后,孔燕妮并未觉得有什么异处,甚至有些失望。她感受到梦境与现实的差别,也感受到时代变革中,人心的捉摸不定和无所归依。

评论家王尧说"不老"是一个哲学命题。张风毅对孔燕妮说,你是自由的。这是一种哲学。孔燕妮对俞华南说,我要捂热你。这是另一种哲学。不老和尚说,寺门没关,你们走的时候别忘了把门关上。这更是一种哲学。

这种哲思的小说创作,足以支撑戏剧的改造。戏剧不仅需要情节,还需要思想的升华,需要内里的浣洗。

回望叶弥之前的小说,无论是《天鹅绒》,还是让她一举成名的《成长如蜕》,都有一种人生的挣扎,显现一种人性渴求的理想主义。她迫切地需要从人物的角色里得到这些东西,让释放的得到释放,让解脱的得到解脱。

叶弥的笔克制又温柔,奔涌又悲悯。在漫溯的时光里,每个人都需要爱和被爱,因为只有爱,可以让人懂得付出,可以永远不畏惧老去。

"不老"的精神密码

——叶弥《不老》印象

胡笑梅

叶弥长篇小说新作《不老》，是一部让人拿得起放不下，一读还想再读的优秀作品。小说名为"不老"，是什么"不老"？怎样才能"不老"？阅读伊始，就像一个云遮雾罩的谜团，引领读者借由文字肌理，由表及里，由浅入深，从语言结构到人物形象到主题思想，寻求叶弥笔下"不老"的精神密码。

凌而不乱的叙事架构，众而不同的人物形象，卓尔不群的爱情故事，以及恢弘的历史背景，幽微的个人情感，寻常的众生百态，无不引人入胜。文本中，或挥毫泼墨，或惜字如金，详略繁简恰到好处；或正襟危坐，或插科打诨，嬉笑怒骂能不逾矩；或阳春白雪，或下里巴人，文雅俚俗皆成文章；或语言神态，或动作心理，点染描摹都生动传神、合情合理，让人不禁拍案叫好。

《不老》叙述了一个特立独行的女子孔燕妮，在等待未婚夫张风毅出狱期间，所发生的一系列故事。小说以孔燕妮为核心辐射开去，勾连起社会方方面面的人物，尤其聚焦于张风毅出狱前二十五天里的各种奇遇，在相对集中的时间、地点及矛盾冲突之中，让各色人物粉墨登场，将人物形象的塑造推向立体极致。同时，文本的细微之处，也折射出中华人民共和国成立后社会政治、经济、文化发展的历史进程，以及物质的丰饶与精神的贫瘠，社会的进步与思想的保守，个性的解放与道德的约束，体格的健壮与心理的疾病之间的分歧与矛盾。

作为一部鸿篇巨制，叶弥能够将政治与文学，社会与人生，现实与理想的叙述分寸与尺度，拿捏得精准恰切，描绘得精彩纷呈，且处处可圈可点，可赞可叹，实属不易。

文学源于生活。作为生长于斯的苏州本土作家，叶弥信手拈来的自然是她最熟悉的江南文化元素。《不老》中，吴郭城（疑似谐音"吴国"）就是典型的苏南小镇。早餐的豆腐花、粢饭团、老虎脚爪，午餐的虾仁豆腐、咸菜烧黄鱼，饭店的乌梅饼、糖藕、卤汁豆腐干、爆鱼、酱鸭、糟鹅、响油鳝糊，以及运河、码头、穹窿山、香樟树、石库门、丝织厂、刺绣合作社等吴郭人的衣食住行，都散发着浓郁的水乡味道，弥漫着醇厚的江南情韵。徜徉在叶弥水灵灵的字里行间，各种神韵意趣如小桥流水和粉墙黛瓦般隽永绵长。无疑，吴郭城就像鲁镇（鲁迅）、枫杨树乡村和香椿树大街（苏童）、高密东北乡（莫言）、裤裆巷（范小青）等，也是当时中国社会的一个缩影。虽然小说中故意模糊了故事发生的具体时间、人物的实际年龄等信息，但是根据叙述中的革委会、购粮券、大串联、反革命、工分、右派、知青、插队、平反、拨乱反正、恢复高考、尼克松访华等带有时代烙印的名词，读者便能推测出七八分。

小说中，孔燕妮是吴郭城第一美人，也是一个另类的存在。她"年轻时治病救人，后来当老师，教给孩子们懂得欣赏美，懂得仁者爱人，也教他们学会独立思考"。她牢记柳爷爷的教诲："女人要为自己而活"，"诚实地对待自己"，她行事光明磊落，不畏人言。吴郭人所津津乐道的，是孔燕妮在未婚夫入狱后，一次次轰轰烈烈、惊世骇俗的恋爱史。某人是第一位，小丁是第二位，俞华南是第三位，中间还穿插了一个冯春霖。其实，在吴郭人不同声音的谈论中，也不乏"羡慕嫉妒恨"的成分。因为，对于生活单调乏味，心灵紧绷无趣的吴郭人，孔燕妮所做的事情，"都是别人想做而不敢做的"，"她好像一直在拿自己冒险，每次她开始冒险，就是大家的节日，从心里感到痛快，怒气冲冲的人也会缓和下来想一想，原来生活还能这么过"。也许，在小部分吴郭人眼里，孔燕妮的所作所为伤风败俗，但在大多数吴郭人心里，孔燕妮自由开放的思想、率真性情的生活、敢爱敢恨的作风，正是他们的心之所向、梦之所往。所以，在远离国家政治和经济中心的吴郭城，孔燕妮俨然一枚不规则的石子，在庸常世俗的生活之河中击起朵朵晶莹的水花；俨然一粒爆发的火种，在枯萎凋谢的人生之地上燃起点点璀璨的星火；俨然一抹夺目的亮色，在乏善可陈的烟火日常里勾勒出丝丝明媚的暖意。

但，这样一个面带微笑、心怀善意、敏感柔情的女子，却有着不为人知的难言之隐和心灵创伤。首先是复杂的家庭关系。孔燕妮的亲奶奶是大家闺秀，生下孔燕妮的父亲孔朝山之后就去世了。亲爷爷续弦了高大进奶奶，后来跑到延安成了一位革命者。高大进奶奶没有子女，将孔朝山拉扯大，后来犯了生活错误，自杀了。柳爷爷是孔朝山的干爹，是江南名士，教育家、诗人、书法家、园林学家、收藏家，1968年自杀。父亲孔朝山，英俊潇洒，温文尔雅，毕业于美国斯坦福大学医学院精神病学系，是全省有名的精神科医生。母亲谢小达，是吴郭城的风云人物，曾是吴郭地下党，后任妇联副主任，革委会副主任。两人离婚，又各自组成家庭。其次是坎坷的人生经历。十五岁时，孔燕妮被体育老师侵犯，后来做过农村中学的老师和医生，曾割腕自杀过。最后是复杂的情感履历。少女时与杜克交往了两三个月，工作后杜克被刺死了；长大后与张风毅在一起，张风毅被判有期徒刑三年；张风毅出狱前，她喜欢上了年轻的冯春霖，还爱上了患病的俞华南。

据此，有人认为孔燕妮是浪漫的爱情至上主义者，甚至是追求"性自由"的身体解放者。实则不然，凡事有果皆有因。孔燕妮对于异性的渴望，对于真爱的追寻，源于童年时家庭的破碎，父爱母爱的缺失，加之身体被侵害，安全感严重匮乏，所以，第一次看见俞华南，孔燕妮"觉得他身上的气息像她认识的某个人，低下头一想，依稀有几分像她的父亲孔朝山年轻时的模样,也有些像二十几岁时的张风毅"。无疑,孔燕妮是通过一场接一场无所顾忌、我行我素的恋爱,努力为自己取暖、治愈和摆渡,"拯救自己的灵魂,再顺便拯救一下别人的灵魂"。可,她那双无法被温热的手,何尝不是其冰封之心的外在显现呢?在所有的男朋友中,只有张风毅真正懂得孔燕妮的冷暖喜乐,即使在监狱中,他也给予孔燕妮充分的理解、信任、尊重和身心自由。

谜一样的张风毅,应该是男主一号,却始终未曾正面出现。聪慧的叶弥,尝试巧妙通过他人的叙述以及与俞华南的比较中,使其形象逐渐丰满起来,给予读者无限的想象空间:黝黑瓷实的肌肤,明亮的双眸,清晰的唇线,弹性有力的腿脚,不抽烟不喝酒,整洁卫生,健康阳刚,还具有丰富的学养,青春的激情,正直的担当,宽厚的仁义,以及始终保持对自身命运和世界的思考。于孔燕妮而言,张风毅就像她的精神导师,即使身陷囹圄,也能用书信遥控指挥,安排麻春雷带"只管闷头教课本"的孔燕妮,实地考察私人集资合办的地下厂的发展,鼓励知识青年孔燕妮"走在时代最前面","为自己、为社会做些有益的事"。

如果张风毅属于实干派,是勇猛、冒险、幽默风趣、积极乐观的强者,"三尺以外就感受到他身上发出的热力,热力持久,热波不停散发";那么俞华南就是理论派,阴柔、谨慎、乏味单调、消极悲观的弱者,身上有一种带着悲苦的"紧张和不确定性"。这种阴凉孤冷之味使善良的孔燕妮"心里没来由地一痛",产生惺惺相惜之感,激发了她慈悲、善良、博大的母性之爱。自己尚且未热,却想要去"暖热"比自己更冷的俞华南,或者与之抱团取暖。俞华南既已对爱情心如死灰,但孔燕妮想用"爱"去抚平俞华南的痛苦,用女性的温度"捂热一位男性的灵魂",带给他新鲜活力和轻松快乐,并以此证明自己"一直都有超常的爱的能力","在爱情这个领域,百战百胜"。在之后的朝夕相处中，孔燕妮教俞华南学会坦率，因为"中国人含蓄，什么话也不说透，互相是不透光的。久而久之，就成了互相欺瞒。只要坦率，生活里就会有阳光照进来"；学会思考，"生命才有价值"；学会文明，"教训一个人，可以和他讲理，可以和他吵架，还可以和他打架。但是千万不要依仗着自己有权，以权力压倒人"；学会幽默，"开玩笑是智慧、有趣、温情的综合体"；学会"忘我地爱"……这一切，都使疾病缠身的俞华南越来越接近于正常人。

如果忽略俞华南的病，他几乎是完美的："博学、勤奋、真诚、温暖、正直、幽默"。俞华南以"寻根"的名义，调研吴郭城的历史变迁。基于对人性的理解和宽容，客观指出："每个阶层，或许都有这个那个的问题……他穷得连尊严都没有，还谈什么榜样、精神？"他认为"国家的命运重要，个人的青春也重要"，他以一个读书人的责任与担当，倡导"说真话，说老实话，才能打碎精神枷锁"，鼓励学生成为有爱心、理性、宽广、丰富、追求真善美和幸福的人。

笔者以为，《不老》中最迷人的恰恰是"疾病的隐喻"。作为人体正常形态与机体功能的偏离，疾病能促使人们意识到身体的存在。在这样的矛盾中，病人处于极度敏感的状态，他们会以非常态的视角去思考问题。作者则可以借此更加深刻全面地揭露人性。《不老》中，除了患有抑郁和躁狂双重精神障碍的俞华南，小说中还有很多"病人"：张风毅的姐姐张柔和，暗恋孔燕妮的爸爸孔朝山，"两个人之间的爱就像春天里的一阵风，一刮就没影了。倒是张柔和把这件事当成生活对她的恩赐，牢牢地记在心里"。后来嫁给汪多根，生下了智障儿子汪小山（是否为了怀念孔朝山？）。生活的压力，情感的不顺，家庭的不睦，单相思，最终使她的精神病症急性发作，扭动着下巴，语无伦次，"我是母老虎。谁也不敢惹我……"年幼的汪小山，痴痴傻傻，认一对石狮子为干爹干妈，他"对人类的动静不太敏感，也不关心，对于屎壳郎又另当别论了"。在他眼里，"泥土不是赃物，大地很亲切，叶子最干净，蚂蚁挺可爱"，看见身旁蜷着身体，双手抱头，痛苦倒地的俞华南，像看见"一片掉在地上的叶子，没有危险，没有异常"。俞华南对他说了一大堆似懂非懂的话，他寓言似的说了句"你就是累了睡了一觉，男人都是这样的"。叶弥用这样一个心如明镜般的傻孩子，烛照出成人世界的复杂与险恶。其艺术作用，类似韩少功"寻根小说"《爸爸爸》中的白痴丙崽，但形象各有不同。那个动手打俞华南的光头学生，因为不想像自己的父亲一样懦弱胆怯，临时决定，选择俞华南作为攻击对象，打人让他愉悦。藏有女性花短裤的王仁平（老隐），1968年受过严重的精神刺激，觉得喜欢女性就是下流无耻，他报警说肖恩对女人精神调戏。刺死杜克的单身汉，平时就神经兮兮，说要用生命捍卫真理。他认为杜克像上帝一样高高在上，又没有上帝的宽容和悲悯，就是神经病。神经病就得死。王阿婆只要听见死字，她就浑身发抖，一分钟内就会闭气。因为她的丈夫三年困难时期饿死了……这些精神状态不好的人，或欲而不得，或爱而不能，或求而不达，都是值得同情的。

小说中还有一些人，虽然没有明显的狂躁、抑郁、疯癫、失态等病症，但是他们的行为举止俨然已经"病"了。张牙舞爪、口无遮拦、指点江山的杜克，其言谈"不够客观公正，比较任性，不接地气"，他"谈恋爱不行，上床更不行，只有谈政治他才会这么兴奋"。杜克的女朋友毛丹丹说"他是神经病，你越反对他就越来劲"。孔燕妮的妈妈谢小达，孔燕妮奶娘的孙女秧花，虽是两代人，但是都偏执、保守、狂热、禁欲、热情亢奋、浑身是劲、有女干部的气场，可敬但不可爱。不同的价值观，使原本亲密的母女和姐妹之间，产生无形的隔阂与鸿沟，使孔燕妮和秧花也像两代人。正如杜克所调侃的："有权的女人，一个个都把头发剪得像个男人，唯恐别人不知道她们像男人。她们那么有权，首先就要把自己和一般的女人区别开来"，极具讽刺意味。生活毫无意义的王来恩，曾经依仗他手中的权力，用他的敦厚和残忍，压迫着善良的人们。如今他没有赚钱的本事，害怕大家有钱后，不怕他，他就丧失了尊严和威信……他们的"病"就是观念陈旧、恪守教条、故步自封、目光短浅，不能脚踏实地，不能自我反省，不能与时俱进，不能融入时代发展的大潮。可怜又可悲，可恨又可叹。

其实，精神病很常见，"就像感冒那么常见，因为人类最脆弱的就是灵魂。风吹雨打中，受伤最多的也是灵魂。灵魂看不见摸不着，却主宰人类的一切。在灵魂的默许下，精神病人放大自身的特点，暴躁的变成狂暴症，幻想的变成妄想症，不安的变成多动症，喜欢权力的变成控制狂，内向的走向抑郁，悲观的成了厌世者，孤独的变成自闭，缺爱的变得滥交……"推究起来，所有个人的"病"，最终根源于社会的"病"（匮乏的物质、落后的观念、狭隘的思想、压抑的人性、不合理的制度等）。在非常态的社会里，在非常态的人眼中，常态的人和事都是非常态的。如果"有些人想得明白就好，想不明白就自己苦恼"。触目惊心的是，有些人不但对非常态习以为常，而且还会伤害别人。俞华南一针见血地指出："新的时代会很不容易，要拖着这么多病人朝前走。"诚然，社会要发展进步，只是改变一个人远远不够，必须转变所有人，改变整个社会。

所以，每次翻阅叶弥《不老》，总能强烈感受并联想到古今中外很多经典文学作品中的"病人"形象：希腊神话中的美狄亚，莎士比亚戏剧中逃避现实的哈姆雷特，塞万提斯笔下追求自由、关爱女性、呼唤黑奴解放的堂吉诃德，歌德《少年维特之烦恼》中追求个性解放的维特，契诃夫《装在套子里的人》中因循守旧的别里科夫，鲁迅小说中被关进黑屋子的"狂人"，郁达夫《沉沦》里那个性与灵冲突的青年……但又不是确定的某一个，而是在吴郭城特定历史、文化、经济、地域条件下的那一个、那一些。另外，当孔燕妮每一次左右为难、难以抉择时，梦中出现的老和尚，就像《红楼梦》中的外表邋遢、功力深厚的跛足道人和癞头和尚。叶弥用这一虚构的人物形象，打通本我与真我、意识与潜意识、现实与虚幻之间的藩篱，有效丰富了小说的底蕴，提升了小说的格局。叶弥扎实的文学功底、广博的阅读积累、独特的写作视野、大胆的创作尝试亦可见一斑。

《不老》的成功在于，立足现实，以小见大，将小人物在每一次国家社会大变革时期的经历、遭遇、影响、思考，艺术化地展示给读者。鲜活生动，真实可感。既然"要世界一片净土，是荒唐的理想主义"，那么就要像罗曼·罗兰一样，"认清生活的真相之后依然热爱生活"。不盲目乐观，也不消极悲观，以"毁灭了再建"的勇气，以沉静高贵的力量，先接受世界的不完美，再从自我做起，回到高尚无私的初心，"心里干净了，灵魂就不会跑掉"，追求健康的爱欲，碰撞有趣的灵魂，拥有自由的精神，改造自我，改造他人，改造社会，使之不断趋向于完美，最后实现个体生命的自我成长与世间万物的有序更迭相契合。

这，便是个人、社会、艺术、家国之长青"不老"的精神密码。

文学评弹

《艺语江南——李超德艺术评论87札》序言

小 海

　　超德兄兼有艺术家、教授和批评家的多重身份,是一位不可多得的复合型文艺人才。我们多次在市里的文艺论坛、美术展览上碰面,2020年4月我转岗到市文联工作后,分工联系市文艺评论家协会,和担任评协主席的超德兄"同事"了两年,工作上有了更多接触,应该说合作十分愉快。适逢《艺语江南——李超德艺术评论87札》入选2022年度苏州市文联"三霞"人才资助项目,即将付梓出版,超德兄嘱我写一个前言,借此机会特向他表示祝贺!

一、紧贴时代脉搏,聚焦重大主题

　　作者在《怀国之大者、树时代神魂——以"现代性叙事"方式表达新时代的"宏大叙事"》(收录在"沧浪思绪"专辑中,曾发表于《中国美术报》"时评"专栏)等系列文章中大声疾呼,呼吁广大文艺工作者,怀国之大者,树时代神魂,以社会主义核心价值观为精神引领,来审视、检验文艺作品的创作生产,运用文艺评论的专业优势,聚焦新时代、新征程上文化领域的重大课题和主旋律艺术创作的宏大叙事,发挥文艺评论的导向引领作用,从而进一步加强评论,繁荣原创,等等。这一系列的文章,有态度,有温度,有力度,其情殷殷,其心切切,使人如闻洪钟大吕之音。这些都是对党中央关于文艺工作和文艺评论工作一系列指示精神以及时代主题的积极呼应与阐发。

"文章合为时而著,歌诗合为事而作"(白居易语)。针对新时代艺术发展的新形势新任务,作者在多篇文章中强调遵循以人民为中心的创作导向,提出运用新思维、新视角、新理念,寻找新时代艺术理论研究的新路径和新方法,在尊重艺术创作规律的前提下,体现时代观照,运用"现代性叙事"方式和独特的视觉语言,来阐释对现实生活的独特理解等文艺评论理念,旨在充分发挥文艺评论精神引领、价值导向、审美启迪、专业提升的作用,在纷繁杂乱中拨乱反正,追求真、善、美相统一的审美理想,积极倡导、弘扬正能量,激浊扬清,培根铸魂,致力于营造"人民有信仰,民族有希望,国家有力量"的文艺评论生态,让文艺评论工作切实承担起思想启迪和艺术熏陶的双重任务。

在论及批评的方法、回答真正的艺术评论该如何做时,作者提出:艺术的赞美与批评,似乎总是一对孪生兄弟,赞美的对立面就是批评,实则上有了批评方显得赞美的重要(《赞美与批评——艺术评论的困与惑》)。确实如此,文艺评论若只有赞美而缺失批评,赞美则很可疑,甚至消解了其自身存在的意义,这也凸显了超德兄作为新时代的文艺批评家身上所具有的那种自觉的文化责任与社会担当意识。

二、坚持问题意识,关注理论创新

具备问题意识,坚持问题导向,善于发现和直面问题,从中寻找解决问题的科学方法,是一个优秀而敏锐的批评家进行理论创新的重要前提条件。

在《建立"美术评论"中国学派的迫切性》《以大美育确立国家设计美学品格》《新时代美术创作雅俗观之问?》《中国画教学素描之争的三个问题》等文章中,作者高屋建瓴,视野宏阔,从新时期出现的新现象新问题入手,提出破解难题,推动新时代文艺评论工作健康发展的基本思路。在具体论述中,作者思接千载,视通万里,既有现代文明史观视野下对民族艺术传统问题的宏观考察,也提出了诸如建立"美术评论"中国学派、确立国家设计美学品格等问题的路径与方法。

作者还善于从艺术史的脉络中,梳爬整理,孜孜以求,找到发展规律,推动理论创新。在《现代文明史观视野下民族艺术传统问题再认识》《国家艺术理论建构的形式语言表达——新中国宏大叙事结构中"新工业风格"油画创作研究》等文章中,他运用普遍性与特殊性的辩证思维方法,从民族艺术的传统与更新、国家艺术理论建构的形式语言表达等问题中,努力寻找破解办法,研究、探讨继承发展与守正创新的关系及其内在动力,使艺术"向现实借用材料,把它们提高到普遍的、类的、典型的意义上来"(俄国著名文艺评论家别林斯基语)。

在《论"术学之争"背景下美术学科的学术评价问题》《艺术学科学术评价应秉承"术学并重"的原则——在教育部艺术学科哲学社会科学建设发展论坛上的发言》等文章中,作者从自身多年积累的科研和教学实践经验出发,就"术学之争"背景下美术学科的学术评价以及高教系统的艺术学科学术评价应秉承"术学并重"的原则等问题,提出了一些有参考价值的创新思考,为高教系统艺术学科的改革与建设贡献了个人的真知灼见。

三、关切社会热点,服务文艺繁荣

面对日新月异、纷纭复杂的文艺新情况新动态,超德兄关注社会现实热点,他勤于观察,敏于思考,及时跟进研究,冷静分析判断,努力弄清其形成和发展的演变过程和规律,提出中肯的对策建议,给出具有说服力的独到思考。比如,在《互联网时代文艺评论的学术宽容与自律》一文中,他认为进入互联网读图时代,艺术评论的学术传播已经是一种四维空间的多重组合。文艺评论的权威,常常遭到来自"草根"阶层自由评论者的挑战。交流平台的民主意识,导致人们对不同学术观点和实践探索的宽容。文艺评论已不能用评判"足球"的规则来评判"橄榄球",应该让学术的宽容与自律成为互联网时代艺术评论的两条定理。

再比如,针对当代美术创作的现状和存在问题,他在《美术创作需要锐意进取的"三牛精神"》一文中,提出了美术创作同样需要坚持孺子牛、拓荒牛、老黄牛的"三牛精神"。文集中,也有基于美术批评本体论基础上的批评实践——《作为美术批评的批评》。还有他加入关于意境、关于新文人画等一个时期内文艺热点问题的探讨。关于艺术电影《百鸟朝凤》、主旋律电视剧《山海情》热播引发的热门话题讨论,他不仅运用专业知识分析了其视觉艺术造型语言等问题,还揭示了相关影视剧背后的社会文化意义。此外,文集中还收入了类似《知识分子的虚伪与"装"》这类杂谈杂感,品评当下社会知识人的世相种种,读来令人会心捧腹,可谓别有意趣。

在苏州的艺坛上,文艺评论一直没有"缺席"。作为市评协主席,他带头"为他人作嫁衣",带领市评协会员们在国家、省、市等各级报刊上开辟专版专栏,编辑出版《苏州文艺评论》专刊,为苏州文艺繁荣摇旗呐喊。在《以大的视野、写大块文章讲好中国的文艺故事——在中国文联江苏文艺工作调研座谈会的发言》一文中,他总结了苏州文艺评论家协会近年来围绕中华人民共和国成立70周年、建党100周年、喜迎二十大等重大主题,积极评论、宣传和传播全市各个文艺门类所产生的优秀文艺创作成果,列举工作的亮点与特色。在中国文艺评论家协会和市委宣传部、市文联的大力支持下,市评协分别于2018年和2020年成功承办了两届"在新时代的现场——当代文艺评论苏州论坛"。这两届论坛中国文联和中国评协的领导、国内一批著名文艺评论家都亲临现场并发表演讲,引起了文艺评论界的广泛关注,获得了圆满成功。由于论坛的政治站位和学术高度,"苏州论坛"已成为继"长安论坛""西湖论坛"后中国评协的又一重要论坛。同时,在该文中,作者还立足国内与苏州当下的文艺生态,提出了一些感想与建议,对进一步繁荣文艺创作与批评,都具有较强的针对性和实际操作性。

四、弘扬江南文化,展现责任担当

党的二十大报告强调,必须坚持中国特色社会主义文化发展道路,增强文化自信,增强实现中华民族伟大复兴的精神力量。强调要传承中华优秀传统文化。中华优秀传统文化是中华民族的突出优势,是我们在世界文化激荡中站稳脚跟、增强文化自信的根基。

江南文化作为中华优秀传统文化的重要组成部分,是一种内生性与开放性并存的文化,是扎根江南而又包容并蓄的海派文化,是值得我们珍视的一笔宝贵的精神财富。作者收录在文集中的不少文章,都在为传播和弘扬江南文化鼓与呼,并进而阐明江南文化在中国式现代化文化建设方面的创造性价值与意义性指归,展现了苏州评论家在新时代的担当与作为。他为苏州市文联"百年辉煌·行走江南——新吴门美术作品走四方特展"专门撰写的《从"新吴门美术作品走四方特展"看吴门画派的当代价值》一文,以吴门画派为切入点,重新解读江南文化精神的内涵与外延,极具现实意义。他认为吴门画派的精神和气质并没有随着时代而消亡,已经变为流淌在"新吴门"美术家血液里的一种内在基因,展露出文气风雅、包容含蓄、中性内敛、博采众长的风格特征,成为继承传统与创新实践无可替代的时代样本。江南文化精神在苏州现当代美术创作中正以她包容、创新和积极向上的姿态展现在艺术之林。他更是直言,苏州当代美术就是要为时代造像、为精神立言。在《核心价值观视野下苏州当代视觉艺术文化立场之思考》中,他提出:"文化苏州应该树立的是体现当代性的文化精神;苏州的艺术应该是多样化的视觉艺术形态。"在《吴门画派是传承与创新无可替代的文化样本》一文中,他进一步说明:艺术当随时代,"新吴门画派"需要大气磅礴的时代画卷,需要融入当代的审美理念和情感。坚定文化自信、文化自觉,不能脱离时代的要求,不能孤芳自赏,既要弘扬和宣传好优秀的传统文化，又要做好传统元素的当代表达，更要用年轻人易于接受的方式讲好今天的中国艺术故事，由此，"新吴门画派"和苏州当代美术创作责任在肩。

除了对宏大主题、重大课题全景式观照外，作者也关注历史视域中的生活场景和人物命运，让人们从鲜活例证中去感受江南文化的独特魅力。在《从江南精英士绅文化看〈顾沄怡园图〉题咏和顾文彬的交游》《"文脉苏州"一柄团扇中的大乾坤》等文章里，用一幅画、一柄团扇来以小见大，在江南文人的交游中追本溯源，探寻江南文化滋养下传统士大夫身上的文化意识、艺术基因和文脉传承，进而探索江南文化的前世今生。我个人还很喜欢《碎纸残章里的千秋——闲暇读札有感十五则》这类读札手记，作者的个人趣味和审美雅致，都包含在一则则生动的人物小传和故事当中，文字真率，见性见情，沉浸其中，能够感受历史人物身上那种人性的光辉与温暖。

总体上看，这部艺术评论集收入的各类文章，无论长篇短制，均视野开阔，涉猎广泛。既有对苏州美术、艺术设计亲身组织、参与的见证阐释，也有对江南文化滋养下吴门画派在当代发展流变中的地域特质、现象现状、局限挑战的考察洞见，更有对交往接触的本土艺术家个体、优秀文本的关注推介。作者讨论的话题涉及当代艺术的诸多门类，如美术、设计学、传统手工艺、互联网新媒体、影视剧以及书画鉴定、碑拓碑学、服饰文化、乐器考辨、尺牍收藏，等等。在作者熟悉的艺术领域里所列举的例证，都能做到信手拈来，自然贴切，文风清新，具有较鲜明的个人辨识度，令人钦佩。

跨界问学的融通境界

——品赏秦兆基《散文诗诗学》驰想札记

陆嘉明

一

揉碎了江南烟水，化为天上一朵云，一朵雨做的云。杏花春雨，菊映秋水，岁月忽忽不淹，云自在天水自流。

水是时间的哲学，云是空间的美学，在水的天光云影里，正如陆龟蒙诗云"天水合为一"了。

一片天就是一方水，一方水就是一片云，散澹着，灵动着，飘逸在历史的时空，沧桑过，也繁华过，苏轼说："逝者如斯，而未尝往也。"苏子之言不虚，多年前赏读过兆基先生的散文诗集《揉碎江南烟水》，历史恰在水的诗性"重释"里流动起来，在美学的泅漫里活泛起来。历史与现实叠映的语境，古往今来的风流人物，依然风在今天，流在今天……

我向来爱读散文诗，然而，散文诗到底属于什么文体，诗耶？散文耶？从哪里来，又到哪里去呢？却从未深思过。亏我曾在课堂上多次执教鲁迅的《野草》，尤其是《秋夜》篇，时或称之为"诗"，时或又谓之曰"散文"，如此囫囵过去，如今想来，误人子弟，心也有愧。

读了些有关论述，还是没有弄明白。这一交叉于诗与散文的文学大家族的后起之秀，历来论者众说纷纭，仁者见仁，智者见智，言之凿凿却各持理数。或许有来处必也有归处：有说其源于诗，不过是散文化的诗，理应回归诗的园囿；有说其来自散文，不过是诗意化的散文，那理应归之于散文的家谱；当然也有论者说，散文诗就是散文诗，是一个独立的文体，可惜未见周密而具信服力的论证……想我以往通常视之为"诗"或"散文"来欣赏或评析的，近日所见，仍有权威论者，依然把鲁迅的《野草》归于散文门下。就因它兼具诗性和散文性的无界契合，致使归属始终徘徊在诗与散文之间而漂泊不定吗？

我忽起耽想，散文诗文体属性的模棱两可的状态，说不定在这两可之间的"空白"或"边缘"处，正潜藏宇宙万事万物"复合性"或"多质性"的哲学素地，不仅与邻近艺术产生亲缘的血脉联系，而且还可能与有关的自然或人文科学理脉相通互为圆融，从而以一种独特的文体个性，一种新的审美方式，在模糊美学的无涯视野，在接受美学的多义性观照，呈现出另一番话语方式，有一种特殊的艺术韵味。也许，散文诗就在这由"多"而归于"一"的哲学里，在边界交叉中见清澈澄明的美学里，才能真正找到自己特立独行的位置。

哦，散文诗要回家，要回到属于自己的归宿啊！

二

源于西方的散文诗，一旦移植到饶有诗和散文传统的华夏沃土，便落地生根，蔚然成林，显现出摇曳、窈窕、婆娑的奕奕风采。

半个多世纪以来，兆基先生眷恋缪斯，跻身文学丛林，以他的天赋、博学、才情、勤勉，以及平实中见睿智、见厚度、见绚烂的文笔，涉足散文诗的创作和理论研究，纵目古今、涉猎中外而笔耕不辍，著述丰赡。然曾因抱憾散文诗"无史无学"的岑寂，早在20世纪80年代，他就默默地立下修一部"散文诗诗学"的宏愿，从此迈上不断探索的漫漫长途。

然而，近半个世纪过去了，迄今仍未见学界建起系统性的散文诗诗学理论体系，但是这一虔心执念的诗学命题，始终在遥远的地平线上等他，招引他，呼唤他，他怎能辜负平生夙愿停下前行的脚步？

行到水好处，凭栏云起时。我蓦然发觉，先生畴昔的创作和"言说"，原来是"询探"诗学长途的一个又一个暂歇行脚的文学驿站，但经整顿行装再度出发。江南烟水、平江花影、都市乐章、猫的天空……耄耋之年佳作联翩，云舒云卷，尽展自由情性，水长波远，恰现散文诗脉脉流韵……

忽而想起昌耀的诗："时间呵／你主宰一切。"是啊，时间主宰一切，更主宰生命，主宰人生和梦想。也许兆基先生无意刻板地塑造自己，实现自己，却偏偏是他钟爱的散文诗，燃起他生命的活力和热情，照亮了他的"诗学"梦想和暮年岁月。悠远的时间，辽阔的空间。创作和问学，踏上一个又一个新的台阶，走过一个又一个驿站，他把路走长了，走远了，一路风物无数，一路揽胜印心，始终是一个上下求索的赶路人，一个孜孜不倦的探路者，果如荣格所说的那样：这是"内在的自我实现的历程"吗？

行行复行行，岁岁又年年，梦想沁透诗心春风，不觉年届九旬，老树萌芽叶又绿了，水流声中花又开了，一部《散文诗诗学》（以下简称"秦著"）终于洒然问世，攀上了文艺美学理论的新高地！

三

一部秦著，跨界问学催开的一树繁花，披叶振枝而峻茂牛姿，清湛其体而灼灼其华，终以其散文诗诗学的理论体系，打破了散文诗无系统性史学和诗学的岑寂，以一种拓荒精神开辟出散文诗研究的新局面。

跨界，在信息化互联网时代，难免被误解误用，诸如有媒体或表演平台所谓的跨界娱乐节目，弄不好即为生搬硬套的"混搭"，插科打诨的戏谑，虽可一时满足世俗的眼光和娱乐心理，却扰攘了科学跨界的真义和时空美学的纯粹与明净。

我之谓秦著"跨界"者，实为跨界各有关事物与散文诗的有机联系，并统摄诗学理论的大格局，从而在打通各原生边界，相与贯通、交叉、渗透、融合的动态平衡的过程中，整合为一个多元素、多质性、多层面而致浑然如一的整体或系统，凸显出东方"和合"哲学的真谛，蕴涵视听交感的美学韵致，一如几何学的"复元素"的有机组合；物理学中麦氏方程与电磁场的四大定律的合成与对称之美；音乐织体复调式的协奏、多重奏、和声或交响乐；绘画、诗歌与书法的同源合流又各具个性的叠映之致……而秦著所论之散文诗，否定了"古已有之"的"古典派"种种说辞，在打通诗与散文的边界而双向融通之际，果断地界定这一新兴文体独立的文学地位。

霍金的哲学箴言，恰可为跨界问学的科学依据："宇宙的边界条件是它没有边界。"呵，没有边界的边界，唯因跨界而消隐了的边界，又因无边界而拓展出又一片新领域，那是多么高远辽阔的迷人境界啊！

四

品读秦著，乍一过眼便觉出手不凡，数月来虽受病目之累仍静心细赏不忍掩卷，令我迷恋而驰思纵横，情起纷纭则断难浪遏。

秦著借鉴贝塔朗菲所创建的系统论和思维方法，探究散文诗构建之间的内在联系和秩序，并在相与协调、平衡和前后照应的动态过程中，高屋建瓴地总揽全局，在多重性并置和系统性交集间，融通为一个有机整体，创建了散文诗的诗学理论体系，这不能不说乃跨界问学的创新意识和拓荒精神。

兆基先生胸怀高度的文化自觉，在散文诗理论研究的诸多"空白"处，断然拒绝单一化的命题切入，更不屑于浅表化、平面化的浮泛虚华，从容而稳健地行走在大文化的广袤原野，以多向度的视角涉猎古今中外的有关学科和艺术论，融会自身创作体验和研究成果，时引今论求证并辅以传统经典，或据本土考证则又佐以西方路数，悉皆在科学整体观的朗照下，突破通常惯用的单一分析方法，即如亚里士多德所说的"整体大于部分之和"的通观哲学理念，既于感性的具象洞察理性的澄明，又于理性的抽象隐含具象的美致，于是，哲学的思辨逻辑与诗学的审美思维，在有意味的形式里融会贯通起来了。

感性的抽象，抽象的感性，一种开放的问学姿态，一种宽博的豁达胸襟。

自由的行走，是散文；心灵的咏叹，是诗。

记不清是那位科学家说过，科学和诗，各有各的美丽的涟漪，一旦合起来时，尤能见到壮阔的波澜。借此来说散文诗，在自由的行走间抒发心灵的咏叹，岂不更为彰显内心世界的"壮阔的波澜"和自由的灵魂吗？

不由想起跨界于物理和诗之间的法国科学家麦克斯韦的诗来：

> 让思维的摩娑永不疲倦，
> 看一下这边的微影，
> 听一下那边的细响。

此时此刻，我恍若在"这边"和"那边"的视听交感中，"思维的摩娑"不但尚未疲倦，而且激起我新的感悟——

我在想，秦著的问学本色和远见卓识，恰恰是进行多学科、多维度、多向度、多层次的复合系统，把散文诗这一交叉型的文体释论化育为一种"跨界的融通式美学"，呈现出一种文体的审美形式新样本。

于是，在东西方哲学的理脉里，灵动着"和而不同"的音乐般的美学韵律。

五

当我站在双溪合流的长河之岸，听到了兆基先生深情的呼唤："抬起头来，仰望无际的散文诗星空……"

隐约又有个声音在远方响起，好像是惠特曼在说："对过去说，起来，让我认识你……"

哦，原来诗人要让我们认识时间，认识以往的"过去"呵。不是吗？我伫立的水岸，曾经从山涧莽林中流来的两条溪水，曾闪烁着各自生动的涟漪，汇合于从"过去"流到"现在"的长河，非但让我看到了并有待认识的生生不息的流水，还依稀望见双溪汇合的"壮阔的波澜"。想起苏联诗人梅热拉伊蒂斯所说："最伟大的诗人根据过去和现在构成了与将来的一致。"是啊，古往今来，涌现出无数这样令人仰慕的"伟大的诗人"，他们凭造物之功构成了时间"一致"的诗，圆融为无与伦比的力和美！

秦著的史学论，恰在历史和哲学的双重视野下，使散文诗的主体"自因"、客体"他因"以及时代与文学变革大背景的"共因"，三者交叉绾结为文学的发生学、文体学、类型学，多向度"探寻散文诗发生、发展的全部历史"，恰有时间的长度，空间的广度，以及理性的密度、深度和高度。

在19世纪末期的法兰西大地上，开散文诗先河的贝尔特朗，生前不但不"伟大"，而且寂寂无名，脆弱无助，不被时人理解，遭受世道无情的冷漠。尽管他为创立"非驴非马亦驴亦马"的文学新文体耗尽了自己的心血，为不合时宜的诗早早地燃尽了自己的生命，但他的卡斯帕尔之"夜"，依然在黑暗里摇曳着"一根会思想的芦苇"；渺茫无际的星空，依然闪现着一抹"夜之火"诡异却永不熄灭的微光。

也许贝氏生前没有想到，他点燃的"夜之火"始终在黑暗里燃烧，在地底默默运行。就因他反传统而勇于创新的高贵思想，就因他反潮流而顶着逆风的探索精神，让未及命名的一种新文体挺起坚强的脊梁，从"过去"走到"现在"，又势所必然地走向"将来"。从这一意义说来，秦著的散文诗史学论，从其"发生、发展，终而成为世界性文体的全过程"，不也根据"过去""现在"的时间之链和文体流变，构成了与"将来"的一致吗?

六

然而,推究起来,贝氏的生命和人生遭际,尤其是他的新体诗,是文学的悲剧,也是时间的悲剧,幸而在与波德莱尔一次破天荒的相遇,他和他无以名状的诗,竟映现为一个时代朦胧的倒影,漫出一个新文体的创世纪。在他困窘的生命里,在他恍恍惚惚的梦幻世界里,帕斯卡尔之"夜",终于在波氏的慧眼中醒来,在深蛰内心的"巴黎的忧郁"中醒来,越过沉沉黑暗,放出黎明的曙光。

兆基先生探源散文诗诗学,摒弃了袭故蹈常的线性考据和刻板书写,不是单一指涉贝氏的诗和隐含的开创意义,也不仅是波氏为其命名以及首次以"散文诗"名义的创作成就,而是在探其初创时期成型的哲学思想之"本",求其流变过程的动态美学之"源",放出眼光,敏锐地发现贝、波二氏皆在生活处境的艰难和精神世界的痛苦中,淬炼出他们相与呼应的诗学观念,以隐含高度的真实性、宽容性、多重性和辩证性,尝试创设一种兼具实验牲、复合性、多义性和先锋性的新文体,终于实现了"梦想一种诗的散文化的奇迹",冲破了古典主义和浪漫主义的传统和桎梏,叩响了现代主义文学的大门。

秦著睿智地发现他们曾试图"从诗学的角度予以界定"一种新的诗体,并做出通透创见的诠释。

贝氏曾用一枚像章做比喻,宣示过他的"正反"艺术论,可惜天不假年,还没有来得及充分阐释和展开他的诗学就早早地走了。生命远去,诗学哲思犹在。正是这一辩证的美学思想,融入诗的意象和散文自由不羁的灵魂,孕育出首创的散文诗,终成为一个时代文学的精神雕像。

波氏虽以格律诗《恶之花》名世,但他反传统的生命哲学和"审丑"美学,容不得他专一地自囚于格律的藩篱,一旦发现贝氏的《夜之卡斯帕尔》，即为之痴迷，为之倾倒，不由得涌起激情的波澜，奔流在这当时尚未命名的新颖文体里。他的"丑中有美""恶中有美"的美学观念，恰与贝氏的"正反"艺术观相契合，从而进行更全面、更丰富、更有广度和深度的理性释论。

由此可见，秦著的散文诗论述，把散文诗"本体"和"诗学"思想有机地结合起来了，是二者哲学的与美学的互渗性弥合。大笔开阖有致，濡染淋漓沉着，给人一种既是感性的也是理性的诗学的启悟和美的享受。

贝氏原初创作的"先在"，但经波氏的命名和推衍，使散文诗在流变过程中，从法兰西走向世界，成为一种"恒定性"的这一世界性的"在场"新文体。而波氏的创作，则成为这一新文体的最初"范型"，为其开辟了广阔的发展远景。

那么，是不是可以这样认为：是波氏和贝氏共同创立了散文诗这一独立的新文体，而波氏则无愧于散文诗诗学理论的奠基者呢？

七

大背景时代，是散文诗发轫的空间化的时间节点，偶然性的必然，贫瘠性的丰饶，时尚潮流的反拨，野蛮生长的文明……

大文化视野，是散文诗时间化的空间世界，反叛的必然，吐故的纳新，空白的充实，源远流长的文学历史流经的一片苍茫和新开辟的处女地……

新文体在黑暗中燃烧，灵魂在痛苦中燃烧，忧郁精神在孤独中燃烧。把"丑的极致"和"美的极致"烘照出一片诡异而神秘的色彩，呈现出一种斑驳陆离的文学新景观。

于是，从巴黎流布法兰西大地，又从此风靡欧陆乃至世界每一个角落，一个又一个散文诗大家接踵而至络绎不绝，非同凡响的大创作大作品层出不穷震烁诗界，仿若一种撬动世界文坛的大解放，一种魅力无限的大震动。

说来惭愧，就我所熟知的伟大散文诗作家，除贝氏、波氏外，仅有泰戈尔、惠特曼、佩斯、兰波、庞德、尼采、艾略特、屠格涅夫、博尔赫斯等十数位，读过秦著，仰望散文诗天空，银河两岸繁星闪烁，瑰灿邈远，简直目不暇接胜不胜数！兆基先生始终站在诗学高度，对有世界影响力的散文诗大家如数家珍，一一做出切中肯綮的精辟评点，令我眼界大开，沉思无尽，赏其美而无以言状。艾略特说："一切批评史都是误读。"而我即使是误读或别生异见，但因都是我自己的真切感觉和体验，每次吟诵自会生出一种莫名的愉悦和快意来！

中国的散文诗，从萌生到发展，历经流动不居的百年岁月，从启蒙时代肇始，但经战歌时代、颂歌时代、"非常"时代直至新时期的多元化时代，于跌宕起伏间题材日趋丰富，艺术表现手法多样且臻于成熟，创作队伍不断壮大而年轻化，累累硕果，妆点出一片繁华景象。

东方智慧与西方意识相与交集，探索出一条中国散文诗创作的新路数；华夏文化与人类文明互为圆融，开拓出一个散文诗诗学的理论新样式；比较文学与接受美学通观交映的互鉴印证，或古今参透，或中外贯通，或同质异构，或同构异质，创设出一种中外相融而具民族风格和大国气派的中国散文诗……

这或许就是秦著在全球性和本土性兼具的视野融合中，为一个仅仅150余年的文学新文体的建树，为仅仅百年的中国散文诗的流变和发展，做出的艰苦卓越的努力和贡献吧？

八

犹记得20世纪90年代初，我校（苏州教育学院）中文系举办的全国大学语文教师讲习班，除徐中玉、钱谷融、吴新雷、吴调公等名教授讲学之外，又延聘陆文夫讲小说。陆老师上场坐定，先呷一口浓茶，一开口便说："小说小说，就是在小处说说。"一下子就激起全场88所高校教师的浓厚兴趣，接下来操一口苏北腔的苏调普通话，就小说的本体结构和格局、细节等一径发挥开来，岂料话题一转，当即畅说"小说与园林"的关系来，不禁漾开一脸笑意，又呷了一口浓茶说："你们读我的小说，到伲苏州来，板要好好叫白相白相苏州园林，才会觉得我的小说还是有点意思，蛮有味道的啊。"哪知话音甫歇，全场反响热烈，掌声频起！

我不由得想起大观园来。曹雪芹所营构的偌大一个园子，凡亭台楼阁、馆榭桥廊、舟楫阶埠、山水草木……看似在落落散布，其实就园林本体论谓之，悉皆相与勾连，错落有致、曲径相通、前后照应，这不是曹氏苦心孤诣整合成的一座有机联系的系统建筑群的大园林吗？凡所有之园中园、院中院，虽各自成体却与巍巍大观园须臾不可疏离，即使地处偏僻一隅的稻香村、栊翠庵等院落也不可或缺，不然就不能形成大观园浑然天成的建筑群系统了。

于斯想来，秦著所构建的散文诗诗学系统，所列之文体类别、结构格局、意象组合、语言特征和言说方式诸章，思路多向交错，有类分叉的花园，诸章参差分布有序，曲径通幽，形胜历历。在我看来，近似陆氏的"小说园林"美学观，或曹氏的大观园营造美学。主建大观楼一楼镇园，类似散文诗主体论，而怡红院具怡红快绿之感性，蘅芜院则犹处事合宜之理性，至于潇湘馆，那就更得兼人园合一、神与物游、心与情随的诗性了……于兹娓娓说辞，如有兴趣与秦著诗学之分列诸章对应起来，似不必我来——明示和喻意了。

散文诗本属跨界文体，如不以跨界言说，岂可鞭辟入里，一针见血？如不以集萃论之，又岂能揭橥其本质特征？因而，秦著所涉猎的除具血缘关系的诗歌、散文以及各类近亲艺术，诸如小说、戏剧、曲艺、神话、传说、杂文、绘画、书法、图案、音乐、歌舞等而外，更广罗和借助社会学、历史学、地理学、建筑学、现象学、几何学、心理学、文艺学、编码学、阐释学、语言学、符号学、植物学、物理学、字源学、语源学、训诂学乃至宗教的思想精神……无一不博采众长、含英咀华，无一不信手拈来、撷取精要、为己所用。即使是创作主体运思论以及鉴赏、批评论，都在多学科的观照和印证之中，时或采用新"三论"（信息论、系统论、控制论）或"黑箱方法""耗散结构"等科学方法论，进而在诗学大系中，予以宏观与微观、典论与范例、综合与分析等相与参证的立体化、多维度阐释和论述。但凡如此跨界问学和论述，经纬于历史视野和世界视野，交集于中国哲学和西方哲学，融会于古典美学和现代美学，贯注于生命意识和人类文明……无一不是自洽的有机结合，况且秦著文字深入浅出，文采斐然，既有可读性、可赏性、可鉴性，又具理性的广阔浩瀚和博厚深邃。

九

一个行者，年复一年地行走于文学原野，走到暮年，诗心依然葱茏，笔力依然劲健。挥染过江南烟水，继而潜心筑梦散文诗诗学，翛然又赋得洋洋乎一卷云水文章。

融贯于"本位"与"出位"的思辨之间，出入于"有界"与"无界"的边际之间，体察于"具象"与"抽象"的艺境之间，参证于"古典"与"今论"的互照之间……一种融通美学的大文化引力场，一种宏观时空的开放视域，果然弥漫出一种由"多"化而为"一"的博大气象。

秦著所创建的散文诗诗学理论体系，以及引以参证的诗性意象与审美评赏，犹如变化无穷而又井然有序、错落有致的建筑群，一座充满艺术魅力的诗学大观园。哦，散文诗终于站在自己应有的独立位置，回到自己的家园了！

然而，当我观览悠游之际，不仅是单纯在文学、哲学和美学的审视观赏，也不再是一种在历史、文化和学术的认知欲求，就我个人的感觉而言，也许还在感同身受的体验、触动思绪的启悟、切入心灵的共识共情共鸣……原来，我对秦著构建的散文诗诗学的审美接受，也是多向度多层次而个性化的领会，不是在熟悉的场景里忽起陌生感，进而以起伏延宕的思索生发出别一番新意或悟识来，就是在陌生的文化边缘，蓦然感到熟悉的亲切感或出乎意料的情致来。这种在"熟者生与生者熟"或"文者野与野者文"之间充满一种难以言喻的语境张力，岂不更彰显出散文诗的诗性韵律和自由精神，以及诗学体系的理性脉动，涵纳创意机趣和学术深致来了吗？

十

不能不说"余话"了。

所谓"余话"，实为一位谦谦长者对散文诗的未了"余情"，一连"三问"更是诗心不老的执恋先声——

兆基先生就当下散文诗的创作和研究景况，所问尤为发人深省——

为使中国散文诗走向世界，一问："是不是要更多地关注大散文诗、叙事散文诗呢？"当话及散文诗的走向时，二问："散文诗如果走向诗，那就是诗了；如果走向散文，那该就是散文了。那么，散文诗还存在吗？"当散文诗百年的热潮消歇之际，三问："怎样在新的百年谋求新的发展，开拓散文诗的一方新天地，让中国散文诗创作臻于新的繁荣？"

所谓"余话"，实为一位虔诚至理的学者奉献给中国散文诗的一瓣心香，并以沉静的激情期待续写一篇篇猗猗盛世的新诗话——

在"经典"阅读中"找回自己，发现自己"，成为一个"新的自己"；在"反传统"中获得新意义，"不断求新，创造过去没有的东西"；多一点"血性与自由"的"野性精神"，多一点大创作与大气象的"大家风度"，多一点创新与个性以及表现手段的"前卫精神"……

"回归原点,重新出发",让中国散文诗始终"走自己的路",无穷尽地"在这样的轮回中嬗变、发展"吧。

叩响新时代的黄钟大吕,迈出奋然前行的铿锵脚步,走向世界,走向未来,走问远方!

在江南文化与现实通俗之间

——评葛芳的长篇小说《云步》

邓淑月

文学史上乃至当今小说界都存在一个致力于描写地域性文化的作家群体，他们对于地域文化的自觉书写一方面是出于对地域文化的熟悉感，另一方面则是对地域文化的认同感和归属感。作家葛芳对于江南地域文化的自觉书写，一方面让我们对于江南水乡浸润之下的风土人情有了更为清晰的认知，另一方面与当下喧嚣功利的时代洪流形成了对抗，在《云步》中找寻到一方远离凡尘和世俗的净土。

《云步》不同于传统长篇小说的线性叙事，而是以江南文化串联起小说文本，以"萧岚"这一人物贯穿小说始终。不同于传统的地域文化小说，葛芳的《云步》对于地域文化的刻画比较生动具体，通过评弹、昆曲、古琴、苏式玄米茶等文化载体表现出来。与此同时，《云步》在写作江南地域文化时不回避现实通俗，没有将地域性文化置于一个"真空"的环境中，在江南文化与现实通俗之间实现了很好的平衡，创作出了一幅独具魅力的江南水墨画。

一、江南地域中的"文化载体"

提到江南文化，想到的代名词便是温婉与柔和。诚然，江南地域文化滋养着江南水乡温润柔婉的气质，但这温润背后的文化内涵更值得关注。葛芳在创作时以同玄镇作为小说的活动背景，在同玄镇的文化街巷之中除了老百姓的日常琐碎生活，将文化氛围集中于具体可感的文化器物上——如评弹、古琴、昆曲和茶道等。

　　《云步》的文化内涵首先体现在每卷标题的设置上，小说共分为五卷，分别是《六如偈》《云步》《山月照》《垂钓声音》和《归去来》，每卷的标题都有其出处，颇具文化内涵。卷一的标题"六如偈"出自《金刚经》："一切有法，如梦幻泡影，如露亦如电，应作如是观。"即一切事物都是空幻的和虚无的，我们要努力摆脱世俗欲望的束缚，才能获得自在悠闲的人生。选择"六如偈"作为小说第一卷的标题，一方面，第一卷是介绍了小说的主要人物和故事发生的地域环境——同玄镇；另一方面，以佛教的道理作为小说全篇的感情基调。卷二的标题"云步"是戏曲表演中的一个专业名词，与卷二中的核心人物林平山的职业密切相关，林平山是一个昆曲演员。第二卷结尾处的一段描写："挥手之间，他走起了云步，甩起了水袖，'梦回莺啭，乱煞年光遍……'一番吟唱之后，似乎所有的离愁别恨，所有的哀怨情思，都在天地之间一笔勾销了。""云步"一方面是林平山作为昆剧演员的专业性，另一方面是一种舒缓随性的人生态度。他与二叔的对话，其实是和内心中另一个自己的对话，在最后的一曲演奏中，和一切和解了。第三卷的标题"山月照"出自王维的诗歌《酬张少府》中的"松风吹解带，山月照弹琴"，在山间明月下独自弹琴，传达出的是一种远离喧嚣尘世的静悟的心境，远离凡尘世俗的喧闹和束缚，是一种自由不羁的灵魂真实。第四卷的标题"垂钓声音"出自日本作曲家坂本龙一，为了谱写好曲子，他在北极圈的冰川之中将录音设备沉入冰原。"垂钓声音"实在是一种富有趣味性和浪漫氛围的说法，更是艺术家对于艺术的探索与追求，于自然之中寻找灵感，"他在收集冰川死去时的呻吟声，比起弹奏完毕就会随着时间消逝的琴音，坂本龙一一直以来都更倾慕长久、不灭的声音，大概就像江河流淌、海浪击岸、树叶被吹动的声音吧"。第五卷"归去来"出自陶潜赫赫有名的《归去来兮辞》："归去来兮，田园将芜胡不归？既自以心为形役，奚惆怅而独悲？悟已往之不谏，知来者之可追。实迷途其未远，觉今是而昨非。""归去来"既是对于部分仍在坚守文化自觉传承的艺术家的敬佩，也是对于江南地域文化未来发展道路的殷切期盼。不同于传统地域文化书写传达出来的悲切消极情绪，葛芳在《云步》中传达的是一种热切的乐观态度。作家葛芳在标题上独具匠心，每卷标题都有其出处和源流，将江南地域文化与陶潜回归自然的精神理想结合在一起。

除了标题上的独具匠心，葛芳在讲故事时也与文化融合得很巧妙。正所谓文章须言之有物，小说的每一卷都有一个具体的文化载体。第一卷中的文化载体是"评弹"，司文育所经营的评弹书院和陈家洛所经营的云川书店是主要的叙事场景，桂月和萧岚是主要人物。对于苏式评弹，外地人可能只知其名声而不知其内在的神韵。"古戏台柱子"的搬迁，评弹艺术团队的衰落与解散，都是预示了评弹艺术在现代政治权力冲击下的衰败。第二卷的文化载体是"昆曲"，昆曲作为传统曲艺文化和非物质文化遗产，是一个颇具象征性的文化符号。"昆曲其实不需要喝彩，喊好的人反成了外行。他被掌声包围了很长时间，有一种窒息感。"对于昆曲文化的精致刻画以及现实中昆曲文化技艺的现实处境形成了对照，有一种不被理解的孤独和无奈。第三卷的文化载体是"古琴"，博物馆中来自战国时期的"古琴"，"古穆而幽微，清而苍茫，亮中带着晦涩，幽暗的色调带来宇宙般深远广大的背景"。穿越时空的古琴，所映照的是跨越时空的艺术对话，所谓艺术不分国界不分时空。第四卷的文化载体是"苏式玄米茶"，中国的茶文化博大精深，茶叶的种类也纷繁复杂，作家选取"苏式玄米茶"这一比较清淡温润的茶类，清香扑鼻，入口微苦回甘，契合江南吴地文化温润的内蕴。第五卷的文化载体是回归自然的精神理想，太湖迁山岛是远离凡尘世俗的"世外桃源"。在这样一方净土之上，芹菱寻求自由的终极灵魂，实现自己的写作理想，《乘着月色逃离》的完成就是"归去来"理想的实现。这五章中带有江南东吴地域文化的文化载体，评弹、昆曲、古琴、苏式玄米茶以及"世外桃源"的精神境界，都与当下喧嚣浮躁的功利时代形成了对抗。

二、江南地域中的"人性之真"

葛芳在《云步》中除了对于江南地域文化的自觉书写，还致力于作品中人性的塑造。林岗在《什么是伟大的文学》中，谈到文学批评应持的三个尺度：一是"句子之美"，二是"隐喻之深"，三是"人性之真"。葛芳在《云步》之中将独具特色的江南地域文化与意蕴丰富的人物形象结合在一起，致力于人性的描摹与塑造，以最大限度的真诚展现了人性本真的魅力。葛芳在塑造人物形象时不回避人物的劣根面，比如司斌这一纨绔子弟的游手好闲，陈老板的追逐名利的精致利己主义等。《云步》中的人物纷繁复杂，性格各异，从总体关照上来看，大致可以分为两类。一类是以萧岚为代表的忠于传统文化、坚守自我的艺术家；另一类如陈良运一般追名逐利的"资本家"。

《云步》的书写主要集中于同玄镇这样一个地域空间，主要人物集中于司文育、陈家洛、萧岚等，他们或多或少具有艺术家气质或者是说具有艺术鉴赏能力。作为艺术家或者说文化传承者，一部分人自觉坚守传统文化，对于艺术执着追求，在喧嚣功利的时代中仍然选择了慢下来。《云步》中的司文育、萧岚、林平山、何君华、甄岭、芹菱等都是典型的例证。比如林平山作为昆剧演员不断精进自己的演艺事业，试图挽救昆曲并改变其现状，同时开设了一间工作室，传承昆曲文化。比如萧岚对于博物馆战国古琴的多次追寻，虽多次寻"琴"而不遇，但作为"琴"人之间的惺惺相惜，她对古琴有自己独特的情感。她退出潘总开设的会所，自己开设了一家"禅茶一味"的艺术工作室，所求不过是一种古朴雅致的文化氛围。再比如远离凡尘世俗，独自到迁山岛建造小木屋，完成写作愿望的芹菱。

另一部分追求利益最大化的资本家，不理解文化坚守的意义，在他们眼中利益大于一切,选择主动融入市场经济的浪潮之中。《云步》中的程心佑、陈良运、鸣芝、马市长、潘总等人物就是典型的例证。比如程心佑不理解丈夫林平山对于昆曲的坚持和传承,她改行开设服装公司和化妆品店,喜欢拥有更多物质性的东西。比如陈良运虽和萧岚有短暂的交会,但是如萧岚所言,他身上虽然有飘逸之气但是和世俗联系得过于紧密了,他承接政府的项目建立书院,其实不过是圈地圈钱。再比如马市长分管旅游业之后,打造千年古镇同玄镇,集中于对当地旅游资源的开发,但其实使古镇变得商业气息更浓而文化氛围更淡,马市长是逐利贪婪的"资本家",要女人要物质也要权力。其实以陈良运为代表的这部分资本家,已经不再是文化艺术体系中的一份子,他们早已转变自己的价值观,自觉融入功利至上的时代浪潮之中。

《云步》中的人物虽然分为两类,一类为艺术家,一类为资本家。但这两类人物并不处于对立面,两者之间有交汇的部分。比如与萧岚有短暂交往的陈良运,两人初见时他对评弹、茶道、古琴、美食都感兴趣,他身上有一种"飘逸之气"。和萧岚一起参观博物馆的战国古琴时,他说:"独琴于室,无人声响,正所谓大音希声。"萧岚和陈良运都是随性率真的人,陈良运身上的"飘逸之气"让萧岚产生倾慕之心,但是"世俗之风"又让她感到难受想要逃离。萧岚所喜欢的是简单纯粹的生活方式,不牵强,不用逢迎他人,所谓"一茶一琴一萧足以抚慰人生"。但是陈良运在"飘逸之气"与"世俗之风"之间,他很显然更享受后者带来的名利。葛芳在创作时并不追求人物的完美性,她更注重人物本身的真实感,正如"真正的小说一定是现实主义的"。对于两类人物的塑造与再现,其实也是葛芳对于苏州的传统地域文化危机的反思,以及对于传统文化在新时代出路的探索。

三、寻找江南文化与现实通俗之间的平衡点

新时期以来,学界对于非虚构写作的关注热度提高,非虚构写作

相比于其他种类的文学创作形式具有更突出的现实性和介入性。葛芳是热爱传统文化的观察家,为了写作行走在苏州的大街小巷之中,她用大约两年的时间进行田野考察,在吴中太湖余山岛、漫山岛等地多次走访考察、采访典型人物,之后进行创作并不断修改润色,最终完成《云步》的定稿,《云步》中的一些地名和人物都有现实原型,因此《云步》也算是一部非虚构作品。葛芳的作品无论是从整体框架的建构还是细节的刻画上,都充满了生活的肌理感,能感受到日常生活的温度。但非虚构的视野并不意味着《云步》不是一部真正意义上的小说,在忠于故事真实语境的同时,葛芳也向读者展现了她虚构的能力。《云步》以同玄镇为背景,关注江南人日常生活中的衣食住行以及在精神世界中的挣扎沉浮,展现了在众声喧哗中仍有一部分人坚守传统文化。在"故事"层面,葛芳站在现实主义的立场之上,关注的是当下传统文化的生存问题。在"话语"层面,葛芳借助了传统典故和跨时空对话的方式来写作,使整个故事不会落入其他写文化危机的俗套之中。打破常规的写作规则,以一种跨时空的方式来写作,正是葛芳写作中的独具匠心。

葛芳曾说自己喜欢在真实与虚构之间腾挪游移,梦境与现实,幻觉与真实都在小说之中来回穿梭与交织。值得注意的是跨越时空对话的写作方式,《云步》中的林平山和二叔跨越时空的对话,以及《归去来》中芹菱和祖母金枝跨越时空的对话,这都是典型的例证。作为昆剧演员的林平山与革命英雄二叔之间的对话交流,棺木之中的二叔其实是他内心另一个自己的真实隐喻。在成为昆剧演员之前,他的梦想是上军校保家卫国,成为一个真正的血性男人。二叔的棺木有一间小窗不至于太过昏暗,同时也是连通外界的窗口。这种跨越时空与二叔的交流对话,归根于林平山不被妻子家人所理解的遗世独立的孤独感。除了林平山,类似的还有芹菱与祖母金枝,作为一个没上过大学的普通农妇,芹菱有自己的精神追求,她远离凡尘世俗的喧嚣,在迁山岛这样一座未被过度开发的孤岛，想把祖母金枝的故事用小说的方式记录下来，她对于祖母生前的故事了解并不多，甚至一张泛黄的照片、一个褪色的手镯都没留下，芹菱凭借自己的想象力来叙写祖母的故事，最终完成了《趁着月色逃离》。芹菱住在迁山岛湖边自己搭建的小木屋，过着自给自足的生活，她生活中的两件事便是劳动与写作。与之类似的还有《垂钓声音》中甄岭和鸣芝去到挪威遇见的小木屋。挪威的小木屋代表的是一种极简主义，是远离浮躁喧嚣世间的一方小天地，是适合思考和写作的地方，是适合沉淀和产生精神共鸣的地方。此外，跨越时空的还有来自战国的古琴，萧岚多年来对于传统文化的痴迷与沉醉，让浮躁的灵魂得到净化，能够做到人琴合一，来自两千年前的古琴让她产生了精神共鸣，本是没有生命的古琴在她看来似乎有满腹的心事想要诉说。

葛芳在创作时，以非虚构的写作态度，以最大限度的真诚，展现了对于江南地域文化的自觉描绘，同时不回避新时代商业文化冲击之下的传统文化的危机现状，"喜欢安安静静喝茶听评弹的人越来越少，年轻人都喜欢咖啡店酒吧"。但《云步》的情感内核并不局限于单纯的哀婉叹息，而是深入对人生哲理的思索，在江南文化与现实通俗之间实现了很好的平衡，主要通过萧岚这一人物给出了答案。一方面，萧岚是《云步》中文化和艺术氛围最浓重的人，她对于传统文化到了痴迷和沉醉的地步，在她的世界中一人一琴足矣，而对于战国古琴的几次追寻，便是内心深处对于文化的自觉坚守。在《山月照》结尾，萧岚月下独酌，"我歌月徘徊，我舞影零乱"，可能洒脱和孤独两种感觉都有。另一方面，萧岚也受到现实通俗中情感问题和功利问题的困扰，在和陈良运的相处中乱了心绪，当然这是作为世人的正常情欲。她拒绝了潘老板工作室的优渥条件，选择自己开设一间艺术工作室，她追求的是随性自然的生活，最后到迁山岛静心，也是想远离喧哗和沉浮，寻求内心情感的乌托邦。"人生什么都不重要，忘不掉的可能还是故乡啊！你从小出生在这里，是地地道道渔民的孩子，那就守着这片湖，这个岛，这样你的心会特别舒服！"这里的"故乡"不仅是指现实意义上她们所在的太湖迁山岛，更是指像陶渊明世外桃源一般的精神家园。

不同于葛芳此前所书写的《隐约江南》和《乡村古镇》中的明亮氛围，《云步》中的景物描写偏向暗色调，展现的是一幅素雅淡静的江南水墨画。《云步》展现了江南地域文化的独特魅力，以及这种独特的地域文化浸润之下的人性和人情，巧妙地将风俗、人性和文化结合起来，赋予了小说多元文化主题。萧岚多次寻"琴"而不遇，其实也是隐喻传统技艺的难以传承，现代社会中的真情难觅，人生道路上理想的迷失与困顿，人性的复杂难以琢磨。葛芳和其他苏州作家一样，具有表现苏州地域性文化的话语准备和话语自觉，她的小说具有苏州街巷的风韵。通过小说《云步》，我们感受到了江南水乡的文化魅力，同时也对于江南文化在新时代洪流冲击下面临的困境产生思考，在这样一个日益功利世俗的现代社会中，传统文化的衰亡与颓败，似乎是合乎历史规律的必然趋势，但葛芳对此并不哀婉叹息，葛芳创造的"萧岚"这一人物虽具有理想主义的色彩，但给故事留下了一个光明的前景。作为"讲故事的人"，葛芳的书写本身就是对日益世俗粗鄙的社会的对抗。同时，这也让我们对葛芳今后的创作抱有十足的期待。

以诗笔寄"泥淖"

——评何庆华的《缪泾人》

张 颖

《缪泾人》是何庆华写给故乡缪泾的一束"情书"。各篇以人物命运的展开为主线，通过写他们的日常生活，交织进缪泾一带改革开放前后的社会环境、乡风民俗，书中涉及的缪泾地方的风景、风俗、人物对白以及民众的生活方式，都带有浓郁的江南乡土气息。但《缪泾人》不同于一般乡土小说的地方在于，它并不着力于凸显城乡对立，或以"乡"作为批判现代文明的武器。而只是用一支饱蘸深情的笔，描写了时代转型期江南农村社会几个命运浮沉不定的个体，以人带事，以人物命运折射时代沧桑变迁，于其间自然流露她的价值理想。

书中人物大致可分为两类。一类是所谓穷闾陋巷中人，如《马桶西施》《虎姐》《半夜猪叫》中的主人公，他们都是无法在历史上留痕的、微不足道的小人物；还有一类则带有一定的文化符号色彩，如《蓝月亮》中的缪根生象征大爱，《"天鹅"与"呆鹅"》中的"天鹅"之代表美，《老克拉》中的老克拉象征对文明世界的向往，《小焉》中的小焉俨然苏州评弹的化身，这些人物或有现实中的原型，带有相当的写实成分，但作者显然在他们身上寄托了各色文化理想，而在事实上形成价值抒写。这两类人物除了同为缪泾人，似乎可比较之处不多，如我们很难将"马桶西施"和"小焉"进行比较。然而这些人物都有一共性——他们或文或野，都身陷困境，而对此种困境的描写本就是上述价值抒写的重要组成部分。

或许，经历过"桃李劫"的何庆华深味陷于困境、茁于命运的滋味，故她敏于捕捉那些身处幽暗角落的小人物的悲喜，也对探讨他们的命运感到非同一般的兴味。这里面不仅仅有"共情"，因为共情仅仅是代入情绪、感同身受，何庆华对人物命运的理解、熨帖，又带有几分过来人的审视与悲悯。《马桶西施》一篇有点儿赵树理《小二黑结婚》的味道，但不同于赵树理以理想置换真实的写法，何庆华一方面并未回避造成琴子悲剧命运的外在原因，另一方面以奇兀之笔写了这对夫妇如何以自己的方式应对生命中的邪恶、残忍与苦难。从小说结尾处不乏赞美的笔调，我们可以读到何庆华"唯情"的价值取向——这带来一定的危险性，因为造成"畸恋"的因素，不仅有外在的，也跟人物的性观念有很大关系。在这里面，一种落后的贞洁观以及情爱伦理被正当化了（汪曾祺的《大淖记事》也写了一个相似的"失身"故事，而流露出的观念很不一样），但《马桶西施》的好处是纯粹。我们常说"泥淖中的温暖"，值得赞美的是"温暖"而非"泥淖"，但《马桶西施》提示我们，对某一类小人物来说，有时"温暖"恰恰与"泥淖"共生，彼此几乎无法分割；《半夜猪叫》写乡下的女屠夫麻姑。麻姑活着不易，出生在苦难重重的家庭，杀猪是她的生存之"技"，也是她的生存之"道"。"拿着屠刀，立地成佛"，何庆华竟将麻姑的杀猪写出了庄严的味道。汪曾祺在《受戒》里写荸荠庵和尚们杀猪念经，使我们感到烟火俗世的幽默情味；麻姑杀猪也念经，但流露出的却是乡村小人物的生存之涩味。然而生存本身何其庄严，沈从文就曾描写过一个老水手数钱的执着神态，以"忠实庄严"四字形容湘西河滩上的那些拉船人。麻姑杀猪的庄严是与之仿佛的；《虎姐》是整部小说集里非常出色的一篇。"虎姐"这个人物的命运轨迹是一个圆，她从乡村走出，在城里转了一圈，又回到缪泾。现代意义上的城市化进程以来，"离乡—返乡"是不断被书写的乡土小说母题，如鲁迅一般的启蒙者的返乡故事的结局是一个永远也回不去的故乡，如沈从文一般的返乡抒写，则是以建构精神故乡的方式返乡。"虎姐"的返乡无疑属于后一种返乡。在推进城乡一体化的今天，在城市抒写已然内在于文学表达的时代，再去讨论于城乡之间该何去何从似乎已意义不大。虎姐的返乡，毋宁是作者民间立场的一种表达：那能够治愈个体心灵创伤的力量，能够疗救文明弊病的药方，都始终需要回到生命的源头、生活的本相中去寻找。

以上的几篇小人物志都是关于"泥淖"的故事，写了这几个人物如何以自己的方式，以一种民间的自洽逻辑去面对"泥淖"，守护本心。另外几篇中亦有对困境的表现，但更多表达了作者对于理想的追问。《"天鹅"与"呆鹅"》叙事方面略单薄，但值得注意的是，其中包含了何庆华对于美、自由、尊严与爱的理解。美丽的"天鹅"因爱而折翼，而放下自尊，又因对美、自由的执着而重获勇气，冲出藩篱。我在读到"呆鹅"的不近人情与"天鹅"的一味付出，以及作者对这种付出的欣赏赞叹时再次感到一种危险——在女性低矮的天空下，我们看到太多牺牲以爱之名，太多残酷被赞美掩盖。还好，在小说最后，作者回到了"尊严"这个大词，这至少使"天鹅"先前的行为获得了一种坚实的主体性。《蓝月亮》是一个关于扶贫的大爱故事。作者的笔触在缪根生的陕西扶贫经历与他关于故乡缪泾的回忆之间来回切换。这不是一个容易把握的题材，但作者深入秦地采风，将细节写得鲜活而丰盈。在我看来，"蓝月亮"是"乡情""亲情"的分散与扩大——从缪泾到秦岭，同一轮月亮照亮贫穷的暗夜，散播对幸福的向往。而"缪根生"扶贫的背井离乡之苦，过程中遇到的种种艰辛与困境，正是在这一轮象征着大爱的蓝月亮的照耀下得到抚慰、得以化解的。《最后的老克拉》是一出时代悲剧，这篇小说让我想到金宇澄的小说《繁花》里的"姝华"一类人物。老克拉的"晒被絮"是非常成功的一处细节描写，可与残雪《山上的小屋》里的"我"痴迷于整理抽屉并置而观，只是前者隐喻人心的寒冷孤独，后者隐喻社会的混乱失序。不同于其他几篇小说中的主人公,"老克拉"本质上不属于"缪泾",但他的故事构成了"缪泾"沧桑历史的一部分。"老克拉"身在缪泾而怀念向往一个更广阔的文明世界,这暗示出缪泾作为江南乡村与文学史中的若干个乡村一样,有无从摆脱的传统痼疾与历史暗影。何庆华充满诗意的乡愁抒写并没有掩盖这一点,这是她比较深刻的地方,这也使得"缪泾"以更为完整立体的面貌呈现于文本。

《小焉》是《缪泾人》中的压轴之作。诚如范培松教授在序言里写的,《小焉》和《虎姐》是何庆华"文化理想的两根重要精神支柱"。"虎姐"和"小焉"身份不同,一为进城务工的乡下姑娘,一为小镇评弹演员,但她们都可以说是逐梦者。虎姐梦想成为真正的城里人,过上富足的城市生活,小焉热爱评弹艺术,希望不仅能靠评弹立足,也能将这一艺术形式真正传承下去。而她们的梦想志向在商业大潮冲刷下遭遇到了幻灭失落。《小焉》的叙事是典型的"花开两朵,各表一枝"。小焉、唐伯君这一枝写的是评弹行业的衰落,萧师傅那一枝写的是旗袍手工艺的没落。这两枝在小说结尾处得以汇合,本是一个算得上圆满的结局,但小焉却倒了嗓子,永远地告别了评弹,这就使这个故事染上了几分悲情色彩。如同老舍在《断魂枪》里让沙子龙说出:"不传!不传!"《小焉》的结尾有几分英雄无用武之地的悲凉,但更多是表达出了一种文化的尊严。

《缪泾人》无论写哪类人物,他们的命运或庄严或悲情或挣扎,都植根于江南乡村与江南社会,因而显现出鲜明的地方性,这也是这部小说集的诗性之所寄。缪泾是典型的江南乡村,作者的一支笔旖旎摇曳,写出了这个地方风物的柔美宜人。像《虎姐》中有大段的乡土风景画描写,春夏秋冬,各有各景,虽然时间流逝,人事浮躁、动荡、变迁,而江南风物则仿佛永恒如斯。她写乡下的春天:"风吹一口气,湖面就皱了,闪着无数的珠贝。鸭子、呆鹅从竹园里摇摇摆摆走出来,一不小心脚底踩到了春笋的芽尖。它们一律用喙蘸蘸水,像书法家甩掉毛笔上的水，它们扑腾进碧水里，然后开始泼墨画，吸水吐水，荡出一圈又一圈的涟漪，或把头探到水底，亮出嫩黄的脚蹼，在跳水上芭蕾。"文字具有灵动的诗意。她笔下的缪泾乡民养殖、播种、莳秧、斫稻……体现了吴地典型的稻作文化特点；有些乡民甚至保留着旧日的礼俗，如元宵节通过厕所神"坑三姑娘"占卜年景、收成、婚配、吉凶……也都很有江南民俗文化意味。

　　何庆华是媒体人，这或许令她对记录真实有一种近乎本能的偏好。这有时直接影响了她的小说叙事与对人物命运的处理。虽然她常常是以一种略显放任的笔调，唯情地、浪漫地去面对她笔下的人物，但她不粉饰真实，因此这几部小说都没有圆满的结局。如马桶西施自囚的爱、缪根生殉道般的扶贫、麻姑之悲惨的死、虎姐城市梦的破碎、小焉的告别评弹……其中的艺术感染力都源自生活的真实，有时流露出近乎纪录片般的冷峻。

　　或也是得益于这种对记录真实的偏好，何庆华对乡风民俗有一种"留影"般的意识。在数码复制、电子复制的时代，"留影"变成一种很容易也很便捷的事情。但正像本雅明在《摄影小史》里启示我们的，复制时代的"摄影"实际上已很难再现过去时光的"灵韵"，那是一种交织着神性的、完满的体验。何庆华则试图还原缪泾水乡过去的"灵韵"。她在这当中有意识地使用了两种方法：一是穿插了不少民歌、弹词及富有年代感的流行歌词。粗略统计了一下，集中七篇小说，相关引用二十多处。这部分引用与各篇叙事主体水乳交融，在塑造人物、烘托意境方面都大有助益，而更重要的是将一种鲜活的地方性深植在了文本当中。《小焉》不必说了，《秋思》《莺莺操琴》《牡丹亭·游园惊梦》《紫鹃夜叹》等弹词的引入本就是一种间离，因为这些弹词对于今天的一般读者非常陌生，带有过去岁月的神秘感，同时也是无所不在的文化符号，提示我们《小焉》是一个典型的江南故事。而像《马桶西施》一开篇就引用了双凤山歌："摇一橹来扎一绷，沿河两岸好花棚。好花落在中舱里呀,野蔷薇花落在后艄棚。"《虎姐》里也有一段山歌:"沙啦啦子哟,社员挑河泥哎,面孔笑嘻嘻,扁担接扁担,脚步一崭齐。挑过小麦田哎,穿过油菜地哎,菜花蜡蜡黄,花香醉心里哎……"双凤山歌是吴歌的一脉,民歌的一种,是人们在田野劳动或抒发情感时即兴演唱的歌曲。山歌中的意象是典型的江南风物,民歌中的情感也契合小说的价值诉求。这些地方性民歌的引入,或使我们想起20世纪废名、沈从文等乡土小说家在创作中对民间资源的化用,何庆华的写作无疑接续了20世纪的乡土小说传统,但又多了一些时代特色。

另外,何庆华曾担任方言电视节目《太仓闲话》制片人十余年,她对吴方言有非同一般的感情。小说中用了不少方言俗语,这也是这部小说地方性、民间性的重要表现。吴语写作在文学史上已然构成一脉传统,从晚清时期的《何典》《海上花列传》《歇浦潮》到民国之后的《人间地狱》,吴语小说在历史上也曾辉煌过半个世纪。纯粹的吴语小说受众面小,很难被广泛阅读,在这方面,《海上花列传》之成为文学经典有很多因素造就,是再难复制的。不过,弹性的、变通的吴方言写作一直没有断绝,近些年金宇澄的《繁花》,夏商的《东岸纪事》都是很好的尝试。在《缪泾人》中,"吭啥""出客""吃坯""小细娘""阿爹""结棍""适宜"等吴方言不时闪现在行文中,有别于以上提及的吴语小说中的都市日常气息,是真正的"土气息""泥滋味"。吴方言是吴文化的载体,是仍然鲜活着的文化遗产,在各地方言都日趋没落的今天,何庆华有意识地采用、化用部分方言进行文学创作,这本身也是对吴文化传统的一种"留影"乃至复活。

最后,《缪泾人》的诗意或许还得自一种交织着神话与传奇写作的复合形态。乡土小说的充满牧歌情调的"灵韵"与文本潜在的神话结构有很大关系。在《虎姐》一篇中,那只叫作"虎妞"的猫有点巫气,作者借这只猫进行叙事视角的切换,每回用猫的眼光去看待缪泾的日常与日常的被打破，看待虎姐的出走与回归，就自然而然获得了一种超越性。虎猫的视角是自然的视角，天地不仁的视角，也是神话故事里常见的视角。在虎姐去城市流浪的时候，虎猫躺在虎姐的滑雪衫里发呆："自从虎姐去了城里，虎猫开始夹紧尾巴过日子，只是春天来了，它也会情不自禁飞檐走壁去相亲。和河对过的黑雄猫抢老婆，大打出手，还撕掉了它一块皮……想想阿四家的那只白脚花狸猫，总是有一股骚气，它虎猫绝对看不上眼的。大打呼噜，叹叹气，感觉世道真的难以琢磨，虎姐不知流浪到了哪里。"后文提及的老倪偣家的黑猫"南霸天"仿佛是欲望的化身，贪婪、凶悍……它本该被"处死"，最终受到佛法加持成了一只洗心革面的佛猫！关于黑猫的略带调侃性的叙事也是一种超越性视角，如一面镜子，照出了碌碌红尘里一众男女的贪嗔痴怨，这些描写形成了一种类似佛教变文寓言小故事的体裁。

如果说乡土与神话有着天然的关联，抒写传奇的则往往是都市里的市民。《缪泾人》中，何庆华的笔触其实也有不少涉及城市的地方。在《老克拉》《"天鹅"与"呆鹅"》等篇中，"上海"是影影绰绰远景般的存在，在《虎姐》《小焉》里，娄江县城则寄托了缪泾儿女的城市梦。中国的县城是城乡之间的暧昧地带，既有城市的诱惑，又有乡村的土气，娄江也是如此。在石板路、小巷、织布厂、娱乐城、股票、期货等元素构成的环境中，人物的命运载浮载沉，荣辱无定，核心无非"欲望"二字。作者就此展开她对那个年代世态人情、道德伦理的观察与臧否。其间她流露出一种我们在鸳蝴派小说、海派小说里常常读到的善恶有报、情义无价的伦理表达，则又与上述的乡土叙事融汇在了一起。"浮生如梦"是无论乡民还是市民常有的感慨，欲望之歌里有凡人最真切的悲喜……在这些地方，《缪泾人》的质地是抒情的，很容易引起有相似城乡生活经验的读者的共鸣。

江南游走

工业遗存的公共艺术转化对交往情境的建构

——以上海杨浦滨江永久点位艺术项目为中心[1]

陈 霖 沈建霞

摘 要 本文对公共艺术介入城市更新,从传播的视角切入,并以交往情境为理论焦点,考察杨浦滨江永久点位艺术项目,经研究发现,面对工业遗存标识的情境定义,项目实施中展开的互动、交流、协商、合作,项目建成后的参观和分享,是交往情境建构的过程;公共艺术在连接日常生活与艺术经验、连接不同的空间中实现交往情境的丰富性和整体性。研究也揭示了公共艺术实践主体构成的复杂性,指出公共艺术的根本价值在于持续作用于城市空间,触发公共交往,促进共同生活的基础形成。

关键词 公共艺术;上海城市空间艺术季;交往情境;工业遗存;城市更新

引言

进入后工业时代,原来位于内城的大型工业厂房逐渐外迁、闲置,工业遗存空间(包括废弃厂房、设施和弃置物品)的利用与开发便成为城市更新中不断遇到的问题。在应对这一问题的不

---

[1] 本文为国家社科基金一般项目"交往理论视阈下的城市公共艺术传播研究"(18BXW091)阶段性成果。

同方法中，一个共同的取向便是以艺术实践介入并重构工业遗存空间。如英国伦敦的泰特现代美术馆曾是泰晤士河上的一个发电厂，美国纽约的苏荷艺术区原本是19世纪中期的铸铁制造工厂群，德国鲁尔的北杜伊斯堡景观公园也是建在一个废弃的钢铁厂之上……

在我国，通过艺术介入实现对工业遗存的转化也成为北京、广州、西安、成都、上海等许多城市的普遍选择。比较而言，上海提供了更多的经验样本，后滩公园、后工业生态景观公园、M50创意园、田子坊……都是引人注目的案例。由上海市规划和自然资源局、上海市文化和旅游局、当届主展所在区人民政府分别于2015年、2017年、2019年联合主办的上海城市空间艺术季，更是以高度系统性和极富仪式感的当代设计与艺术活动，大规模地、持续地介入城市更新的举措。如果说2015上海城市空间艺术季成功传播了艺术介入城市更新的理念，那么，2017上海城市空间艺术季以民生码头8万吨筒仓改造为艺术主展场，凸显了工业遗存的公共艺术转化这一城市更新策略。2019上海城市空间艺术季更是在密集的工业遗存空间展开了大型的永久性公共艺术项目实践，将上海船厂两座巨大的船坞和具有百年历史的毛麻仓库作为主展场，在集中了防汛墙、造船厂、码头、吊车、仓库、发电厂、水厂等工业遗存的杨浦滨江南段5.5公里滨江区域，作为公共艺术项目实践的场所，永久存留了20件（组）公共艺术作品。

如此城市更新实践涉及政府规划、城市设计、艺术创作、市民生活等多学科、多领域的交流、沟通、协调，因而为基于传播学的考察提供了丰富的经验材料。从传播的视角观之，"城市是人们在中介的（mediated）传播中生成的实践空间"，这里的传播是指"人与人之间的社会交往（或互动），以及使然交往、在交往中、通过交往而形成的社会关系、身心体验和意义"[1]。公共艺术对工业遗存的转化过程，也正是这样一种"中介的传播"，它勾连起不同的中介机制，触发了丰富、复杂而生动的交往活动，对其进行考察和分析，有助于我们理解城市（更新）的不断生成及其赋予城市生活的意义。

因此，本文将从传播的视角对2019上海城市空间艺术季进行个案研究。为此，我们搜集的主要经验材料包括：在2019年9月—2020年5月之间，对杨浦滨江公共艺术项目实施区域进行了五次实地考察；对一位参与2019上海城市空间艺术季杨浦滨江永久点位艺术项目的艺术家和一位2019上海城市空间艺术季学术委员会委员进行的专访；杨浦滨江对七位游客进行了访谈，并对若干游客随机采访；《建筑实践》杂志2020年为2019上海城市空间艺术季所做的专号（2020年S1期）；上海城市空间艺术季微信公众号推送的相关文章。通过对这些经验材料的分析，我们聚焦于公共艺术在对工业遗存的转化中建构的交往情境。

一、交往情境，作为经验考察的理论视角

2019年上海城市空间艺术季对工业遗存进行公共艺术转化后的空间景观，与新崛起的浦东新区隔江相望，如有评论家指出的，它"创造了一个奇幻、超现实的场域，让身临杨浦区的观众体验到历史与记忆、自然与现实、日常与艺术、真实与虚拟之间的关联"[2]。作为艺术介入环境的如此结果，它令人想到以居伊·德波（Guy Debord）为代表的"情境国际主义"的主张，即通过艺术手段展开情境建构，打破由物性建筑和功能区域支配的结构，以及这种物性结构在日常生活场景中

---

[1] 潘忠党：《城市传播研究的探索》，《新闻与传播研究》，2016年第8期。

[2] 冯博一：《公共艺术，无限接近的在场》，《建筑实践》，2020年S1期。

塑形的奴役性空间和拜物教心理构境。[1]当然，上海空间艺术季的公共艺术实践与情境主义国际的主张有着根本的差异。一方面，情境的建构在居伊·德波们这里意味着艺术主体的高扬，而排斥与其他主体的交互；另一方面，情境的建构显示为以叛逆姿态针对环境的破坏性关联。与此相反，上海城市空间艺术季中公共艺术的实践正是在不同主体之间的交往互动中完成，并且以顺应的姿态与环境的物性结构之间建立起创造性的联系。

2019上海城市空间艺术季将主题命名为"相遇"。这一命名或许无意间与社会学家戈夫曼（Erving Goffman）的旨趣相通——"相遇"被他作为与"互动"意义相同的词语，列入"情境术语"之首[2]。戈夫曼关注个体交往的情形，继承托马斯（Willam Isaac Thomas）的情境理论，分析人在进行情境定义（在任何自决的行为之前，总有一个审视和考虑的阶段[3]）后做出的反应和行动。虽然他采取的是微观社会学的方法，但其研究的结论同样见诸"大量社会互动的特征"，分析的"框架可以运用于任何社会机构"[4]。更重要的是，如柯林斯（Randall Collins）所指出的那样，在戈夫曼那里，情境意味着参与者的共同在场，"是寻求合作的仪式"[5]。这启发我们关注围绕公共艺术对工业遗存进行转化的过程中，如何在交往中建构不同主体共同界定的情境。戈夫曼更多地关注

---

1 张一兵：《反对景观统治的地理心理学与革命游戏——情境国际主义思潮研究》，《社会科学辑刊》，2021年第2期。
2 〔加〕欧文·戈夫曼：《日常生活中的自我呈现》，冯钢译，北京：北京大学出版社，2008年。
3 〔美〕W.I.托马斯：《不适应的少女》，钱军等译，济南：山东人民出版社，1988年。
4 〔加〕欧文·戈夫曼：《日常生活中的自我呈现》，冯钢译，北京：北京大学出版社，2008年。
5 〔美〕兰德尔·柯林斯：《互动仪式链》，林聚任等译，北京：商务印书馆，2016年。

情境本身和情境定义的复杂性，而对互动或交往本身是否也能够改变或重构情境并未予以探讨。柯林斯继承和发扬了戈夫曼的学术思想，在"互动仪式链"理论中则关注了个体互动在相互关注中的情感连带，指出"个体是以往互动情境的积淀，又是每一新情境的组成部分"，情境的吸引力就在于提供情感能量[1]。

对主体间交往互动行为特性的分析，哈贝马斯（Jürgen Habermas）强调从交往作为语言行为这一点出发，交往情境在他这里就是言语情境。他指出主体间通过交往达成共识的过程，体现了言语行为"建立和更新人际关系""呈现或设定状态和事件""表达经验，亦即自我表现"的功能[2]。这提示了交往的理性存在，同时为检视交往活动提供了理性尺度。但也有论者指出，哈贝马斯为了使交往行为兼具对话性与理性，交往行为便必须以"理想的言语情境"为言语预设，而这种预设本质上仍是对日常生活的理性抽象。[3]也就是说，他相对忽略交往作为经验的存在。与此迥然有别的是，杜威（John Dewey）特别重视经验。在杜威看来，"经验"基本的范畴是生物和环境的相互作用，它导致对环境加以利用的某种适应[4]。情境正是在这样的与环境交互中产生，因此浸润着经验，意味着实践介入，"在现实经验中，从来没有一个孤立的对象或事件；一个对象或事件总是被环绕的经验世界——情境的

---

1 〔美〕兰德尔·柯林斯：《互动仪式链》，林聚任等译，北京：商务印书馆，2012年。

2 〔德〕尤尔根·哈贝马斯：《交往行为理论（第一卷）》，曹卫东译，上海：上海人民出版社，2018年。

3 毕晓：《哈贝马斯交往行为理论再批判与差异对话理论的建立》，《人文杂志》，2021年第6期。

4 〔美〕约翰·杜威：《哲学的改造》，张颖译，西安：陕西人民出版社，2004年。

特殊部分、阶段或方面"[1]。他在论述人类的探究活动时指出："探究是对于一种不确定情境的受控制或有方向的转变，使其中作为构件的诸特性和关系变得如此确定，以使原有情境中的各要素转变为统一的整体。"[2] 探究的活动显然包含着交往互动的经验，情境的要素转变为统一的整体，则是互动与连接的结果。

有关情境和交往的理论启示我们，情境在交往中生成，交往在情境中展开，从而形成了交往情境，即在交往中形成，同时又形塑了交往的空间。由此，本文将2019上海城市空间艺术季作为个案，考察工业遗存的公共艺术转化过程，意欲探讨这一过程如何建构了一个新的交往情境，具体展开为以下相关的问题：首先，公共艺术项目与工业遗存相遇，如何在情境定义中提取情境构成要素？其次，公共艺术项目展开中，多重主体为此展开了怎样的交往活动？最后，如此建构的交往情境体现了怎样的意义？

二、公共艺术面对工业遗存的情境定义

普通的工业遗存物能够转化为艺术物的可能性，在于公共艺术实践主体与工业遗存的相遇和对其本身特性的体认；这些特性在此便体现为情境构成要素的具体呈现。我们在更为宏观的意义上借用托马斯和戈夫曼的"情境定义"概念，可以说，公共艺术对工业遗存转化一旦开始，也就要对这些遗存所标识的情境展开情境定义，从而在尊重其存在的前提下改变它，并引向新的情境定义。

其一，这样的情境定义首先体现为在选择点位和艺术作品中突出在地性。空间层面，在地性关注于一个特定场所的实际物理属性，重

---

[1] 〔美〕约翰·杜威：《逻辑：探究的理论》，见《杜威全集》第十二卷，邵强进等译，上海：华东师范大学出版社，2015年。
[2] 同上。

视艺术作品与其环境中的物理元素融为一体,还包括将作品与其所在地的文化和社会结构联系起来。[1]这就要求作为策展执行单位的欣稚峰艺术机构不仅需要寻找能代表城市空间机体地方性的点位,而且需要找到在地性介入方面有丰富经验的高品质艺术家。通过与政府主办单位的多次讨论、研究和实地调查,根据上海杨浦滨江南段独特的工业遗产、国际贸易、港口城市、历史及人文属性,欣稚峰艺术机构选取近三十个最具代表性和地方性的候选点位;从这些点位中,最终确定了芒草园、墙头草场、渔货廊架、打捞局码头、水杉花园、技能草场、值亭、印记花园、滨江栈桥、皂厂咖啡馆、绿篱迷宫(煤气厂公园西)、绿篱迷宫(煤气厂公园东)、绿篱迷宫(浮码头空地)、吊塔、攀岩场、灰仓艺术中心等十六个点位。[2]

在创作过程中,在地性体现为艺术家处理艺术与特定环境之间关系的方法。艺术项目中的公共艺术品需根据点位进行在地创作,每一个艺术品以此可以与它所在的场所相锚固,像是从这个场所当中生长出来的,介入点位的物理空间,与空间的物质属性结合。创作《天外之物》的艺术家刘建华在接受我们的访谈时谈道:"策展团队当时带我看了几处场地,最后我选择的墙头草场比较合适,作品在一片绿地上,也在黄浦江边上。"意大利艺术家埃斯特·斯托克(Esther Stocker)创作的《自由方块——方块花园》,也充分关注到东方渔人码头国际中心渔货廊架所处空间特质。还有徐震的《山》在由原环境物流佰班窑改造而成的"值亭"中放置哲学家头像雕塑,川添善行的《1年/1万年》在上海制皂厂空间中加入艺术装置,高桥启祐与韩家英、荷塞·吉马良

---

[1] 张羽洁:《在地性艺术的历史变迁和当代实践》,《公共艺术》,2018年第2期。
[2] 汪斌:《一条与国际公共艺术标准接轨的道路》,《建筑实践》,2020年S1期。

斯等艺术家在由干灰储煤灰罐改造的灰仓空间分别创作的《灰仓：一个世界》《灰仓：形/色相遇》《诗人之屋》，都力图在创作、展示、传播与接受的场所之间建立起一种物质实践的关系。

其二，与在地性相连的是历史感。将工业遗存引向新的情境定义，并非意味着对过去的遗忘，恰恰相反，是对历史感的一种凸显。2019上海城市空间艺术季学术委员会委员孙玮教授谈到，要在杨浦滨江这里展开公共艺术项目实践，"不了解上海历史，就肯定做不了"，这块区域"对中国近代化进程是一个不得了的国家的记忆、历史的记忆"。总策展人北川富朗接受一段专访时就谈道："说到黄浦江，这里数百年间经历了工业、文化等各个方面的蓬勃发展；我考虑到黄浦江的区域特性，所以要选取与之相符的艺术作品。"[1]

像位于老上海船厂所在地的《黄浦货舱》这座色彩鲜艳的雕塑作品，由21根钢管以及钢管两端的42个零件组成，这些材料来自1975年上海船厂技术人员设计和制造的带缆艇。上海船厂船舶有限公司副总经济师葛珺介绍，这一创意缘于欣稚锋团队找到他询问船厂的老物件情况，他提到有一艘带缆艇，是20世纪70年代由船厂培养的技术人员自己设计、制造的。船厂搬到崇明以后，这条船就不再使用了，"但员工们也舍不得扔掉，就把它放在岸上，一段时间之后变得锈迹斑斑。欣稚锋团队来看了之后非常感兴趣，反复过来察看、交流"[2]。创作者理查德·威尔逊（Richard Wilson）也谈道："曾经被遗弃的工业残骸如今重获新生，也提醒着人们铭记河流伟大而充满力量

---

[1] 上海城市空间艺术季：《北川富朗专访：杨浦滨江生机勃勃，散发着生活的味道》https://mp.weixin.qq.com/s/SMqrzNyGMcXlUAOUbw1Isg

[2] 葛珺、徐抒文：《上海船厂的艺术新航程》，《建筑实践》，2020年S1期。

的历史。"[1]

可以说，2019上海城市空间艺术季中的每一个项目，都以不同的方式令人从中触摸到历史的厚重。像帕斯卡尔·马尔蒂那·塔尤（Pascale Marthine Tayou）的作品《Streeg》，将从上海港口老工业区回收而来的鹅卵石涂上各种色彩，安放在青铜树装置的分枝上，使得它们看起来像五颜六色的果实，既是在向造船厂的历史致敬，也隐喻了杨浦滨江公共空间孕育着新的生机。策展人、相关机构、专家学者和艺术家们之间一致确认的这种历史感，既是对工业遗存先前情境的致意，也是对城市空间更新的情境内涵的设定，意味着公共艺术项目所触发的交往，能够在空间的更新中保持时间的延续，从而获得来自集体记忆的情感能量。

其三，公共艺术项目都是以单体的形式于指定地点独立存在，但须与特定的遗存空间和物件相连并与之相谐和，这就是情境定义中各情境要素之间的谐和性。如弗雷德（Michael Fried）指出的，要想感知某一事物，必须把这个事物作为整体情境的一部分来感知；每一种东西都起作用——不是作为物品的一部分，而是作为情境的一部分，而它的物性正是在这一情境中得以确立，至少也是部分地建立在这一情境之上[2]。虽然弗雷德谈论的是一般的艺术创作与物性的关系，但同样适用于我们这里的公共艺术实践。

在杨浦滨江的公共艺术项目实践区域，每一件作品实际上都并不首先是作为独立的作品而存在，而是作为将人们引向环境，激发人们于其中交往的整体环境的构成部分而存在。如杜威所说的，情境总是

---

[1] 见澎湃新闻：《"上海城市空间艺术季"户外公共艺术作品永留杨浦滨江》https://www.thepaper.cn/newsDetail_forward_5072952

[2] 〔美〕迈克尔·弗雷德：《艺术与物性》，张晓剑等译，南京：江苏凤凰美术出版社，2013年。

浸润着经验片段的整体，包括了普通客体、事件、行动者、作为实践或探究的相关环境的相互作用以及在定性的统一情境中的感性要求[1]。从空间艺术的设计角度看，这就相当于诺伯舒兹（Christian Norberg-Schulz）所说的"场所的特性"，"暗示着一般的综合性气氛"[2]。费利斯·瓦里尼（Felice Varini）创作的《起重机的对角线》，位于江边原杨树浦电厂附近，乍一看，你甚至没有发现这是一件公共艺术作品，就因为它的"物性"与周边毫不相隔。正如孙玮在接受我们采访时强调的，"那块区域本身就是一件艺术作品"。

艺术家对这种谐和性保持敏感才能有贴切的创意，而其创作则会在一种新的情境中复现过去。如斯托克谈到自己《自由方块——方块花园》的创作过程时说："渔货廊架是一个很美的场地，但也相当复杂。它有许多空间，我很难找到一个中心点……拱廊里有立柱，分割了许多不同的画面，有许多不同的角度，它就像一个变换空间，是一个中间态的东西。"[3]如此考察和揣摩之后，她有了以黑色方块介入原来结构，而又以最小程度破坏原有空间的创意。

工业遗存在情境要素构成上的在地性、历史感与谐和性，使公共艺术实践主体在与杨浦滨区的环境相遇中，在不同主体之间的交往互动中做出了情境定义，而这种情境定义下的交往又重构了情境。

三、在复杂多样的交往互动中建构交往情境

杨浦滨江公共艺术项目从点位规划和艺术家的选择开始。欣稚峰

---

[1] 刘敏、董华：《问题蕴含与情境关涉——杜威探究理论的科学实践哲学意义》，《自然辩证法研究》，2019年第7期。
[2] 〔瑞〕诺伯舒兹：《场所精神：迈向建筑现象学》，施植明译，武汉：华中科技大学出版社，2010年。
[3] 上海城市空间艺术季:《从渔货廊架进入几何宇宙 | 艺术家埃斯特·斯托克专访》https://mp.weixin.qq.com/s/OUxkPTsJavuXNbZ0b3-MJw

艺术机构和建筑师团队先对点位的选择进行讨论，然后由策展团队做出初稿，最后艺术家实地考察点位后，再对点位进行调整。这一循序渐进的过程，促成了工业遗存的公共艺术转化，而其间充满的不同主体间的交往活动，则建构了新的交往情境。

首先，这是充满了聆听与对话的过程。点位确定后，总策展人按照项目需求邀请合适的艺术家。并不是所有优秀的艺术家（包括中国艺术家在内）都想要创作委任作品，所以在发出邀请前需要考量这一点，同时也需要了解他们是否有在大城市或滨水地带创作公共艺术作品的经验[1]。策展人在选择艺术家时，需要考虑这些因素：国际化、艺术造诣、艺术家的档期、对策展思路的认同。在策展的过程中，北川富朗带领各国艺术家反复踏勘现场，召开故事会。策展人与艺术家也会聆听地方志专家、原来工厂的老工人等人对杨浦滨江工业历史的介绍。对参与此次艺术项目的艺术家来说，围绕艺术季主题进行的在地创作是一种考验。刘建华对我们说，艺术家必须"来到杨浦滨江考察，了解工业发展的变化，以便于创作。在此前提下，艺术家将以往创作的理念、方式、形式感重新注入当地工业遗址的痕迹"。

艺术作品方案在签约之前，艺术机构将项目方案递交给艺术季的学术委员会，公共艺术所涉及的诸多部门，如规划局、路政局、水务局等，都会有专家参与其中，委员会负责对方案进行审批。2019上海城市空间艺术季学术委员会委员孙玮介绍说："策展人先报告方案，来自各个不同专业的专家委员会看一下方案，然后对这个方案提意见。学术委员会主要的作用是把控宏观目标——艺术家的方案和追求全球化城市的上海要契合。有些专家会对一些方案提出建议，而策展人并未完全依照委员会的意见，仅参考委员会的意见。"艺术家需要和

---

[1] Robin Wong. Return the River to the People, Art Review, November, 2020.

学术委员会沟通。刘建华谈及这个问题时说："有些学术委员会成员是学建筑的，他不一定对作品有一种直观的感觉，所提的问题可能也不太符合作品形态，所以有时候需要沟通。"

其次，公共艺术项目实践也是合作与协商的过程。普通公众如何参与到公共艺术实践中，从来就是一个难题。《城市的野生》提供了一次宝贵的经验。这个作品坐落在杨浦滨江绿之丘前的打捞局码头广场上，是由日本艺术家浅井裕介带领团队与两三百位上海市民共同完成的一幅地面图腾。他开展儿童工作坊，亲自启发和引导小朋友们画出自己心中的图案，有近 200 个家庭参与工作坊的活动。参与者剪下来的图案形状由浅井裕介进行修整、复制、组合，以 40 米高的门座起重机为中心展开。如此，这件由艺术家和公众在交往与合作中创作的作品，使普通的观众获得一种前所未有的体验，身份和位置的改变形成了一种公共艺术介入的共同体[1]。宋冬安放在杨浦滨江电站辅机厂东厂的一片生态绿地上的《若冲园》，以另一种方式鼓励了公众参与。这件作品由许多被遗弃的旧门窗、日常用品和废弃物组成，而周围居民不断地为之增添类似的物件，于是作品被不断更新，成为呈现周边文化、生活痕迹和居民记忆的舞台。

如果说公众直接参与艺术家的创作有其特殊性，那么建筑师、景观设计师围绕公共艺术的合作则是一种常规。虽然杨浦滨江区域内的有些基础设施成为历史遗迹，其中大量的基础设施仍在新的空间发挥作用。因此，策展人和艺术家面临着一个复杂的设计环境，有许多不可预知的风险和挑战，这时就特别需要与建筑师的合作。如前文提到的《起重机的对角线》，是由一组三架橘黄色起重机形成的。创作者在塔吊上漆上一道道长短不一的白线，观察者只有在选定的角度才会看

---

[1] 冯博一：《公共艺术，无限接近的在场》，《建筑实践》，2020 年 S1 期。

到白线的对角线形状,而观看作品的最佳地点是在灰仓的二楼露台和它的延伸步道上。于是,艺术家与建筑师必须紧密合作,预测观景平台上众多游客的聚集行为,考虑不可预知的人流拥挤行为风险,并为整个行为路径安装大小合适的观景平台和安全设施[1]。此外,诸如公共艺术作品的运输、后期保养等,无不需要和政府、艺术机构、相关部门合作与协商。

协商与合作不仅是多方主体间的交往互动,而且作为一种机制,保障了交往过程的理性、有效和务实。围绕着公共艺术项目的协商和合作,不仅使艺术跨越自身边界,渗入不同领域,而且也促使相关领域跨入艺术领域,促使更多领域之间的沟通,由此使公共领域得以拓展。

最后,公共艺术项目实践最终有赖于公众的参观和分享。法国艺术史和美学博士、国际策展人卡特琳·格鲁(Catherine Grout)指出,户外的艺术作品"可以跨越任何的界限",可以"作为不相识的个体们集会和交流的公共空间"[2]。这意味着公共艺术以对所在空间的激活重构了交往情境。在空间艺术季期间和之后,这片区域中人的积聚明显增多,譬如,由共青团杨浦区委、杨浦滨江投资开发有限公司等多家机构和单位联合发起的"滨江人人市集",2020年开展了5期,直接参与市民超过15万人次。除了政府和机构组织的各种聚集活动,还有民间自发的寻访遗址、读书报告会等,更有前来参观休闲的人们。

在杨浦滨江实地考察时,我们看到来这里参观的人们结伴而行,边走边谈,遇到公共艺术品时,或投以一瞥,或议论一番,或跑过去

---

[1] 谭峥、吴静遥:《地形重生与对象终结:上海杨浦滨江的空间艺术及其基础设施向度》,《时代建筑》2020年第1期。

[2] 〔法〕卡特琳·格鲁:《艺术介入空间:都会里的艺术创作》,姚孟吟译,桂林:广西师范大学出版社,2005年。

触摸。我们来到《天外之物》跟前时，恰逢一位计先生（某公司职员，游客）在对他的朋友说："这个雨滴很长，有一种坠入地面的感觉，给人感觉是从很远的地方来的，就像是外太空的一滴液体。"在灰仓艺术空间附近，一位女士（苏州某高校传媒专业学生）告诉我们，与同伴交流后才知道应该怎么观看《起重机的对角线》。

很多儿童被大人带到杨浦滨江游玩，在艺术品面前，大人为儿童讲解艺术品的含义，儿童与艺术品接触互动。针对《时间之载》这件艺术品，孔女生（上海某公司职员，外地人）说："这片空地成为家长和孩子们互动的最佳场所。"有些儿童在滨江步道上玩滑板、骑车，也有年轻人在这跑步，还有老年人在这里锻炼。在 Nike 跑者驿站我们甚至遇到一位唱歌的老人，他说："在家里不好唱，而这里离家近，比较方便，所以我经常来这唱歌。"

还有年轻的参观者将在这里拍摄的照片或视频分享到抖音、微博、微信公众号、B 站、小红书等平台。譬如，小红书博主"林晶莹 Lily"写道："要说很出片的，那我推荐绿之丘吧，就在杨浦滨江，一幢旧仓库改造的办公空间，旋转楼梯和郭敬明《小时代》里的取景地 1933 老场坊有相似之处，不过这里更有钢筋水泥的建筑感。"[1]借助社交媒体的分享，将实体空间延展到虚拟空间，公共艺术建构的交往情境由此得到拓展。

四、交往情境在连接中生成意义

上述考察表明，2019 上海城市空间艺术季的公共艺术项目实践，通过对工业遗存的转化介入城市更新，建构了新的交往情境，在空间

---

[1] 《魔都 ins 风旋转楼梯　拍出和杨浦大桥的合影》https://www.xiaohongshu.com/discovery/item/5dca55290000000001002c17?xhsshare=CopyLink&appuid=5b3d8936e8ac2b1008417b97&apptime=1616692410]

的连接中产生其意义。

其一,公共艺术对工业遗存的转化所建构的交往情境连接了日常生活与艺术经验。

美国哲学家杜威指出:"一件艺术作品,不管多么古老而经典,都只有生活在某种个性化的经验之中时,才在实际上而不仅仅潜在地是艺术作品。"[1]这就表明艺术与生活的不可分割,创作艺术的经验和感知艺术的经验之间有着连续性。在我们看来,杜威的观点尤为契合本文对工业遗存转化的公共艺术。工业遗存凝聚着过往生活的经验,连接着人们的情感和记忆,公共艺术对工业遗存的转化使人们感知和欣赏这些公共艺术作品的过程没有脱离日常生活的经验,从而建立起艺术经验与生活经验之间的连续性。葛珺在接受采访时就谈道:"上海船厂的一些职工,特别是参与《黄浦货舱》制作的人,经常会去艺术品那里走走看看,拍照发朋友圈说这件作品是有自己参与创作的,大家都感到很自豪,而且因为使用了我们原来船上的元素,这件作品就变得更加有意义了。"[2]

另一方面,在这里,工业遗存不仅是记忆的载体,也是艺术家创作的媒介,它在艺术家的审美观照中变形,以新奇的经验形态唤醒和连接更多的日常经验。一位观众(上海某高校学生,艺术学专业)对我们说,看完高桥启祐的《灰仓:一个世界》这个作品后,"影像中人物行走的剪影组成了这件作品,每个人物走路的姿态慢慢汇聚成了一张世界地图。通过借助日常生活的经验,我想这件作品想表达的可能是世界的多样性以及这种多样性最后得到融合、共生的思想吧"。

---

[1] 〔美〕约翰·杜威:《艺术即经验》,高建平译,北京:商务印书馆,2005年。
[2] 葛珺、徐抒文:《葛珺:上海船厂的艺术新航程》,《建筑实践》,2020年S1期。

不仅如此，艺术经验与日常生活的连续性还体现于艺术与现实的行为之中。譬如，由对烟草仓库改造而来的绿之丘，不仅保留了遗址，而且打通了道路，而作为一件公共艺术品，它还可以容纳并且鼓励多种多样的行为在其间展开，开会、约会、喝咖啡，还有在其间穿越漫游，旋转而上，在不同层次感受不同的黄浦江风景，到顶上有270度的观景平台，漫步其间可获得腾空临江的视觉效果。

总之，工业遗存经过公共艺术的转化而更具亲民性地进入公众的日常生活，如此形成的新的交往情境，意味着工业遗存在城市更新中作为一个难题的化解和作为一种资源的开掘与利用，二者统一于拓展城市传播、鼓励公共交流的公共环境营造中。在这样的交往情境中，公众对艺术的接触和接受，伴随着城市集体记忆的存续、城市文化认同、资源的供给和城市共同利益的保障。同时，不可否认的是，新的交往情境交织着以休闲、娱乐、消费为表征的资本的刺激、引导和压力，工业遗存的公共艺术转化可以为此提供缓解和平衡的力量，促成真正具有公共关切的共享空间，释放公众更多元化的表达，而避免成为装点繁华、抹平矛盾的表面之作。

其二，公共艺术对工业遗存的转化在空间连接中实现交往情境的丰富性和整体性。

事实上，公共艺术项目的实施只是杨浦滨江空间升级的最后一步，它在前期进行了景观设计、老建筑改造、厂房搬迁等。等到黄浦江两岸贯通工程完成，杨浦滨江已经达到了优异的环境条件。在上海城市空间艺术季举办前，四十多位设计师参与了杨浦滨江十段三十个工业遗存点位的设计，包括毛麻仓库、船厂、码头、国棉九厂、肥皂厂等。永久点位艺术项目介入后，这些点位及其更新项目被点亮并串接为一个整体。

我们看到，进入杨浦滨江公共空间的公众并不会仅仅留意那些公共艺术品，滨江环境和沿江的工业遗存也成为艺术作品的组成部分。

曾经在上海市国棉十七厂工作的杨先生,和他的朋友们来到杨浦滨江,重温旧日时光,很是感慨地对我们说:"没有想到,在黄浦江边工作了一辈子,我们退休后还能在这么漂亮的地方走走看看。另外,我也没有想到,过去的厂房和码头会成为景点,时髦而有生命力。"

在这个意义上,公共艺术作品就不只是作为单体存在,仅仅点缀环境或等待欣赏,而且作为整体环境的片段、标识和仪式,指向更大的空间,触发人们更多的交往互动,从而感受整体环境的魅力。譬如,川添善行将制皂厂的老车间设计为像钟乳洞一样的艺术品《1年/1万年》,就坐落于上海制皂厂旧址改造的"皂梦空间"。这个空间里的钢管通道既保留下原本的工业记忆,同时又贯通了建筑空间,当年的物料流线如今成为人们行走的路径,穿行于钢管之间,将遇见各种形态的空间,包括露天花园、户外剧场、肥皂博物馆,还有川添善行的作品。人们会在半埋式的"白七咖啡馆"内喝咖啡,品尝"肥皂蛋糕",周围是纵横交错的巨大圆筒形管道,抬头可以看见水池上方的蓝天,或者坐在楼顶花园吹着风聊天。一位上海原住民(女,某公司职员)感慨道:"在这里,老旧的物品和最新的艺术结合起来,并被重新加工成各种艺术装置,散落在各个地方,提醒我们,过去从来没有远去。"

经历了2019上海城市空间艺术季的杨浦滨江,有效地连接了先前已经存在的东方渔人码头、上海国际时尚中心等消费空间,以及由工业遗存空间改造而来的樱花剧场、码头球场等休闲、娱乐、运动空间,艺术、建筑、文化和景观互相作用,形成了更具整体性的交往情境。

结语

上海杨浦滨江永久点位艺术项目对工业遗存的转化,作为艺术介入城市更新的典范案例,其很多方面的经验其实是不可复制的。工业遗存的历史积淀和文化基因，项目展开所需要的相应的艺术资源、国际眼光、人才储备、机构支持、资金投入，上海市民的文化素养，上海近年持续的城市更新或微更新实践，等等，上海在这些方面所具备的独特优势，都是我国其他城市难以企及的。尽管如此，本文从传播的视角对这一案例进行考察，将其视为一个交往情境建构的过程，仍可从中得出几点可供借鉴的一般性启示。

其一，公共艺术在对工业遗存的转化、对城市更新的介入过程中，不是作为单一的功能或项目单元来展开实践的，就像这一过程中形成的公共艺术作品不仅是作为独立的作品而存在。一方面，公共艺术实践主体不是单一的，而是复合的，呈现为艺术家个体、主办单位、艺术机构、学术界的联合，还包括相关的民众个人或团体。围绕公共艺术项目的展开，不同主体之间只有在互相尊重的互动、协商、沟通与合作中，才能代表公共利益，形成理性的交往情境。这当中，尤其是主办者与艺术家的关系不是简单的甲方和乙方，更非权力和资本合谋而将艺术当工具、视公众为群氓。杨浦滨江永久点位艺术项目的实践让我们看到，理性的协商、平等的交往在公共艺术建构交往情境中起着重要的作用，可以说，它成为城市文明的内在尺度。

其二，公共艺术介入面对工业遗存的城市空间更新，须对工业遗存与城市的关系有细致的梳理和准确的判断。工业遗存是充满矛盾的客观存在，它既铭刻着历史变迁的痕迹，也作为今天的现实空间而存在；它是随着城市迅速发展、工业业态变化调整的产物，又是城市历史文脉的积淀、城市文化的资源，还是区域居民的情感记忆；它既作为城市空间更新的难题，形成城市空间更新的压力，也构成城市空间更新的动力。面对这样的存在，公共艺术的介入需展开情境定义，对情境构成的要素加以提炼、把握和运用，才能合理地转化，构建新的交往情境，而避免以艺术介入的名义进行粗糙甚至粗暴的改造或平庸媚俗的点缀。

其三，公共艺术对交往情境的建构，意味着公共艺术创造的过程是艺术作为媒介展开的一系列连接——连接不同的物理空间，连接不同的文化，连接艺术经验与日常经验，连接不同的人群，从而激活公共空间，触发公共交往，促成城市文化认同和共同生活的基础。就此而言，公共艺术远不止是从作品设计开始，调研考察、倾听不同的声音、关注公共利益的诉求，都应容纳于公共艺术介入的过程。应该看到，像上海空间艺术季这样极具动员力量和社会影响的仪式，对公共艺术的交往情境建构无疑有着极大的推动力。但不能忽视的是，在此之前，政府着手展开的改造，民间相关问题的讨论，包括老物件收藏、老房子保护、老社区解体、原住民迁移，等等；还有像"上海城市考古"这样的自发组织开展的活动，明美术馆举办的相关展览，澎湃新闻组织的城市漫步活动，等等，在城市遗产保护、艺术与社群沟通等方面所做的努力，应该说，都为公共艺术对工业遗存的转化提供了现实关切的土壤、历史文脉的资源以及艺术想象的源泉。

其四，与上述情况相应，公共艺术对交往情境的建构，在根本上并不是随着作品的完成而结束，也不是随着空间艺术季的落幕而终止，而是在持续地作用于环境之中延续，维系其所连接的空间作为有机整体、充满生活热情和活力而存在。如此，公共艺术作品及其关联的空间就不是仅仅作为时尚标签、网红打卡地而存在，而是逐渐内化为城市的文化品质和精神气质。如果艺术品及其所在或所连接的建筑、空间景观，只是在特定的一段时间里显示其热度，而时过境迁之后就无人问津，没有在人们的交往活动发挥作用，甚至对公众关闭，那么，这样的公共艺术作品和建筑、空间景观便成为"新遗迹"，反而会浪费城市空间资源，削弱交往情境的整体性。

亨利·丘吉尔（Henry S.Churchill）在其所著《城市即人民》一书

的修订版前言中提出这样的问题:"是什么把人们吸引到这些地方(指城市——引者),让人们在其中找到乐趣?"他没有正面回答,而是写道:"显然不是它的'艺术品'和'独特文化'。"[1] 这当然不是否定艺术和文化对一个城市的重要,而是在强调艺术和文化应该与人民的日常生活密切关联,融为一体,成为人民在城市获得生存和发展的空间中不可分割的构成部分。这也就是公共艺术介入城市更新、构建交往情境的根本意义所在。

---

1 〔美〕亨利·丘吉尔:《城市即人民》,吴家琦译,武汉:华中科技大学出版社,2016年。

江南水乡写意花鸟画的探索者——张继馨

戴云亮

明代王世贞在《艺苑卮言》中写道："有明以来写花草者，无如吴郡，而吴郡自沈周之后，无如陈道复、陆叔平，然道复妙而不真，叔平真而不妙，周之冕似能兼之。"王世贞的这段话较为真实地指明了自明代以来从沈周、文徵明、唐寅等一批画家受宋元启发而开创的吴门写意花鸟发展的大致格局和风格特征。所谓的"真"和"妙"，我的理解是"写真"与"写意"之别。王世贞所推崇的审美境界是真、妙二者的完美融合。而从上述画家存世作品观之，其画面呈现的是既可供我们识别花鸟之"真"的形态及生动的姿势，又可辨略脱形态、较为意态的笔墨浓淡深浅之情趣的所谓"小写意"风貌，从而在观者的心底引起些许感性浪漫的涟漪。而从徐沁撰写的《明画录》中，更可知道当时吴郡除了上述这些花鸟大家外，还有陈淳的儿子陈栝，以及王榖祥、朱朗、周天球、鲁治等一批耳熟能详的写意花鸟画家相呼应，成就当时蔚为大观的景象。他们不仅以文字的形式著录在历史文献资料中，更可喜的是，还有很多作品存世，以便我们从中窥见他们绘画的个人风采和加深作"吴门画派"花鸟画所呈现的小写意印象。这种小写意风貌特征，从艺术审美趣味的角度可以概括为具有江南文人秀雅清超、萧散闲逸的精神气质，以及讲究内敛含蓄、平淡天真的举止风度。这和江南山温水秀，物产丰盛的地域风貌乃至吴侬软语、崇文尚德的社会风气是契合的。从笔墨形态上讲，江南秀美的自然风物导致本土花鸟画家用温和细腻的小写意笔墨去写生描绘眼前的对象，既讲究花卉枝叶之高低仰俯、禽鸟之飞鸣栖息所呈现的姿态变化，同时更注意借用笔墨形式传递出吴郡文人悠闲自在的生活意味。就如周天球在一题跋中写道："写生之法，大与绘画异。妙在用笔之遒劲，用墨之浓淡，得化工之巧，具生意之全，不计纤拙形似也。""大与绘画异"的意思，我想应该就是指那种类似画植物标本的一种画法，缺少生动之致，故为画家不屑一顾。王穉登《国朝吴郡丹青志》评陈淳的花鸟画说："尤妙写生，一花半叶，淡墨欹豪而疏斜历乱，偏其反而咄咄逼真。"这也是看重陈淳略脱对象自然形态的"妙"的写意精神。而这种注重在花鸟画中注入作者的情思、感怀的写意精神，明清以来一直为吴郡画家所秉承，且引导了社会大众对绘画审美价值的取向。

我们从"青藤白阳"这句广泛流传、被社会大众推崇的俗语分析，还可以知道在明代江南地区写意花鸟流行着两种不同的风格体系：其一是以吴郡陈淳为代表的小写意画风，其二是以绍兴徐渭为代表的大写意画风。张岱在《陶庵梦忆》中评价徐渭的大写意说："今见青藤诸画，离奇超脱，苍劲中姿媚跃出，与其书法奇绝略同。"以其作品观之，可知是取草书笔意于花鸟画之中，开创了气势纵横奔放、笔简意赅、水墨淋漓、层次变化丰富的大写意画风，影响及八大山人、石涛、扬州八怪直至吴昌硕、齐白石，形成一股滚滚洪流，奔腾至今，成为现代写意花鸟的一个重要的派别和样式。而令人感慨的是，从明代沈周、陈淳、周之冕等一批吴郡花鸟画家开创的小写意画风，一直到晚清以来的陆廉夫、陈迦庵、陈旧村、柳君然、吴似兰、蔡铣乃至现代的张辛稼，一路传承有序，依然坚守着鲜明的地域风格风貌，成为形式鲜明的"苏州样"。但随着中国社会生活内容的变化，尤其是20世纪以来受外来文化艺术的影响，中国花鸟画固有的传统模式也发生了很大的变化。在这样的时代背景下，我们也可以感受到苏州花鸟画家在坚守小写意绘画传统的同时，以开放的胸襟吸纳其他画风来丰富本土小写意花鸟画之内涵，其中佼佼者无疑就是张辛稼。他对陈淳、徐渭、八大山人、任伯年诸家研习颇深，同时注重花鸟写生与观察，努力探索写意花鸟画新的表现形式和笔墨语言。在题材与内容方面，他的花鸟画作品常常表现出生于斯、长于斯的江南地域风貌，如湖河岸边的野花小草、芦荻水鸟，太湖东西洞庭山的银杏、山花野禽等，都是他经常描绘的景象。而其笔墨表现手法则熔大写意和小写意于一炉，娴熟地运用具有传统审美意味的笔墨技巧来组织画面，墨块和线条苍劲老辣，然呈现的意趣却是含蓄内敛、隽秀飘逸、清丽劲秀，气息松灵而不失凝练，豪放之中多有婉约之致。特别是吸收"海派"绘画中的色粉技巧、烘染手法去表现画面的光影变化，色调也因此显得绚丽多彩，丰富了小写意花鸟画的表现技法。创作于20世纪70年代中期的那幅代表作《樱花燕子》，墨色渲染形成的光影斑驳，珊珊可爱，令人信服地赞叹他在探索花鸟写意艺术新境界所取得的成果。他不仅成为苏州现代写意花鸟画的杰出代表，更是苏州现代写意花鸟画发展的领跑者。

张继馨先生是张辛稼的弟子，常州人，出生于贫困家庭，青少年时代在极为艰苦的生活环境中自学中国画，临摹古代画家作品，后到苏州谋生。又通过友人作介，拜张辛稼为师，成为入室弟子，从此受到严师的教诲，终日磨炼，技艺大为长进，成为乃师的忠实追随者。并从苏州书画界前辈诸如吴似兰、沙曼翁、张寒月、沈子丞、蒋风白、吴㔉木、费新我等交游。20世纪五六十年代因工作关系经常往返苏沪之间，与上海国画院诸画家如吴湖帆、江寒汀、陆俨少、张大壮等关系甚密，时常切磋画艺，受益颇深。六七十年代在苏州吴门画苑从事设计工作，由于他平时注重观察写生花鸟之结构形态，因此设计工笔画稿不用草图，随意勾勒完成，几无废品，令专门从事工笔画的创作者惊讶不已。在这一时期，临摹古代书画、外出写生成为他生活中最重要的两件事。从本画册收入的他早期临摹的作品中，即可想见他当时身居陋室、青灯孤影、认真执着的生命光辉。70年代后期调入苏州工艺美术职业大学从事教学工作，并任副校长之职，主管学校教学工作。由此，先生进入了一个能潜心钻研写意花鸟画的工作环境。在教学之余，他撰写了大量的花鸟画教材，泽被后学。这些教材先后在天津杨柳青画社、江苏美术出版社、苏州古吴轩出版社等单位出版，在全国各地发行后引起广泛的关注和影响。

早在70年代，张先生的小写意花鸟就已经形成了鲜明的创作风格，曾在中国美术馆举办过个人画展，而在全国各地举办的个展、联展更是繁多。他的作品得到人们的喜爱，拥有广泛的爱好者和收藏者。

从学校退休后，他不遗余力地探索写意花鸟新境界。他的探索创新之路主要从三个方面切入：一、花鸟与山水结合；二、南北风格融合；三、书法绘画一体。即其经常说的"三结合"，由此开始了长达数十年的变法探索历程。其重点在于：从笔墨写意表达层面上看，强调以书法的书写性笔法融入写意性绘画，把握毛笔运转时的力度、速度，充分利用墨色的浓淡、干枯的变化所形成的视觉冲击力度。而这一切均建筑在他对江南水乡生活真挚的爱的基础之上。

2017年5月，"吴门馨风·张继馨画展"在北京展出，展出作品中有八幅作品（其中两幅是由七幅课徒稿组成）被中国美术馆收藏，这意味着国家级美术权威机构对其创作成就的赞赏和肯定。该展经众多新闻传媒争相报道，广为传播，于是，一个长期居住苏州古城一隅，一辈子传承吴地文人绘画笔墨血脉，辛勤耕耘在写意花鸟画艺术领域，尽情抒写时代"馨风"的老画家出现在全国观众视野中，真所谓青春不老、风华正茂。而他那些具有浓郁江南风情色彩的绘画作品，更是呈现出他旺盛的生命激情和艺术个性魅力。

张继馨先生的写意花鸟画，很大的一个特色就是画面上透露出浓厚的江南水乡生活气息。苏州的洞庭东西两山盛产杨梅、枇杷、白果、红橘等果树，太湖水产也有白鱼、银鱼、白虾"三白"，还有其他各类鱼、蟹、鳖，水产作物有水芹、茭白、芡实、莼菜、莲藕、红菱、荸荠、茨菰等所谓"水八仙"，河泊野渚生长的芦苇、水杨、蓼花、浮萍、荷花，以及老屋上的瓦花、墙上的爬山虎，甚至常在泉水中浸润的苔藓，水沟里的杂草和小鱼、地面石片上的裂纹和石隙边窜出来的无名小花等，都是他取之不尽、用之不竭的创作源泉。更不用说光福著名的梅花"香雪海"，天平山的红枫，东山的银杏、石榴树等，都是他最擅长的题材。他自觉站在书法书写性入画的立场，反复推敲，以求其形态、其色彩、线条、墨色之最佳表现。概而言之，即花鸟与其生存环境结合。这样就无疑把写意花鸟画从传统折枝图式的狭隘的审美趣味中解脱出来，展现出一片生气勃勃、恢弘博大、丰富多彩的审美视野。我们在张辛稼60年代创作的花鸟画作品中就可以发现这样的创作取向，而张继馨先生正是一脉相承，沿着这条道路锲而不舍地继续走下去，而路程是极其艰难和曲折的。张先生曾在《作水乡题材花鸟画的体会》的短文中这样写道："花鸟画反映水乡题材，通过多年来的试探实践，觉得还不尽如人意，因为花鸟画在表现上有她的局限性，只能体现水乡的某一局部，以特写形式去展现其美丽的景色和丰富的内蕴，往往是设想很好，结果难以奏效。不像山水画那样，可以宽银幕式地自由展开，在内容和意境上做广度和深度的拓展，因为它的可视面积要比花鸟画宽广得多。"因此，在探索过程中，他强化"水"在花鸟画中的意象，去刻画其深度，反映其特色，深化其意蕴，大做"水"文章。他说："我曾创作过《春到船家》《浪翻惊鸟飞》《密荫媚清流》《冰消出镜水》《渴鸟啄冰开》《蒲流水禽立》《半夜水禽栖不定》《水暖花香竹叶肥》《池塘水暖水纹开》，等等。那船尾上的破瓦罐里的月季花，正在春风荡漾中绽放，一对紫燕在橹划动的水纹上掠过；一只饥饿的鹡鸰鸟，正在融化的冰层上觅食，垂柳枝上也已点缀着新芽；明亮的月光照映在丛苇间，使得宿禽夜不成寐；几只白羽缩颈闭目小憩在菰蒲间，似觉日长如小年。还有《短墙半露石榴红》

《野藤蟠屋入窗罅》《墙头雨细垂纤草》《异花四季当窗放》《木叶草花深巷香》等，苏州的古老建筑、小径幽巷、乱砖堆砌的矮墙、薛苔斑驳的壁面、青藤穿越的花窗，都叙述和散发着人们平平淡淡的日常生活环境和诗意般的情趣，我自认为这样来表现水乡题材，增加了人们咀嚼回味的意趣。"

其次，是对花鸟结构及活动姿态的把握十分准确到位，并用笔墨技法赋予其艺术形式的美感。这是小写意花鸟画之特色，亦是考量画家技艺水平高低的重要准则。我们从先生写的朴实文字中可以感受到他在日常生活中是如何观察身边环境的："我常步行七里山塘和徘徊小巷深处，那古老的建筑、砖雕的门楼、各式的花窗、生满瓦花的屋面，都会吸引着我；幽巷中的石板路，在凹凸的石面上，有着不同变化的石纹，粗粗细细和疏疏密密的块与线，如人如物、如烟如水，组织得多么自然生动，即使绘画高手见后也会自叹莫及；古老青石井栏圈，像老人脸部那样，四周布满着深深的绳痕，似乎在诉说它历经的岁月；剥落的石灰墙，砖缝中居然长出无名花草，还点缀几朵小花，在微风中摇曳，若在向我点头相招。这一切说明自然景色美的变换，会引起我不同的感情流露，古人云：'物色之动，心亦摇焉。'因没有感情，就没有艺术本身，艺术的创作，须发自作者的内在感情冲动，情动于中，才能形之于外，寓理情中。""夏天我在溪边杂树中捕捉知了，再把它放在蚊帐内，让它自由翔息，我躺在床上，观察它种种动态和多种角度的变化，默记于心，运之于笔；我在农贸市场买了青蛙和各种秋虫，放在院内，每至雨天和晚上，聆听如管弦的蛙声和喊喊如诉的蛮音，在繁杂的城市中享受着田园野趣；由于画鹰不得其神，我干脆买回一只雄鹰来饲养，天天相对而视，若有所得，笔下的形象就会眼有神、爪有力，比原来画的要雄健得多；还记得有一年，在太湖西山写生，我带了几个学生，撑着一只小船，在一片生满菱角的湖面，仔细观察它的生长规律、开花结实的特征，顺手还摘几个尝鲜。

我画室的窗下植有牵牛花，入秋，萝藤袅袅竟偷偷地从气窗空隙挤入我的画室。我来者不拒，并作牵牛花横幅悬于壁间，使画的牵牛花和入室牵牛花混杂一起，真假莫辨。在花期，我清晨四时起来，直至日上竿头，赏玩花开花落的情趣。以上这一切，都是我写生的对象和创作的素材，是取之不尽、用之不竭的，也使我在生活中增添了无尽乐趣。"正是这种充满了生活艺术化的情调，汩汩流淌在画面的叙事性内容之间，引起了观者情感的共鸣。

在探索"水乡花鸟画"图式的过程中，张先生还敏锐地感受到，在笔墨的表现上，仅掌握原有的一套传统笔墨表现程式显然是不够的，面对水乡如此丰富的自然景观，自然造化又如此丰富多彩、千姿百态，因此，必然会去寻找新的笔墨表现形式，从而在传统的基础上追求新的变革，以此来鞭策自己勇于创新，突破陈式。我们只要看他画的那些枯败的芭蕉枝叶——这是先生十分喜欢描绘的植物——呈现眼前的是纵横交错、杂乱无章的干枯线条，看似乱成一团，然而随着线条的节律舞动，可感知枯叶之结构意味、虽枯犹荣的倔强生命力量。而在枯败枝叶旁往往有从残存的根基上冒出的新芽，新芽墨线之柔软与枯叶线条之坚韧构成了生命意象之美。这虽然是庭院常见的自然景象，然在画家的笔下却蕴涵着自然界生命周而复始、春风吹又生的意味。先生强调绘画的书写性，不仅在枯败的蕉叶、荷叶，更在梅花的生长姿态中去发现线条构成意象之美的真谛。从他的梅花作品中我们可以看到，他不断尝试用各种线条去表达梅花枝干的肌理质感以及姿态，用焦墨、淡墨、水墨等墨法去表现梅花或繁花似锦或疏影横斜之韵味，最终生成丰满生动的意象。

再从先生作品形成的风格来说，一幅画中的笔墨意趣，既有大写意之豪放不羁的笔性、墨色，亦有小写意之较为细致的形象勾勒，二者交织在一起，相互辉映。他经常讲自己的画风是结合了南北两种不同画风而形成的，就我的观点来说，他的绘画风格成因与其说是结合南北画风，倒不如说是寓大写意态势于小写意的叙事性之中，从而丰富了传统小写意花鸟画的笔墨内涵，形成了一种鲜明标识的审美意象，凸显出现代写意花鸟画的特征，似乎更为贴切。

探索"水乡花鸟画"图式之艰难的情景，从先生的这段体会文字中可以悟得。"我喜欢画姑苏风光的景与物，有些题材从80年代开始至今二十余年，如明代文徵明手植藤、天平的红枫、东山的银杏、狮子林的白皮松，都反复画数十张，我都不甚满意，还需要继续观察琢磨，因为很难表现它们的内在精神——神似。我也知道机巧必须心悟，不可目取，但心悟还必须有相应的技巧，如文徵明的手植藤，风风雨雨经历了数百年，老干横卧于地，又如苍龙跃起梢耸青空。平时翠蕤披阴，入春繁花临风；这种百劫不泯、益见其荣的精神，不是一般的表现能奏其效的！天平的枫林不但气势轩昂，而且具五色，假若如实描写，未免色彩复杂易入俗；重霜后，则烂红一片，色若朝霞，但色与光重叠，要达到'落落枫林红叶明'是有难度的；东山银杏如黄金铸像散发奇光异彩，又如鬼斧神工，成为金秋一绝。树的质感、叶的色彩，要画得凝重坚韧，恽然耀目，追求和效果总有距离。狮子林的白皮松，干纹游动若篆籀，叶疏细如发梳，即使以书入画，运线粗细疏密相杂，施墨浓淡干湿互用，可是始终达不到物象纹饰的天趣自然、流动随意。这些干木，均是百年之物，但老而益壮，在春露秋霜中，苍黄翻复、灿烂若锦而引人注目。艺术来源于生活，并要求高于生活；艺术出乎情，所谓情动于中，形之于外，寓理情中，但并不是真正能情至艺成，这里面还有一些问题需要探索研究，再在实践中去完善的。"这种生命不息、壮心不已的探索精神，令人钦佩！

吴风如绘

——读李涵的《江南烟景》

冯 海

一切存在的当下,将来都是要被赋予纪念意义的。在数码技术发达的今天,很多东西被记录,其纪念意义也就随着时间的演进而被确立。但已然过往的那些岁月呢?除了文字,仅存的一点可怜的模糊影像,能有多少一眼直观到的并且是刻骨铭心的昔日风景呢?

李涵时常感慨儿时那些美好往事的流逝,为着吴门风俗遗产的打捞整理,漫步小桥流水,对话水乡涟漪,成为他退休后的心绪安顿之法。这种安顿当然与他作为画家的人文自觉紧密联系,而回应这种人文自觉的最好行动,就是不断调动记忆的库存,将头脑中那些影像的实在转化为艺术的真实,以此告慰生活,向历史致意。

向历史致意,由风俗仪式和现实生活直接剥离而引发的间歇性精神游移,或许是另一个动因。那些仪式是什么时候消失的?什么时候就不再是生活的一部分而远离得无影无踪?无法说清。因为那是历经无数次政治海浪的叠加所引致的价值扭曲。因此,在数学意义的时空中推演,终究无趣。唯一的选项,就是徜徉在自己的艺术空间寻找真实——力求尽可能多地把那些消失的镜头付诸笔墨,在历史漂浮的时空中给远去的风物留下一条回寻的路。

或许,《江南烟景》就是这条回寻路线的一个索引吧!

回寻,时间性因素无法规避。

风俗发育于闲暇。有闲暇,人类才有可能对自身生活加以回顾,才能赋予"某一天"或"某一时刻"以别样的情趣。抑或节日就是人类对时间意义的追问，因之无以摆脱的天然依附，而将之永久纳入生命的规定中。读《江南烟景》，这些旨趣要了然于胸。"天有四时，春秋冬夏"，"春生夏长，秋收冬藏，取予有节，出入有时；开阖张歙，不失其叙；喜怒刚柔，不离其理"，生活的精彩总是在季节的轮回中呈露。置身于历史长河，《江南烟景》阐明的正是时间给予生命的启迪。诚然，这个时间，不是特指的哪年的"春节"，也不是特指的哪年的"端午节"，而是超越了时间性的一种永恒形式，一种沉淀于时间表象之上的生命实践和人文感受。

回寻，文化因子同样有着隽永的意味。因为传统习俗实乃儒家伦理制度规范下的多样化生态，因而它的指导思想势必影响到中国家庭文明乃至行为方式的构成。在《江南烟景》一系列程式化的展开中，伦理秩序始终占有较多的权重比。尽管场景格调充溢着欢快喜悦的气氛，但"秩序感"仍是其中一只无形的手，控制并拿捏着场面的度。如同时间，对我们绑定的同时，亦附加了君子正心修身的道德标准，"朝以听政，昼以访问，夕以修令，夜以安身"，以此记录每一天的生活故事，检视"三省吾身"的规范流程。

有了这样的背景导入，吴门风俗形态的历史存在便有了依据，李涵为我们搭建的大红舞台也便有了特定的生命情境。"人不可能只活着却不表达他的生活，而这一表达的各种模式则构成了一个新领域。这些表达模式有着它们自己的生命，具有某种永恒性，它们因此得以超越人短暂的个体存在而存活下来。"恩斯特·卡西尔这段话说得真是有道理。以这样的见地去领悟《江南烟景》之境，大红的色彩格调，接财神、调龙灯、斋月宫、赏荷花、乘风凉、重阳登高等吴地常见的风俗，就不再是单单的节日色彩的装饰，而是一种表达，一种周而复始的特定生命形式的打开，一种正弦波式的阖辟翕张的生命节律。而这其中，生命情感的承载和寄寓，当是最为核心的内容。

2018年，中国邮政出版了一套三枚由李涵担纲设计的以"元宵节"为题材的特种邮票。设计这样一套邮票，其难度在于，将有着千余年历史的风俗画卷浓缩于方寸之地，选定哪一幕作为永恒的经典场景是个烧脑的事情。吃元宵、赏花灯、放烟花、猜灯谜、扭秧歌、舞狮子、踩高跷、划旱船、打太平鼓……都是可供选择的题材，但还是那句话，处于节日活动中的每个人都有可能对这项活动有过创建和参与，那么，满足全体性认同，画面就不可能是一种简单的感性图像的显示，而是一种理性的精神意义的提取。

第一枚《吃元宵》，作者以祖孙三代五口人为代表，来突出家庭其乐融融的团圆意味。这个"五"可以看成家庭的最基本建制，也可以看成"五常"意蕴的画语表征。作者赋予爷爷、奶奶、儿子、儿媳、孙子五个人以生动的日常生活情趣，来凸显元宵如何"吃"的庄重仪式——戴着围裙的儿媳做元宵，儿子端着煮好的元宵给爷爷送过去，小孙子则拉着粉红色的兔子灯，一边玩一边让奶奶喂，家庭成员间沟通原则、感通原则、谐和原则的五常之道，在大红宫灯的映照下，在屏风福字的衬托下，瞬间定格，完成了彼此的相互感应与和洽自塑。视觉艺术，其图像本身就是一种语言传递，在这方面，《吃元宵》构思之精巧，让我们感佩。

第二枚《赏花灯》和第三枚《舞龙舞狮》，这两个主题很容易让人想到万民欢腾的宏大场景，但李涵仍以五个主要人物的建制对这两个主题进行刻画描述。邮票设计受空间限制，简洁明快是第一位的。但三个"五"，一看便知是"十五"的暗喻。原来，作者在设计的构思中，也是巧妙地布了一个"局"的。正月十五，吃完元宵，一家五口漫步街头，兴致勃勃去赏灯猜谜。此时，新年第一轮圆月高挂，与亭台楼阁灯、鲤鱼灯、荷花灯、福字灯、乞赐封灯、棱形灯、宫灯和菱角形灯等，交相辉映，构成了天地同庆的团圆夜景。此时，材料成为一种语言，形象和形态更是一种语言。在它们的串联下，艺术带给我们的不只是内心的感动，还有情景的升华与交融。年年岁岁灯相似，岁岁年年人不同。画面中，左边的妈妈用手机拍照，科技和时尚元素浓郁；而右边与之对应的老爷爷，却仍旧用的是老式相机，有厚度也有温度。社会在发展，新与旧交替完成，每个人都在变化的过程中得以自我确认，并在他人那里找到了和谐共存的互补性。

舞龙舞狮是最后一幕，也一向是元宵节的压轴大戏，作者以两头模样酷萌的狮子作为前景，来衬托后面正在舞动的长龙。前静后动，组成了一幅龙腾狮跃、欢乐祥和的生动画景，让正月十五闹元宵的喜庆气氛呼之欲出。传统是社会文化遗产，这些司空见惯的物象虽历经世代演变，已然具有了价值观念的表意象征，但与之对话，一种浩大而深切的怀乡之情还是倏然融入原始生命的情感中了。尽管内容仍是特定时间的一种重复性展示，不过值得确认的是，伴随着每一次展示，创建者和参与者总是饱含个人梦想的希冀，总是满怀激情地赋予它全新的艺术表现力，使之散发出如同传记般的真切意味。是的，美的真实性不在于对事物的理论性阐释，而是在于对事物"共情想象"的完美提纯。因为，作为一个固定的文化符号，节日已不再是被反复诠释的对象，而是已经取代了对象而衍生出的新的生命。

让我们再回到《江南烟景》。

其实，在《元宵节》之前，《江南烟景》就已经为此囤积了大量的题材元素，那么，《元宵节》的推出必然是素材积累所达到的一个思想高峰。往事如烟，如烟往事，《江南烟景》诉说的，不是让人回头"观景"，而是让人回身"入戏"。进入这个场景，每个人就会找到自己的影子。原来，不知不觉中，这一切都已然固化为一个时代的缩影了。每一幅画就是一幕风俗剧，每一幕风俗剧都会呈现出一部宏大的舞台剧情。而那个剧情中的主人公，不是别人，正是我们。全书三辑五十帧图画，或记录吴门民间日常生活的平静，或展现丰富多彩的民俗活动的欢腾，祥瑞、欢悦、和睦、自足的画面气氛始终昂扬而浓郁。

这是一个东方水乡的文化世界。

这是一部成孝敬、厚人伦、美教化的风俗记录。

年夜饭，春节最隆重的仪式之一，家庭成员一年中最重要的大party。出生于江南典型传统旧式家庭的李涵，就为我们再现了这样一个家庭吃团圆饭的情景。一家之主端坐正中，其余各等列坐其次，彼此问候，共叙天伦。初一看，这样的场面似乎与今天也没有什么不同，但"如果你接近其中一个人物，用眼睛仔细观察，会发现许多意外的情趣，例如手、眼、口的细节描绘，体形姿态的暗示等，似乎没有任何一个人物能够独立出来表达自己，但他们是整体中不可或缺的一部分，有着自己的位置和作用。就像小说家在小说中精彩地构思故事情节和各得其所地安排人物角色那样，人物与人物之间，一组人群和另一组人群之间，都是彼此关照，相互穿插，虚实变化，顾盼有致"（戴云亮语）。

李涵的《江南烟景》，以"烟"造"景"，以"景"生"象"，回溯着江南的人文烟云。

中国绘画以"象"造型。"象"是中华民族在绘画领域的独特感悟。千百年来，中国人一直在万千变化的"象"中寻求自己的对应，并最终完成了自我超越——从"具象"到"意象"的攀升。"象"由此从外化而内化，成为中国人的精神影像。无论是"具象"还是"意象"，"象"是一个前提，绘画创作得有"象"可循。《年夜饭》没有"象"，就是一个文本，李涵造这个"象"，就势必要对中华传统文化道德以及风俗礼仪做深刻的研究，从"文本"中提炼意义。

我们注意到饭桌上的菜品：鸡，寓意吉祥如意；鱼，寓意年年有余；发菜，寓意发财；腐竹，寓意富足；生菜，寓意生财；腊肠，寓意长长久久；年糕，寓意年高；丸子，寓意团团圆圆。中间还有一个火锅，木炭烧得红红的，边吃边烧，热气腾腾，象征家道的兴旺繁荣。这些意义，全国通用。但有一道菜，端不到北方的桌面，但在吴门就少却不得，什么呢？生蒜。什么意思呢？生活要算计。这个算计，不是让你心生坏意去算计别人，而是家庭过日子，要学会精打细算。细细品之，吴门风俗的文化特色便一跃而出。

年夜饭，餐具也是讲究的，要将平日里不舍得用的粉彩碗盏拿出来，擦洗干净来用。苏州人喜用粉彩餐具，图案明丽，祥和喜庆，而且须成双成对，寓意好事成双，以讨口彩之利。吃饭前，桌上早已经准备好了"九子盘"，里面有九个格子，可以依次装满葵花籽、花生、蜜枣、冬瓜糖、芝麻切片、蛋黄花生、牛轧糖、奶油话梅、甘草西瓜子等，光是瞟一眼，也会让人满口生津。

人口数以十计的大家庭欢聚一堂，作为观者，很容易一下子被欢快的气氛所感染。但细心留意一些细节，你还会被画家卓越的造景能力和才华寓思所暗暗折服。这个大家庭是一个什么样的大家庭？富庶的？显贵的？都是能够从画面解读的——画面中央纵立着一块硕大的书法屏风，才是支撑富庶、显贵的有力背景，才是诠释富庶、显贵的最好说明。

文化教养是立家之本。但如果过分强调儒家礼制规范下的行为举止，那年夜饭的聚餐仪式就难免拘谨。一身色彩鲜艳的长袍就是晚礼服，规矩是不能打破的，不能因为是一家人就随随便便，不成体统，没了正人君子的样子。如此，表现节日的轻松欢快就有了难度。对此，作者对人物形象全部做了戏剧化处理，使得夸张变形后的粗壮身段、阔脸大嘴的憨厚神态一下子没有了差异。同时，于读者而言，因似是而非的形象恍惚，也获得了审美的愉悦和享受。长袍大褂的正襟危坐，长幼尊卑的等级秩序，就这样被作者软化下来，被统一"和谐"在了节日的忘我陶醉中。

告别古典的审美理想，一种展现崇高观念的艺术构架或许不再引起今人的兴趣。实践证明，唯一能够打动人心的，是永恒的充沛的感情。绘画艺术，情感抒发必借助于技术之物来完成，李涵将粗糙布料染成深红色的底子,作为画语载体,然后在布料上勾勒形态,再用他擅长的工笔重彩技法,借助石青、石绿等颜色,层层渲染,使得纯度较高的红色与石青、石绿之间的对比,以及和其他色彩之间的调和,最终融汇到喜庆热烈的格调中。于是,作为一种感性存在,远去的历史"影像"被复活了,成为生命的永恒形式。这是远古精神的复活,更是人类灵魂的复活。尤其是处于剥离了人文内核,仅剩了技术外壳的当今时代,寻找这样的生命真实就显得尤为可贵。

李涵的画,没有给人以"仰视"的高度,而是"贴伏"着大地,讲述着曾经普遍领受的岁月洗礼。比如《重阳登高》,秋高气爽,九九归真,几位老人啸咏骋怀,以畅秋志。景物很少,人物形态却极为丰富,就如同一次采风活动那般轻松自如。站在最高处的那位,身着青蓝长袍,左手上举至眉,作搭棚状,向远眺望,右手则回握身后,款款摇扇,圆圆的眼镜和长长的辫子,很是传神。他的左下方,是正攀援而上的两位,其中一位递手往上拉另一位,那姿态,着实风趣。画面右边是一位撑伞的妇女,手拿念珠,不消说,是在祈福祝祷,以求祓除不祥,永葆安宁。最为精彩的是下面四人,个个眼睛都撑得满满的,原来是在围观"扑羊"游戏。所谓"扑羊",也称"赌羊"或"斗羊",由两只公羊以角相搏,从而借双羊之名以喻"重阳"的谐音。《清嘉录》载:"登高,旧俗吴山治平寺中,牵羊赌彩,为摊钱之戏。"围观的人中有一人还挥舞枝条,高声呵斥,如驱马策鞭,令其使力。

《重阳登高》描写的当是吴山岭之景。之所以描写这里,首先,是因为吴山岭上有机神庙。清代,苏州丝织业发达,引得众多织户每年都前往祭祀。其次,是地理位置因素。吴山位于西南近郊,周边风景秀丽,泉石清幽,特别适合游赏休憩。所以,重阳登吴山,有着双重祈福的含义。明代大学士申时行曾描述吴山登高之景致:"九月九日风色嘉,吴山胜事俗相夸。阊闾城中十万户,争门出郭纷如麻。拍手齐歌太平曲,满头争插茱萸花。横塘迤逦通茶磨,石湖荡漾绕楞伽。"

登高，但李涵并没有把笔墨用在吴山如何高大的勾勒上，而是以戏剧化的语言，用一道又一道的浮云缭绕去示意——既然蔽日穿云，难道还不够高吗？王宠《登吴山》中也有这样形容："斗然一道青云梯。"在《重阳登高》画面的左上角，有一座高塔隐现于云梯中，顾玉振曾在《苏州风俗谈》提道："苏州近城，无高山可登，每至重九日，约二三知己，或登北寺塔，以资眺望；或登虎阜山，以览胜迹。山与塔虽不甚高，亦聊胜于不登。"李涵的画，当是对这些文献的图像性补充。而那位老者扇面上的"天高云远"四字，更像是这幅画的命题之笔。

李涵长期从事中国人物画创作，对传统人物刻画及表现方面有较深入的研究。几十年来，他的绘画题材几乎都是围绕苏州民俗风情而展开。他塑造的人物形象，体态丰腴，表情生动，诙谐有趣，加上极强的形式感和装饰感，以及精练的结构和图式语言，使得作品风格明快亮丽，意韵丰厚。读他的画，是一种审美享受。徜徉其中，便陶然其中。

苏州庙会向来有名。每年农历三月廿六至廿八，为东岳大帝诞辰祭祀日。届时，相城区阳澄湖镇及周边的太平街道、渭塘镇，常熟市辛庄镇、横泾村，昆山巴城镇、石牌镇等地近百个大小庙神都会被大轿抬出，鸣锣开道，表演节目，名曰"春会"。还有农历四月十四日的"轧神仙"，相传是道教八仙之一吕洞宾的生日，传说每到这一天，吕洞宾就会乔装打扮成普通人来到民间，为百姓治病消灾，轧到谁，谁就会得到仙气，病灾也随即被祛除。于是庙会上，大家就你轧我，我轧你，以致逐渐演变为苏州最大的庙会。这场面被李涵的《江南烟景》所记录，并且就冠以《庙会》之名，使我们有幸能够一睹它的精彩和丰富绚丽。

看《庙会》会想到什么呢？是的，《清明上河图》！虽然场面和人物远不及《清明上河图》那样壮阔恢弘，但也完全可以从一个局部的角度去细细体味并领悟。一般而言，构造如此大的场面，尺幅不是横就是纵，因为这样做，行笔就从容些，就有足够的空间去腾挪布局，但李涵没有采取这两种方式，而是以见方形制，给予画面以直观的全方位展示。如此，纵向的上段、中段、下段，横向的前段、中段、后段的解读习惯被解构。由此带来的后果是什么呢？淡化了主次分别，竟然带来出处处鲜活、满眼生机的融入感，视觉冲击力一下子激越高亢，喧闹起来。这样的构思，是需要极强的空间想象力才能完成的。因为近六十位人物的形态面孔，安排起来不免稠密而繁复，但在李涵的笔下，是既精彩又有序。为了展示庙会活动内容之丰富，李涵特意安排了六个区域，以中间为圆心，潜在地营造出一个相互照应、错落有致的闭环式语境，一层层向外扩散，又一层层向内聚拢，于是，读者也由外向内，成为观者，成为画面的一部分。更为精妙的，是没有起始点，也没有休止处，无论从哪儿看都是热热闹闹的场景入口，动态感十足，给人以无边无际的醉意。画面右上方是遛鸟的，按顺时针方向走，再下来是拉琴的、卖糖葫芦小吃的、卖花草的、卖传统日用品的，最后是倒腾古玩的。中间是一个大场子，杂耍卖艺的正袒胸露怀，舞刀弄剑地施展着一身的本事。人们剪的是"神仙头"，戴的是"神仙帽"，佩的是"神仙花"，喝的是"神仙茶"。出售花草树苗的小摊，卖的是"万年青""吉祥草""神仙花""龙爪芬"。真是五花八门，流光溢彩，令人眼花缭乱，应接不暇。场面大，人物多，却主客分明，和谐统一。没有对社会风俗的了然于心和精准把握，是无论如何也不会再现得这么生动的。因为描绘近六十个人物，看其相似，实则不同，尤其是表情，沉浸在各自的场景中，眉眼间传达的都是那一刻的专注神情。那种具象，只有用心体悟才能捕捉得到，才能将已然生活化和故事化的鲜明特征激化出淋漓尽致的奇效。

　　风俗，人类生活的活化石。没有风俗，就没有文化史。美是唯一的真实记录，是一种绝对的真理诉求。李涵在借鉴前人图绘形式的基础上，不断改进，发展出独特的语言模式，为风俗承载的历史信息和文化信息提供了解码器。然而，艺术不是科技，脱离了形式的外壳，终究不能像基因复制那样再生出原有的样式，它只能是一种记忆，背后映射出的是时代的烙印，是一种可感知的且明白无误的事实。画家作画，是为自己的心灵留影，它不是观念，而是价值；不是结论，而是过程；不是影像，而是生命。经时而不衰，历久而重辉。

人类的心灵曾在那里寄托，鸣奏出天国一般的逸响，李涵只是为我们回头寻找，标注了一条方便之路，以回应那个久远的呼唤。

昆剧青春版《牡丹亭》的音乐审美论

祝政宏

昆曲申请"非遗"成功的三年后,一部昆剧青春版《牡丹亭》问世。它于2004年首演之后,一发不可收拾,风靡海内外,好评如潮。青春版《牡丹亭》的演出热潮至今竟然持续近20年,上演400场左右,创造了国内昆剧演出的纪录。青春版《牡丹亭》是一部大型昆剧,其成功的原因众多,其中昆曲及其音乐因素在这部成功的作品中无疑占有重要地位。

这部昆剧的音乐总监是苏州昆剧院一级作曲周友良先生。本人拟从这部昆剧的唱腔修改、过场音乐和舞蹈音乐、乐队配器和伴奏几个方面阐述音乐在这部昆剧中的艺术魅力,并从音乐审美角度进行评价。

领会、识别事物或艺术品的美,称为审美。

审美同"艺术魅力"这个词密切相关。简单说,艺术魅力就是靠美来吸引人、感染人、打动人。

一

传统昆曲的魅力在于唱腔,它构成一部戏的灵魂。与众多昆剧相比,《牡丹亭》的唱腔独树一帜,引人注目。经过几百年的精雕细刻,这些唱腔的词、曲精美,尤其是旋律达到"美善兼至,极声调之致"的程度,真正表现出明代先贤所说的"气无烟火,启口轻圆,收音纯细"之特征。

清代叶堂制曲的《纳书楹曲谱》整理了包括《牡丹亭》在内的多部传奇作品的唱腔，并以工尺为谱，是昆曲史上极为重要的宝贵资料。然而，这毕竟是200多年前的曲谱，当初它是为清曲家而编写的，搬演到舞台，会有不少问题。如某些唱腔结构框架不够合理，某些唱腔、乐句拖沓冗长。这就需要做一些修改，才能适合当今的舞台演出。

青春版《牡丹亭》上、中本的一些经典唱段，经过几百年昆曲人的浅唱低吟、微调小改，旋律已经达到美而雅的极致。两位主演又得到张继青、汪世瑜老师的亲授，不宜大动。周先生对这些经典唱段基本没动，只是在前奏、间奏、尾奏上补充和延伸唱段所表达的情感。

然而，对那些经典唱段"基本不动"，并非完全不动。据本人考察，青春版《牡丹亭》与《纳书楹曲谱》相比，在不少唱段的关键之处做一些"微调"和"润色"。

上本《写真》中的某些唱腔改动较大，需"动手术"。《纳书楹曲谱》中【雁过声】【倾怀序】篇幅很大，而且这两段中，前一段由杜丽娘唱，后一段分别由春香和杜丽娘唱。为了让唱腔更加凝练，青春版《牡丹亭》剧本整理者将原来【雁过声】【倾怀序】两段唱词进行裁剪，并且改为都由杜丽娘唱。对唱词即文字进行裁剪，周先生以之前的各种改编曲谱为基础，抽掉了一些板眼，重新进行了编写，不仅连缀上看不出任何痕迹，而且旋律更加优美动听，成为全本中最优秀的唱段之一。

对比以下几句的旋律就可以看出，本人上述的评语并非虚言。

《纳书楹曲谱》【倾怀序】：

[乐谱：似被春愁搅。（丽娘接）谢半点江山，三分门户，（以下略）]

青春版《牡丹亭》【倾怀序】：

[乐谱：（杜丽娘唱）宜笑，淡东风立细腰。又似被春愁搅，倚湖山梦绕，对垂杨风袅。试苗条，斜添他几叶翠芭蕉。]

首句"宜笑"的唱腔，《纳书楹曲谱》第一小节内的乐音都在高音区，对比不强烈。而青春版《牡丹亭》这句从高音"do"直落八度，再盘旋而上，形成旋律的起伏。尤其是"淡东风"这句中"风"字的拖腔出现"si"音，表明习惯用五声音阶的南昆有时为了特殊效果也采用七声。这种唱法，最能体现出昆曲独特的美感。

经本人仔细聆听、反复吟唱及细致考察，青春版《牡丹亭》中下本也有不少唱腔经过周先生重新订谱，唱腔更加细腻、婉折，听起来更为协和、悦耳，已经变成能与上本里经典唱段相媲美的精品。

《幽媾》中【宜春令】和【金马乐】两段唱腔,就是突出的例子。我在上面的曲谱中画圈标出的部分,都是青春版《牡丹亭》在唱词的某个字上经修改、润色,增加其旋律变化的地方。经过这些修改,与叶堂《纳书楹曲谱》有很大差别。

【宜春令】:

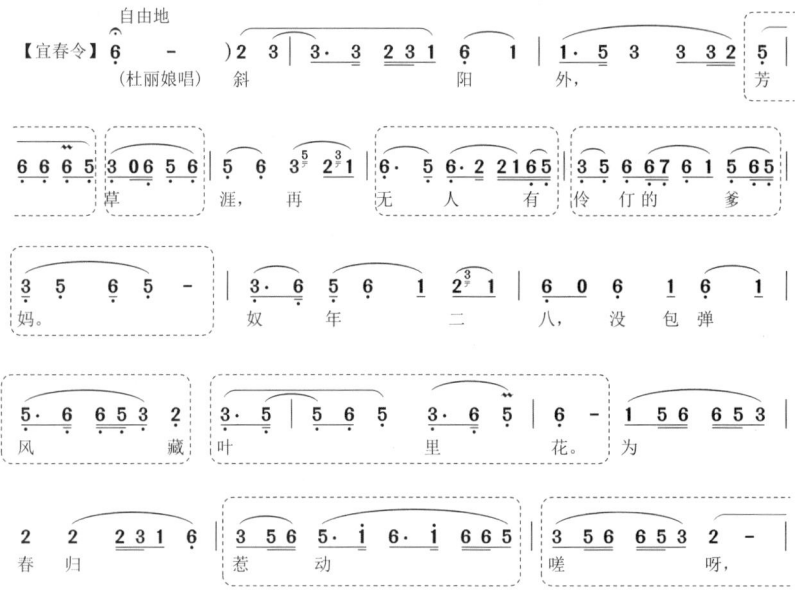

可以看出,青春版的【宜春令】运用了各种音乐手段来丰富旋律,突出表现在增加曲词中每个字的乐音,以增强旋律的变化。例如"斜阳外,芳草涯"和"没包弹风藏叶里花"句中,不少字的乐音都有所增加,又如"惹动嗟呀"的"动"字,前者只有4个乐音,后者增加到7个乐音的变化。另外,"再无人有伶仃的爹妈"这句的旋律,经过装饰音、附点和切分音这般精心地修改、润色,乐句充满上下起伏的动感。此外,还适时地运用了润色腔,如"风藏叶里花"中的"里"字,"风神俊雅"中的"风"字,就加上了擞腔。

此外,该曲情绪上具有先抑后扬的特点,前半段以如泣如诉的慢板讲述自己的"身世"。中间"为春归惹动嗟呀"一句充满悲伤和幽怨,是情感的爆发,曲调高扬,是整个唱段最出彩之处,有"务头"

之称。后半段含蓄地向柳生表露出爱慕之情，希望与他结成夫妇，曲调轻柔委婉，表现对未来美好生活的憧憬。

再看【金马乐】。

该段唱词的第一句尤为重要，理解错或不能深刻理解都会导致唱腔修改的失败。周先生正确理解了该段唱词的含义，并将这段唱腔修改得十分精彩，使之成为中本当中最有魅力的唱段之一。在丽娘那句"奴家真个盼着你哩"的深情道白之后，前奏响起，编钟敲出"６５３"四个音，其独特的声音营造出一种幽静、荒凉的气氛，引出"幽谷寒涯"这几个字的唱出。

【金马乐】：

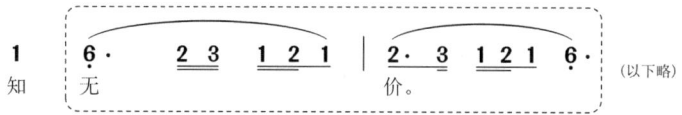

该唱段对《纳书楹曲谱》的修改主要表现为：增加字的乐音来增强旋律的变化。如"幽谷寒涯，你为俺催花连夜发"这句中，"寒涯"的"寒"字，"为俺"的"俺"字，"催花"的"花"字，"连夜"的"夜"字，都增加唱词中每个字的乐音，以增强旋律的变化。尤其是"你个中知察"的"知"字，不仅旋律较《纳书楹曲谱》复杂，而且其中还有休止和附点的运用。

用倚音等装饰音润色。如"你个中知察"中的"个"字，"牡丹亭，娇恰恰"中第一个"恰"字，"湖山畔"中的"畔"字，都用了倚音。"读书窗，淅喇喇"中第一个"喇"字，运用切分和揿腔，让这句唱腔充满特色。

加大旋律变化的力度。如"俺全然未嫁"中的"未"字，《纳书楹曲谱》是从"do"（1）音接到"mi"（3）音，而青春版《牡丹亭》是从"do"（1）音直接升到"sol"（5）音，属于五度大跳。"良夜省陪茶"这句，最高音是高音"do"（1），最低音则到低音"la"（6），上下起伏达十度，这便造成一定的听觉冲击。

传统南昆多用五声音阶，而北昆则用七声音阶，这在《纳书楹曲谱》里可以得到证实。近几十年来，南昆戏开始尝试运用七声音阶，取得很好的效果。青春版《牡丹亭》在这方面表现突出，【宜春令】"再无人有伶仃的爹妈"中"的"字，【金马乐】"清风明月知无价"中的"月"字，用"la"（6）音连接"si"（7）音。此外，还在《写真》的【倾怀序】"宜笑，淡东风立细腰"中"风"字的拖腔，著名的【醉扶归】"你道翠生生出落的裙衫儿茜"中的"的"字，"则怕的羞花闭月花愁颤"中的"月"字，都使用这种音程关系的连接，取得锦上添花的效果。

至于"mi"（3）与"fa"（4）这种小二度音程的连接，也散见于青春版《牡丹亭》的各唱腔之中。

总之，经过周先生的修改、润色，全剧中不少唱段的质量都得到进一步提升。尤其是【宜春令】和【金马乐】这两段唱腔的旋律变得更加摇曳多变、细腻委婉，成为中本当中不可多得的经典唱段。

同时，在中、下本中一些不常演出的、人们不是太熟悉的唱段，周先生会根据导演的要求和舞台表演的需要，有意识地强化唱腔的音乐性，在音调、节奏上依据剧情做些调整。以这种方式整理的《旅寄》中的【山坡羊】，《冥誓》中的【太师引】，《婚走》中的【石榴泣】，《移镇》中的【长拍】，《如杭》中的【雁过江】【小措大】等一些唱腔。如《遇母》一场的唱腔基本都是散板，就在骨架音基本不变的情况下，很多腔都改成有板有眼地唱，时而散板时而上板，时而快时而慢，使唱腔的节奏、情绪都产生变化。

通过比较两版中的这些唱段，尤其是观看青春版《牡丹亭》舞台演出的效果，就可以得出"这种改编很成功"的结论。

以上这些微调、润色进一步增强了唱腔的美感，让《牡丹亭》的上述经典唱段具有永恒的艺术魅力。经过作曲家的修改、润色，较过去的版本变得更加摇曳多姿、清丽柔美，具有十足的美听效果，再加上具有和声、复调因素的伴奏烘托，达到几乎尽善尽美的地步。

二

除了上述经典唱段的微调、润色，周先生在青春版《牡丹亭》中的音乐成就还表现为以下几方面。

1. 主题音乐的设计

青春版《牡丹亭》有大量的场景音乐和舞蹈音乐，其大部分都是原创的。为了让这些音乐与唱腔风格和谐统一，从原曲牌唱腔中提炼出最具代表性的旋律来加以发展、完善，设计出杜丽娘主题音乐和柳梦梅主题音乐，而且还通过各种不同的变奏手法，如织体变奏、音色变奏、声部变奏等充当场景音乐和舞蹈音乐的重要部分，让这些主题音乐要素贯穿上、中、下三本，使得全剧整体音乐风格统一。

主题音乐是提取原曲牌中最具有代表性的旋律并加以发展而成。

杜丽娘主题音乐有两个，两个主题音乐存在密切关系。

杜丽娘主题音乐1的素材源于【皂罗袍】第一句"原来姹紫嫣红开遍"的旋律，取其"原来"二字的唱腔旋律"sol、la、do"（5、6、1），加间奏"re、mi"（2、3）到"姹"字的"sol"（5）音而编成：

$1=D \ \frac{4}{4}$ 缓慢 抒情地

5 6 1̇· 2̇3̇ | 5̇· 6̇ 2̇3̇ 1̇ 6 - ‖

杜丽娘主题音乐2的旋律是提取【皂罗袍】"锦屏人忒看的这韶光贱"中的音乐元素，并加以改编。

激动地

$\frac{2}{4}$ 5 6 | 1·2 2165 | 6· 56 | 1·2 2165 | 3 - ‖

柳梦梅主题音乐 1 的旋律出自【山桃红】"转过这芍药栏"的音调。

$\frac{2}{4}$ 5·6 2316 | 56 3 56 | 1·2 2165 | 5 6· ‖

柳梦梅主题音乐 2 的旋律出自【山桃红】"衣带宽"的音调。

$\frac{2}{4}$ 1·2 16 5 6 1 | 3 - | 3·56 1 5653 | 2 31 1 | 3·56 1 6532 | 5 - ‖

这些主题音乐都是提取原曲牌中最具有代表性的旋律发展而成，其中杜丽娘主题音乐 1 的开始三个音"sol、la、do"，组成这两个主题音乐的主导动机，贯穿全剧。

杜丽娘主题音乐 1 在《训女》中杜丽娘首次亮相时出现。音乐以高胡独奏为主，配以编钟、古筝等乐器。这个主题音乐展示后，女主角接唱【绕地游】的"娇莺欲语"，既表明是杜丽娘出场，又作为后面唱腔的引子，很是巧妙。

杜丽娘主题音乐 2 出现在《惊梦》一场。当杜丽娘和春香踏进花园，看到满园春色时，乐队奏出了这一主题，由笛子领奏，以散板形式的变奏出现，描绘出一片满园明媚的春光景象。

可以发现，主题音乐在以后的运用中并非简单地、标签式地重复，而是根据不同的场景和气氛，采取各种变奏和不同的配器来体现。

这些音乐主题及其变奏，还不时地穿插在唱段的前奏、间奏和尾奏中，给人以深刻印象。在《惊梦》《离魂》《回生》等大段舞蹈音乐中，两个主题交织展开，对渲染氛围、层层地推动剧情的展开起到明显的烘托作用。

在两个主题音乐中，杜丽娘主题音乐在整场戏中发挥的重大作用尤为明显。这个主题成为《寻梦》《写真》《离魂》各出的幕间曲或终场曲，还以变奏形式出现在《冥判》《幽媾》中杜丽娘的魂魄上场、《幽嫹》中两人首次相见以及杜丽娘对柳生深情呼叫的那一句"奴家真个盼着你哩"的时候。此外,《寻梦》【江儿水】唱完,尾奏是杜丽娘的主题音乐及其变奏,让人印象深刻。

出自【山桃红】曲牌的柳梦梅主题音乐,于柳生首次在《惊梦》中出场时出现。这个主题音乐在其主要唱段的首尾分布,表现其初识杜丽娘时的欣喜。该主题音乐还成为《言怀》《婚走》中柳梦梅核心唱段的引子,在《旅寄》中还变奏成柳梦梅与风雪搏斗的紧拉慢唱的乐段。

更重要的是,杜丽娘主题和柳梦梅主题在特殊情况还交织在一起,除了表示二人的浓厚情感外,还有特殊功效。如《拾画》中,柳梦梅在唱完"小嵯峨,压的旃檀合",念"近睹分明似俨然,远观自在若飞仙。他年得傍蟾宫客,不在梅边在柳边"之后,杜丽娘主题音乐响起。观众知道以上四句是杜丽娘做的诗,这暗示杜丽娘便是画中人。柳梦梅步韵和诗:"丹青妙处却天然,不是天仙即地仙。欲傍蟾宫人近远,恰如春在柳梅边。"先是出现杜丽娘主题的变奏,而后又出现柳梦梅的变奏,表现二人已有神交。

【啼莺御林】【簇御林】的大段独唱中,先是出现柳梦梅主题音乐的变奏,而后当他手提画像,念"小娘子这边有风,请到里边去坐"时,又出现杜丽娘主题音乐。穿插这两个音乐主题的创意极妙,再次暗示着杜丽娘便是画中之人。

总之,主题音乐的使用不仅能够在戏剧情节的关键节点或戏剧的高潮之处发挥重要效能,而且还起到统一上、中、下三本音乐风格的特殊作用。

2. 场景音乐和舞蹈音乐的作曲

两个主题音乐不时地以原型以及各种变奏形式贯穿在舞蹈音乐和场景音乐之中,不仅旋律优美,而且风格统一。

《惊梦》中,杜丽娘入梦,杜丽娘主题音乐出现。梦境中,两人相见之前,众花神鱼贯出场,乐队反复奏出杜丽娘主题音乐的变奏,接着是柳梦梅主题音乐的变奏。

这一段场景音乐开始的三个小节表示杜丽娘入梦，紧接着，场景音乐的前半段是杜丽娘主题音乐及其变奏，后半段是柳梦梅主题音乐变奏，中间有四个小节渐强的音乐作为两个主题音乐的过渡。

《写真》一出的开头场景音乐值得一提。杜丽娘因寻不着梦中人而忧伤、失落，反映这种心情的场景音乐应该如何表现？观众发现，这时虽然仍用杜丽娘主题音乐及其变奏，但演奏风格不同以往，只以曲笛、编钟等乐器演奏，而且节奏缓慢，声音轻柔，尽力烘托出忧伤的气氛。在春香道白"素绢、丹青在此"之后，场景音乐化用的是【皂罗袍】中"雨丝风片，烟波画船，锦屏人忒看的这韶光贱"唱腔的旋律。用这段表现之前欣喜、欢乐心情的旋律来反衬这时的悲伤情绪，又用【皂罗袍】的结尾音乐来连接后面的【雁过声】唱腔，可谓独具匠心。这里周先生用音乐的各种手段来表现人物心境的变化，是非常准确而恰当的。

中本《魂游》中的一段场景音乐也可圈可点。杜丽娘在一大段道白之后，目送小鬼下场时，有一小段音乐平缓、抒情。然后，音乐突然转调，节奏加快，表现丽娘的魂魄在原野中漫游。这段音乐常出现小二度的半音阶，乐器中突出琵琶及二胡，蕴藏着急促不安的情绪，似乎要有不寻常的事情发生。果然，就在这段旋律演奏的第二遍，柳生拿着画卷出人意料地出现在她的背后，大声呼唤："美人！姐姐！我那嫡嫡亲亲的姐姐呀！"丽娘如同受到雷击电闪般的一惊，随后又是一喜，说出"谁叫谁来？"接着唱"生和死，孤寒命"。这是该出戏的精彩亮点，而这段场景音乐在铺垫、烘托这个精彩亮点中起到极为明显的作用。

3. 周先生原创《标目》中的【蝶恋花】、南【双声子】和北【尾】及其音乐分析

全剧开场时，完全由周先生谱曲的《标目》【蝶恋花】以及全剧尾声中南【双声子】和北【尾】的音乐旋律，十分契合曲词的气氛和情绪，可说是抒文人之情怀，发思古之幽情，感慨世间变化，散发着一种令人惊异的美感。

《标目》【蝶恋花】显示出很高的作曲技巧。

该曲采用七声的清羽调式,起句由散板开始,轻摇慢唱,将人引进一种遥远追思之境。"白日消磨"一句,开始进入板眼,体现故事要一步步说的意图。

虽然全曲为清羽调式,但作曲家有意将重心做了调整,使这部分有似乎转入商调式的特征,让观众更容易感受到歌词内容的不同意境。最为难得的是全曲的最后"但是相思莫相负,牡丹亭上三生路"两句,周先生巧妙地使用两个声部相隔五度的同句交替,形成商羽互换的形态,产生出异样的感觉,成为全曲的"务头"。可见,这个作品体现出作曲家之匠心以及非凡的作曲技巧。

再大致比较一下两版的南【双声子】和北【尾】。

《纳书楹曲谱》南【双声子】和北【尾】：

1=G（正宫调）中板 贺喜地

[乐谱：南【双声子】唱词"姻缘诧，姻缘诧，阴人梦黄泉下。福分大，福分大，周堂内是这朝门下。齐见驾，真喜洽。领阳间诰敕，去阴司销假。"]

柳梦梅 1=G（正宫调）幸福地

[乐谱：北【尾】唱词"（唱）从今后把牡丹亭梦影双描画。（杜丽娘接）亏煞你南枝挨暖俺北枝花。（合）则普天下做鬼的有情谁似咱？"]

笔者曾经看到过一篇周先生谈创作体会的文章，讲到这一段写作的细节。最初，周先生是以《纳书楹曲谱》的南【双声子】和北【尾】译的谱。然而，总导演的汪世瑜先生在听了乐队演奏后，不甚满意，感到这段音乐达不到全剧大团圆结局的效果。周先生对他说："原曲牌就是这样的。"汪世瑜先生要求他突破原有的框架重写，放开地写。为了让这几段唱腔和音乐把戏推向高潮，周先生索性脱开原谱，按照自己的思路写了一个多声部的合唱。尾声则糅合【皂罗袍】【山桃红】及杜丽娘的主题音乐等音调来重新编曲。尤其在北【尾】之后，他将《标目》【蝶恋花】中最后的"但是相思莫相负，牡丹亭上三生路"两句，以合唱以及领唱的形式作为整场的结尾，不仅气势磅礴，产生出强烈的震撼力，而且起到再次点题的作用。果然，第二天一经乐队与合唱队的试奏、试唱，立即得到总导演的同意。汪世瑜先生用自己肯定别人成就的特有方式说："就是这个！"于是这段音乐的改编被当场拍板通过。

重新编曲的南【双声子】和北【尾】：

南【双声子】

[乐谱]

《纳书楹曲谱》的南【双声子】和北【尾】从谱面上看,旋律简单,缺乏声势,起不到应有的效果和作用。

而改编后的南【双声子】,一是采取二部合唱及轮唱的方式,气氛热烈；二是旋律流畅，朗朗上口。

改编后的北【尾】接南【双声子】，节奏发生明显变化。南【双声子】用的是表现欢快情绪的2/4拍，而北【尾】则是用4/4拍，这样既改变了《纳书楹曲谱》北【尾】的散板形式，又可以用长乐句表达深沉而悠远的情感。尤其是杜丽娘唱的一句和二人齐唱的那句，唱腔里竟然包含了【好姐姐】当中"啼红了杜鹃""那荼蘼外""他春归怎占的先""闲凝眄"几句旋律当中的音乐元素。由于"似曾相识"，让人感到异常亲切。

从审美角度看，这段合唱尤其是最后的领唱与合唱，一改昆曲以往轻柔、婉转的特点，以阳刚之气散发着一种雄浑壮丽、夺人心魄的美。

三

在研究周先生在组织乐队、和声配器以及发挥乐器特色等方面的成就时，再做一番音乐审美分析。

1. 器乐编制的审美分析

周先生利用较为完备的戏曲乐队，编制完美的配器和总谱，让器乐在昆剧青春版《牡丹亭》当中大放光彩。

青春版《牡丹亭》的乐队配置仍以民族乐器为主，只是在低音部分采用了大提琴、低音提琴，以补充民族乐队没有低音的现状。

在配器上，周先生总体让特色器乐中的高胡、编钟、提琴、埙、琵琶、二胡等有自由发挥的空间。尤其是高胡的运用分量较重，委婉、抒情的音乐主题常常以它独奏的形式出现。

这些特色乐器有时在独特的情景下进行独奏，有时还有某些成员的重奏，产生更为奇特的效果。不少场景中，人们听到有高胡、箫与古筝的大段重奏，其音色的交织、和声的作用产生出一种更加神奇的效果。此外，在对唱腔伴奏时，周先生还在配器上有独特的处理，如在多数情况下，让曲笛随着唱腔主旋律行进，以起到托腔保调的作用。而某些特殊地方让曲笛停吹，让位于其他乐器以及使用低音乐器等。

可以看出，不仅配器巧妙恰当，而且让某种乐器切入或者休止的时机也是令人赞叹的。

过去，昆曲在器乐伴奏上侧重于旋律横向的润色装饰，甚至在润腔上也有独特的讲究。周先生不仅讲究旋律横向的润色装饰，还注重每个音的纵向排列，他利用这中型乐队，在伴奏上适当地利用和声、复调的手法，让伴奏旋律形成经线和纬线般的"织体"，这在以往的昆曲伴奏中很少见到。

为唱腔伴奏的和声、复调技巧，周先生一是用得不多，二是较为简洁。原因在于，他明白这是为昆曲的唱腔做伴奏而非演奏交响乐。交响乐可以采用复杂的和声、复调手法，在所需之处浓墨重彩地渲染，加强音乐织体的立体感；而为昆曲唱腔伴奏的音乐中，只能适当地运用和声、复调，尽量保持淡雅的风格。

因此，在为唱腔的伴奏配器时，他考虑到唱词的内容和情绪以及保障演出顺利进行，和声基本以简单、抒情为主，让伴奏起到托腔保调的作用。剧中偶尔也有浓墨重彩的音乐渲染，如在《回生》和《圆驾》的结尾处，乐队以全奏的形式奏出令人激动的爱情主题，引出"但是相思莫相负，牡丹亭上三生路"的主题合唱。

2. 伴奏音乐的审美分析

全场的多数伴奏以曲笛为主，它那独有的高亢嘹亮的音色，充当着伴奏的主力，让整场音乐带有浓厚的昆曲味道。有时甚至因为特殊场景的需要，有意只突出曲笛伴奏。例如《幽媾》中柳生唱的【红衲袄】"莫不是莽张骞犯了你星汉槎，莫不是小梁清夜走天曹罚？"基本都由曲笛伴奏，伴奏音量总体偏弱，体现深夜的幽静。

各种特色乐器也在适当的时机轮流露面，发挥着独特的作用。这样，整场音乐不仅丰富多彩，而且不时出现独特之声。

特色乐器的成员笙、高胡、箫、埙、古筝、编钟、中国提琴、琵琶等都在适当的时机有所表现。

笙是乐器中的贵宾,有小笙和抱笙两种。笙具有和声功能,其音色很是独特。周先生把它当作宝贝一样地珍藏,让它只在较少的场合下露面。《幽媾》【宜春令】中,在杜丽娘唱到"没包弹风藏叶里花"时,笙意想不到地出现,以它独有的和声特色加入伴奏行列,立即烘托出一片极为温暖的气氛。

高胡善于表现细腻委婉的感情,周先生让它在各种场景中展示自己独特的魅力。如在《幽媾》中,杜丽娘的出场以及杜丽娘和柳梦梅初次见面时的一段场景音乐,就是由高胡完成的。高胡那明亮的音色以及演奏出的优美旋律令人心醉,尤为引人侧耳聆听,它在以下几个地方出现的伴奏音乐给人以特殊的美感:

《寻梦》【忒忒令】"那一答可是湖山石边"的"石""边"两字,"这一答似牡丹亭畔"的"畔"字,特别是"敢迤逗这香闺去沁园"的"香闺"二字时,高胡演奏出的副旋律婉转悠扬,极其悦耳。还有"则道来生出现,乍便今生梦见",演员唱前一句时,高胡一直跟着主旋律,到后一句时,则演奏副旋律。

唱"读书窗,淅喇喇"时,从"窗"开始,高胡优美的伴奏音乐飘在唱腔的上方,令人心醉。这句副旋律,实际上是杜丽娘主题音乐2的变奏,最后两小节还包含最负盛名的唱腔【步步娇】中"袅晴丝吹来闲庭院"最后一字"院"的音乐元素。

高胡还在《冥誓》【太师引】演员唱"迤逗俺睡魂难贴"时,以缠绵的副旋律出现在"俺"和"魂"的拖腔长音上,美听效果明显。

这几处,作曲、配器和演奏都显示出极高水准。

编钟音色特殊,周先生只用在少数场景上。【懒画眉】"最撩人春色是今年。少什么低就高来粉画垣,原来春心无处不飞悬"中的"最撩人""来""飞悬"出现编钟的清脆声音。

中本《幽媾》杜丽娘在唱"幽谷寒涯"前,出现了编钟"６５３"

的四声音响。别看编钟只有这四声音响，却烘托出象征丽娘曾被埋在地下幽寂、凄凉的景象。唱【金马乐】"湖山畔"时，编钟在关键时敲出，与曲笛、琵琶等乐器浑然汇合。编钟还在群舞"好景艳阳天"敲出，为花神群舞添色。

《幽媾》的【金马乐】中，中国提琴这种古老的乐器得到"重用"。一开始它就随着演唱的主旋律而行进，经过一段休止后，当演员唱到"拘惜的好人家"的"家"时，它又出其不意地加了进来，而且以较为复杂的副旋律一直伴奏到这支唱腔的终了。

琵琶、扬琴往往采用相同的伴奏音型出现，有时也"分工协作"，如唱"牡丹亭，娇恰恰"时，它们有两小节分别演奏不同的副旋律，以增强和声效果。有时还利用乐器自身的特点来伴奏，如【皂罗袍】唱到"雨丝风片"时，它们用"mi"（3）的小三和弦和"la"（6）的小三和弦之分解和弦来加强伴奏的效果。

唱"锦屏人忒看的这韶光贱"这句时，从"看"字起几乎是全奏出现：笛子吹出主旋律，小笙、高胡、二胡、琵琶、扬琴和很少露面的中阮跟随笛子演奏，抱笙则在关键处吹出和声声响，古筝、大提琴和贝斯也加入来铺垫低音，让伴奏音乐丰富多变。

可以看出，周先生以中型乐队为昆曲唱腔伴奏，一改过去演唱只有单调的伴奏之状况，让唱腔在"适度丰满"的伴奏烘托下尽显独特的韵味。配上前奏、间奏、尾奏，既能够补充和延伸唱段所表达的情感，又能将前曲与后曲有机地连接起来。场景音乐中的幕间曲也起到自然地连接各出戏的作用。

总之，全剧所有唱腔都具有传统的基础和根据，而经过修改、润色，各支唱腔变得更加流畅、优美，蕴含独特的美感。场景音乐和舞蹈音乐不时加入两个主角的主题音乐元素，不仅喻义明显，而且旋律多变，充满动感。为昆曲唱腔伴奏的配器巧妙而精当，起到的烘托作用美不胜收。正因如此，这部昆剧受到广大观众尤其是年轻人的喜爱。演出效果证明了这一点，青春版《牡丹亭》的音乐给予观众耳目一新的感觉，其普遍印象是"年轻""好听"。"年轻"是说，音乐充满朝气，富含青春气息；"好听"，则是对听觉感受的直接表达和对音乐的朴素性评价：这部昆剧的音乐美感连连，一波高过一波。

东"情"西"韵"寻唐寅

——舞剧《唐寅》观后

张怡雯

唐寅,一个风流倜傥的翩跹少年。影视剧中的唐寅才华横溢、任达不拘,但历史上的唐寅曾因科举舞弊案而蒙冤受屈。苏州芭蕾舞团的舞剧《唐寅》将创作视角放在这段历史上,以芭蕾为艺术手段,以"红袍"和"桃花"为剧情线索,展现唐寅鲜为人知的失意人生。

赤·红袍

编导创编舞剧的灵感源于唐寅临摹顾闳中的画作《韩熙载夜宴图》。画卷中所有家具服饰的色彩、文人仕女的神貌都发生了变化,唯独那一身红袍没有改变,"蓝衫脱去换红袍",唐寅渴望穿上状元袍的心情在这幅画中淋漓展现。舞剧没有平铺直叙地诉说唐寅的生平事迹,而是写意地展现他的"红袍情结"。一场"夜宴"之舞穷奢极侈、醉生梦死,众人在觥筹交错中尽显百态人生,唐寅在镜花水月中方才大彻大悟,成为舞剧最精彩的设计。

编导创造性地安排三位舞者共同饰演唐寅:一个是身穿白衣的唐寅,沉沦在怀才不遇的苦闷之中;一个是赤身裸体的唐寅,超然于世俗扰攘的混沌之外;一个是红袍加身的唐寅,是唐寅心中可望而不可即的自己,也是深埋唐寅心底壮志未酬的欲火。在一幕中,白衣唐寅跪拜父母,因为辱没先祖的行为自责不已;红衣唐寅如梦魇般围在他的身边,痛撕他的伤疤,蹂躏他的心灵;赤裸上身的唐寅以局外人的视角看着白衣唐寅被父母失望与内心不甘的双重打击吞筋噬骨。在二幕中，面对失而复得的入仕机会，白衣唐寅与九娘面对父母的诘难陷入两难抉择；红衣唐寅就像是死灰复燃的欲望之火，勾引着唐寅再次堕入宦海深渊；赤身的唐寅终于按捺不住自己的情绪，用力扯下他身上的红衣，亲手扼毁了那团欲望之火。舞台之上，唐寅的躯体在现实中绞缠，唐寅的灵魂在自由中狂奔，待一切释然，唐寅的背影消失在静谧的桃花庵中。

别致的设计同时暴露出作品的问题所在。在近几年的舞剧作品中，我们常常看到多人共饰一角的形式——"杜甫"同自己对话，"玄奘"同自己对话，以此展现人物鲜为人知的一面。在舞剧《唐寅》中，赤裸的唐寅与白衣唐寅共舞，赤裸的唐寅与红衣唐寅共舞，红衣唐寅与白衣唐寅共舞。历史上的唐寅潇洒自如，舞剧中的唐寅没落潦倒，一段段舞蹈展现唐寅同自己对话，唐寅同内心对话的心路历程，却唯独没有让观众看到谁是唐寅。从舞蹈肢体动作的表达中，很难感受到唐寅的性格特点，在故事的发展与情节的推动中，也很难感受到人物变化。于舞剧而言，舞蹈的意义在于叙事和抒情，《唐寅》并不像传统舞剧一般起承转合地给观众讲明白一个故事，而是以写意的方式展现唐寅一生中最重要的转折点，然而缺少性格与转变的唐寅，也就缺少了角色同自己对话的意义，那这一段段唐寅与唐寅共舞的抒情设计也就成了演员秀技的平台，"杜甫"也可以，"玄奘"也可以，观众看到了演员的能力，却没有看到唐寅的心境。

这一现象是当下许多以表现人物为核心的舞剧作品在塑造人物形象时的一个通病。在舞剧作品中，除了精彩的舞蹈，观众最想看到的是主人公的性格变化，编导设计"角色同自己对话"的初衷是打破历史固有的思维定式，引导观众发现角色不一样的一面。从这一角度来看，编导的哲思与观众的期待如出一辙，但这并不意味着让角色处于人格分裂的精神状态下恣肆地舞蹈。与其费尽心机地挖掘臆想角色不为人知的一面，不如将创作的重心放在舞段的设计上，以肢体语言外化人物形象，以舞蹈的编创逻辑推动情节的发展和人物的转变，使舞蹈陶冶观众的情操，使角色深入观众的内心。

粉·桃花

历史上的文人墨客总有红袖添香在侧，主人公的情感发展也必然成为舞剧重要的叙事线索。舞剧《唐寅》在服装道具的选择上以黑白二色为主，营造的意境与角色颓靡压抑的情绪相契合，如果说唐寅孑然弗伦的生活中还有一丝色彩，那一定是因为九娘。"桃花坞里桃花庵，桃花庵里桃花仙"，粉色是桃花的颜色，桃花亦是唐寅人生中意义非凡的象征。在舞剧中，编导将这一意蕴深长的颜色赋予在九娘身上，也足以彰显九娘对于唐寅的重要意义。

初见九娘，身穿一袭粉红色的纱裙，像是春日里初绽的桃花，带给失意的唐寅一丝生机。二幕一场"燕舞桃花"，女子群舞营造了典雅婉约的意境，男女双人舞表达了唐寅在这世外桃源中自在闲适的心情。二幕三场"风雨落花"，唐寅装疯卖傻后终于脱离了宁王的操纵，却也永远地失去了心爱的九娘，一段女子群舞表达了唐寅对爱妻深切的缅怀之情。从舞剧的内容来看，九娘的首次出现给失意中的唐寅带来慰藉，两人一起逃离喧嚣的世俗自由生活；九娘的再次出现成为唐寅人生中的重要转折，陷入父母与红颜、仕途与逍遥的两难抉择；九娘最后的出现是以生命的终结点化唐寅，在醍醐灌顶中明白自己真正想要的生活。九娘虽然不是舞剧的主角，但她的出现对唐寅而言意义非凡。

唐寅有诗"杨柳晓烟情绪乱，梨花暮雨梦魂销"，可观众并没有在剧中看到这位"情绪乱""梦魂销"的九娘魅力。如果说观众对主角的期待在于变化，那对配角的期待就在于特点。初见九娘，是什么让唐寅对她魂牵梦绕？诀别九娘，是什么让唐寅大梦初醒？面对父母想让唐寅入仕的期望，九娘是否做了什么阻止唐寅再陷困境？面对宁王计划反叛篡位的阴谋，九娘是否做了什么帮助唐寅化解危机？在舞剧作品中，舞蹈即为行动，行动体现性格，性格彰显特点。与唐寅同患难、共进退的舞段中，编导只顾着唐寅而忽略了九娘，没有为她量身定制肢体表现和舞段设计，所以舞台上的九娘没有"行动"，也就因此看不出她的"性格"，以至于无法理解九娘对于唐寅的独特意义在何处了。在舞剧创编的过程中，编导把侧重点放在主人公身上无可厚非，然而对配角性格特点塑造的忽视势必会影响作品的整体感观，忽略了对线索人物的勾勒，舞剧就流变成某一人物舞蹈诗般的陈述，而少了一分"剧"应具有的魅力。

唐寅与九娘的爱情线索是舞剧中另一条完整的叙事线索，然而这样的设计却似曾相识。在近几年表现人物的舞剧作品中，这一叙事模式十分常见，一条线索是人生经历，一条线索是爱情发展，两条线索共同交织组成舞剧对人物的叙事。这到底是因为历史人物有相似的生平事迹，还是因为编导选材时千篇一律的构思视角？众所周知，女性角色在舞剧中肩负着"美"的重任，而男性主人公最吸引人的地方就在于独一无二。作为辅助叙事的爱情线索也一定要"美"得与众不同，要为展现主人公的独一无二起到重要作用，否则换一下姓名和造型，这部作品也可以叫《祝枝山》，也可以叫《文徵明》，而失去了《唐寅》应有的特色。

墨·画卷

唐寅的画作举世闻名，以画卷贯穿舞剧足显编导对人物的准确把握。演出伊始，一幅卷轴在无声的环境中缓缓展开，唐寅的一生就在这幅画卷上提笔镌写。一幕三场"临画夜宴"，舞者在画卷上舞蹈，拉开纸醉金迷的"夜宴"序幕。宴会中，唐寅看到了高中状元的自己喜不自胜。宴会终了，眼前的浮华归于画卷，所有的舞者以卷轴上的舞蹈绘制了一幅歌舞升平的《韩熙载夜宴图》。唐寅此时顿悟何为画卷、何为梦境、何为现实,眼前的浮生若梦也只不过是转瞬即逝的刹那惊鸿。二幕终场"六如无常",经历了仕途失意、邂逅红颜、逃离凡尘、再入庙堂、痛失爱妻的跌宕人生,唐寅终于看清了世界,看清了自己,三维空间中真实的唐寅与二维平面里画上的唐寅共舞,是"身"与"心"的真诚对话。所有舞者规律性地摇摆,流动成一幅乾坤太极图,最终又回归到画卷之上,徒留唐寅一人站在舞台中间回顾往昔岁月。

　　除了画卷,那一挽黑纱也是舞剧中的重要道具。曾经被寄予光宗耀祖的厚望,而今却无言面对年迈的高堂,黑纱就像是挥之不去的冤狱阴霾,捆绑住唐寅和父母,使光耀门楣的使命成为困扰一生的魔咒。沉沦官场的勾心斗角,身浸桃花的惬意生活,黑纱牵连着唐寅与九娘的生死命运,无形中导引唐寅面对放弃世外桃源、重回宦海浮沉的艰难抉择。黑纱又是一份相思与寄托,是九娘去世后,桃花仙子们一曲唱不尽的哀思挽歌。

　　画卷与黑纱都在编导思维中具有"托物言志"的象征意义。道具突出了意境的"美",同时也弱化了舞蹈的"技",观演后还能清楚地记得道具之"绚",却再难描摹舞段之"艺"。当然,这不单是《唐寅》的问题,更是现在许多大型舞剧作品的"通病"。应用道具原本是为了增强舞蹈的观赏性,但许多编导因为道具足以营造意境而放弃了对舞蹈编排的慎思细琢,所以常常出现"境"美而"舞"逊的现象。编导想让观众在道具的巧妙设计中看到唐寅的另一面,但我们在观赏舞剧时看到他渐渐地在道具中"沦陷",却没有看到他慢慢地从舞蹈中"复苏",这也是舞剧弱化了人物性格变化的重要原因。

白·诗意

　　唐寅的诗亦是他留给后人的骇世遗作,纵观整部舞剧作品也是以诗意的方式呈现。一幕二场"青楼邂逅"。大红灯笼,镂空木凳,六位窈窕淑女手执团扇,脚立足尖翩翩起舞,六位谦谦君子手执折扇,温文尔雅一一出场,六对男女或赌书泼茶,或倚楼听雨,营造出青楼中莺歌燕舞的安逸生活。这段舞蹈是舞剧中最具诗意的代表,同时也是东方神韵与西方芭蕾最为默契的融合。扇子是中国文人的象征,团扇代表女性的柔情妩媚,折扇代表男性的儒雅风度,是东方情怀的体现;女子的舞蹈以芭蕾足尖动作为主,男子的舞蹈则多了些现代舞的肢体解放,是西方韵致的体现,"东"与"西"的对比交流在这一舞段中得到深刻反映。

从舞剧的形式来看,不论是独舞、群舞,还是双人舞,《唐寅》中的舞段设计总带给观众诗意的"美",但这种"美"更多的是在于舞蹈美,而不是靠飘舞的花瓣和煽情的音乐推动而出的"美"。自 20 世纪 50 年代芭蕾舞扎根于中国之后,关于芭蕾舞是否可以表现"林黛玉"的争论就从未停止过,以西方的艺术形式讲述东方的人物故事是中国的芭蕾舞团一直创新突破的艺术追求。苏州芭蕾舞团曾上演芭蕾舞剧《西施》,以芭蕾舞的形式表现中国古代女子在家国仇恨与王权相争的历史中辗转流离的多舛命运。芭蕾舞剧《唐寅》打破"男主角都是移动的活把杆"的命运,以芭蕾舞的形式讲述中国文人的独特气质和传奇人生。

芭蕾舞立于世界 500 年之久,已经形成了塑造人物形象的肢体语言体系,但将这样的手段用于刻画中国的历史人物是否"违和"呢?在近几年的作品中,编导不限于用传统古典舞或民族舞的方式塑造人物,多舞种融合的肢体尝试屡见不鲜,就连从"土地"中走出的杨丽萍也在她的新作《十面埋伏》中尝试以现代舞和戏曲艺术相融合的方式展现刘邦、项羽这类历史人物的形象。舞剧《唐寅》亦是如此,编导的编舞技法十分纯熟,舞蹈的观赏性较强,但是从中很难看到"唐寅"的身影。诗意地呈现也好,跨域地融合也罢,舞剧最根本的还是要体现角色,人物形象不立体、不鲜明、不深刻,再多的元素、再好的呈现也终究难以成为经典之作。所以，在塑造中国人物、讲述中国故事的芭蕾舞作品中，编导如何通过西方的肢体语言表现中国的角色形象，从而使这一形象在新时代中焕发新的魅力，则是芭蕾舞在中国语境下创编作品时最需要引起重视的问题。

  一卷墨白于地，一袭红袍于天，一抹桃色于尘世间。东方的人物，西方的形式；东方的气质，西方的展现；东方的内涵，西方的审美；东方的情怀，西方的韵致。舞剧《唐寅》以芭蕾舞的形式再现中国文人骚客的独特气质，借西"韵"诉东"情"，引领我们寻找历史上鲜为人知的"唐寅"。在这部剧中，我们看到了"世人多被鸡催起，自不由身为利名"的唐寅因为"红袍情结"而不能释怀的遗憾，我们看到了"明日河桥重回首，月明千里故人遥"的唐寅失去红颜妻子而挥之不去的悔恨，这也让我们真切地感受到"别人笑我忒疯癫，我笑别人看不穿"的无奈……

一个园子，两人来过

——石小梅、张弘和他们的昆曲世界

王不宁

记得以前看过苏联一部电影《两个人的车站》，故事场景很喧嚣、嘈杂，但全剧看下来，男女主人公身边的人流不过都是匆匆的影子。在观者的眼里，只有那一对男女是真实的存在，而那阔大的车站，其实只属于那两个人。

中国戏曲也不乏"两个人的故事"，比如那个和唐代著名诗人连接在一起、发生在寺院的爱情故事。普救寺也因为这段故事驰名天下。而若细究起来，那也不过是"两个人的寺院"罢了。

张弘老师曾经说过："昆曲不过就是个园子。"深以为然！也正是在这个园子里，他和石小梅老师两个守望着，也创造着。

一、Garden-keeper：园子的守望者

数十年来，石小梅和张弘两位老师就像守望自家的园子一样，守望着昆剧的传统。昆剧到底应该守什么？有人说是声腔，但每每有突破传统声腔的剧作出来。有人说是题材，但20世纪50年代就出现的昆剧现代戏《活捉罗根元》分明就是一个反证，用昆剧演"红军题材"也可以很牛。其实，昆剧应该恪守的是审美原则。在这一点上，张弘和石小梅老师已经达成了默契和共识。因为清醒，所以能坚守。而且，一守几十载，一望几十年。

戏剧是身体的艺术。作为中国古典戏曲的代表作，昆剧在很多方

面都彰显、佐证着这一结论。在舞台呈现过程中，当身体符号和其他表现载体发生冲突时，昆剧无一例外地选择"身体优先"。作为从业几十年的专业选手，石小梅老师深谙此道。由此出发，她对于"身体原则"的坚守也至细至微、无微不至，如对旦角儿服装的"靠腰"，石小梅就坚决反对：

> 而从前老先生们一定关照的是：不准靠腰。靠腰后，你的线条就全部出来了。我最记得老先生跟我们讲，传统戏不需要用服装来表现女性的线条，这些线条美应该通过表演来显现。梅兰芳会去做这种靠腰吗？不可能，也不需要。以前练功的时候，老师跟我们讲，不是要你把胸挺出来，而是要你提气；不是要你抬下腭（芭蕾舞是抬下腭的），而是要你把下腭收进去；不要把臀翘起来，反而要收敛，胸部也是扣进去的。这种婀娜、这种味道，才是符合古典美的。

> 所以我很反对"靠"一下子。演员们若胖了、瘦了，所有服装全部浪费，都没用了。你想，一收腰，从腋下就得收，下面就窄了，你一胖就扛肩膀。为什么老先生传下来说肩下这里要宽松一点，就是要使人们看到你里面隐隐约约在动，这靠的是你的基本功，而不是你显出来的腰身。什么叫程式？我觉得这就是。

> ——引自对石小梅老师的采访录，由张弘老师提供

换句话说，演员身体的美，昆剧一向是要用演员的表演而不是静止的肢体来体现和表达，否则也就失去了表演的意义。

作为资深编剧，张弘老师的守护更多体现为对昆剧文学性的维护。这不仅体现在剧本的创制和改编当中，而且表现在很多细枝末节：如把石小梅工作室在北大的系列演出命名为"春风上巳天"，把某次昆

剧活动命名为"秣陵重到"。如果你有幸见到这个书生，与之言语交接，你甚至可以立刻感受到那扑面而来的温和与儒雅。

维护昆剧的文学性，当然要体现在对原作文辞的尊重，努力维护其原真性；更重要的则是对于原作创作主旨和主题思想的尊重，"沿着作者的方向前进"。

对于《桃花扇》的不同改编，其实就体现了对于作品的不同理解，也可以看出改编者的领悟能力和文学素养。如《桃花扇》续四十出《余韵》，这一出演明清易代之后，净扮的樵子（苏昆生）与丑扮的渔翁（柳敬亭）、副末扮的老赞礼三人相聚山林，感慨兴亡。这一段是典型的抒情性段落，很有"白发渔樵江渚上"的味道。作者虽然名之为《余韵》，但实际上却余韵不余。在主要故事了结之后，由曾经的事中人冷眼世外、现身说法。在此意义上，这一出正是作者集中抒发的"全剧之眼"，所以就文学表现而言，此出不仅十分重要，而且不可或缺。

在舞台演出时，怎么处理这一出，就完全取决于我们对剧本和作者意图的解读和领会。正如我一直强调的，《桃花扇》要写的绝对不是爱情！尽管作者一再声明，"以离合之情，写兴亡之感""借零香断粉，悲华屋古丘"，但作品的个中三昧，真能读懂者确乎不多。因此，当今有些版本的《桃花扇》，都把它作为爱情剧来处理。于是我们看到，有的版本把作品原本的男女情爱"线索"变成了主场图景，而原本作为"剧眼"的作者集中抒发兴亡感慨的《余韵》一折，居然被改编者误读、漠视甚至无视，几乎完全从舞台表演中删除了。

张弘老师对《余韵》的改编却完全不同，他虽然改变了作品的原有结局，却另辟蹊径，安排了另外一种类型的"叩问"：侯方域与李香君，一个门内，一个门外，门是否要打开？人是否要重聚？这是和"to be or not to be"类似的一个大问题。但这种处理的背后，分明可以看到一种清醒：对于《桃花扇》而言，李香君和侯方域的"离"或者"合"，真的并不重要。作者很多想说的话，其实都在这离合背后，只是作者没有明说，让观者自己去体会罢了。张弘老师的改编显然读懂并尝试深化作者这一深意：

> 因此，我改编创作了《余韵》，让李香君去寻找一个永远不存在的读书人。这扇门打开了，是悲剧；关上了，也是悲剧——更大的悲剧。侯方域打不开这扇门，因为别人对他的期望太高了，他没有勇气、承担不起。在我的改编中，候、李二人走向的是两个方向，是永恒的分离——精神的分裂比躯体的不团圆更悲哀。我想通过这样的刻画给予中国知识分子一种关怀，我不认为把他们塑造成英雄人物就是人文关怀，真正的"关怀"应是通过艺术进行真实地人生剖析和体谅。
> ——引自《一树桃花似往年——专访昆曲艺术家张弘、石小梅夫妇》

当然，这种情节处理或许仍可以商榷，也许仍存在更合理的方式来表达，但给我们印象至深的是改编者的思路和意图。所谓《余韵》，不过就是一哭。改编只要顺着"哭"的路子走下去，大略是不差的。而在滥竽纷纷的当今，张弘老师不仅冷眼独看，且能蹊径另辟，差可称孔东塘的隔代知音了。与那些让泉下的孔尚任跳脚骂娘的改编相比，显然高妙了很多。

二、garden-creator：园艺师的创制

其实，仔细考究可以发现：就昆剧的传承和发展而言，真正一味恪守守旧观点的，多半是远离舞台的人。哪怕是一个学者，如果他对昆剧舞台艺术本体和舞台艺术的发展史有着比较细致的了解，他必然是赞成发展和革新的。关键在于：怎么创新？怎么发展？更为关键的则是，怎样处理好传承与发展的关系？所以，尽管一直谨慎地恪守着

昆剧的艺术传统，但不管是张弘老师的编剧还是石小梅老师的表演，他们从来都不简单地亦步亦趋、古板守旧。

假如没有任何提示和说明，让一个老昆迷去看石小梅老师的《桃花扇·题画》，你一定会把它认作一折老戏，但其实这折戏确确实实是由张弘和石小梅老师几个人"捏"出来的，是地地道道的"创造"的产物。

不过，这种创新必须以长期的艺术实践为基础，必须经过对文本和舞台的深度研究才可能达成。折子戏绝非一般意义上的"散出"，它必须是一部戏剧的"highlight"，往往要经历多年舞台演出的磨砺和删汰，并往往经过反复修正和提升。而要"捏"好一出戏，首先就必须有"看点"意识，围绕看点生成做整体考量。看点是折子戏的灵魂，是折子戏赖以生存发展的根基。《题画》一折戏就是石小梅老师和张弘老师合作的典范，它对看点的提炼就很准确到位。其情节十分简单：乱离之中的侯方域于黄河舟中邂逅苏昆生，苏昆生示以桃花扇，并告知别后发生的种种变故。侯方域为香君深情打动，于是冒险回转媚香楼，期盼与香君重逢。此时的媚香楼已人去楼空，满院寂寥。侯方域从蓝瑛口中得知详情，遂生无限感慨。

我曾经表达过这样的观点：一个散出要想走向折子戏，一是要"依行分戏"，二是要"寓技于折"（《昆剧折子戏研究》）。经张弘老师和石小梅老师之手而诞生的新折子戏《题画》，最终将行当落在了巾生身上，技巧方面则重在唱功。仔细推敲文本和故事你会发现，这种"落实"非常实惠，也非常机敏。因为它抓住了情节的核心，按照情感逻辑来构造戏曲。沿着主人公的心理线索，通过多个曲子的累叠，一唱三叹，集中抒情，成为完全可以和传统经典媲美争雄的"巾生唱功戏"。

今天，折子当中的曲牌【倾杯序】已经流行歌场，成为众多曲友追慕喜爱的新经典，这也从侧面佐证了折子戏的成功。

而石小梅老师的"创造"远不止这些，让我们感觉到这个"石头儿"从不甘寂寞。比如跟香港的"进念二十面体"剧团多次牵手，连续合作了《弗洛伊德的情与事》《舞台姐妹》《荒山泪》《临川四梦汤显祖》《宫祭》等众多剧目；再譬如针对自己的个头不高，改《寄子》中的薄靴为高靴；再譬如为了与自己气质相匹配，她一反传统，用小生来演崇祯，而且还振振有词：

> 我用小生演了崇祯皇帝，这个人物，其他人都以老生应工。有人批评我，也许我也比较傲，我就说，你们见过崇祯吗？没见过，对不对？崇祯皇帝为什么一定要是老生呢？为什么你们不相信我也能用小生应工，加上小官生、大官生的东西，三合一地来演他？之前的"老生"也是他们塑造出来的，你为什么光接受他们的，对我的塑造就一口否定？除非是我塑造得不好。我演崇祯，不是要让评论者看人物的年纪，关注崇祯是否那么年轻，而是注意到我的表演是不是符合崇祯皇帝此时此刻此地的情景。进行角色塑造时，要相信自己。因为你有程式在身上，你将程式运用自如，便有了凭倚、有了把握。
>
> ——引自对石小梅老师的采访录，由张弘老师提供

这样的辩白，你不能不为她喝彩。而这就是石小梅，一个个性鲜明、俊雅磊落的"演者"。

三、pleasure in garden：和花木一起的快乐

与二位老师交流，最难忘的是他们的快乐和专注。石小梅老师的快乐源于她的投入和痴迷，其专注程度令人惊诧：只要一登台，凝神绝虑。最近一次见她是在苏州昆剧院剧场，观看她和龚隐雷主演的精华版《桃花扇》。看完全剧，真令人激动不已：两个加起来一百二十多

岁的女性（当时"石头儿"七十出头、龚隐雷五十出头），竟然把一对小男女的儿女情态演绎得如此精美动人。而当我和顾聆森先生到后台"探班"时，正在卸妆的"石头儿"已经欢脱得像个孩子。

张弘老师也在享受着昆曲。像明清时期的众多文人一样，他对昆曲更像是一种雅玩。明清时期江南人对于昆曲的态度，其实更是一种生活态度，从容而优雅，从来不急吼吼，非常专注、认真。昆曲的"慢"其实是一种生活智慧，是深刻到骨子里的优雅和从容。由此，作为编剧的张弘老师所一直追寻的"情"和"趣"，其实也何尝不是一种生活态度！正如他在著作《寻不到的寻找——张弘话戏》一书里所说："我写戏，演员演戏，旁人看戏，演罢、看罢之后，点点头，也就等于是大家在一起喝了茶了。"

"我欲辞却功名事，一曲长歌到君前。"生活在江南，我经常思考这样一个问题：什么样的人生才是值得的？爱着且被爱着，应该是一个不错的回答。而假若能彼此深爱，又一起深爱着什么，恐怕更是一种境界和高度了。活在江南，你会深深感受到，昆曲正是这样一个"园子"，生活在这个园子里，也确实是一种幸运和福慧。它时刻激发着我们生命的激情，使我们可以透彻地享受属于生命的本真快乐。而且，在这个园子，我们不止享受着爱与美的福泽，还以文字、以深情、以婆娑一舞、以一曲长歌回馈着美丽江南的馈赠。

人生怎样才能无憾？楚留香曾经这样回答："来过、活过、爱过。"今略加修正，赠予园子里这一对"神雕侠侣"：人生江南，怎样才是惬意的人生？那必然是：来过、活过、昆曲过。

一个女人的车站

齐 红

早晨，大雨如注，四周一片昏黄，天气无比郁热。我就是在这样的时刻、这样的氛围中来到了安娜的生命终点。重读《安娜·卡列尼娜》，仍有无限的新奇和疼痛：我看着她在车站徘徊，然后做出决定，她一步步靠近铁轨，察看着车厢底部的螺旋推进器、链条和慢慢滚来的巨大铁轮，她错过了第一节车厢，只有等第二节，在前后车轮之间的中心点对准的刹那，她丢下红色手提包，扑到车厢下面……

这一刻，所有曾经给予她的注视与评说都显得遥远、疏离、枯涩——个性解放？追求爱情？反抗压迫？一个叛逆女性？一朵"恶之花"？在她纵身一跃的关头，甚至连同情、关切、疼痛似乎都沾染着旁观者的轻浮。什么样的文字能够复原并呈现这个女人短暂而鲜活的一生？哪些语句能够接近她的生命真相？我有同样的无力感，但又经不住她的诱惑。卡尔维诺说："生命，要定义这个神秘的实体，我们必须从书面开始。"（卡尔维诺：《为什么读经典》，黄灿然、李桂蜜译，译林出版社）安娜与伏伦斯基的相遇是在车站，她的生命终结也选在了车站。就让我们再次回到文字、借助文字，进入她的世界，与这个女人一起，历经她曾留驻的一个个车站。

无忧少女

安娜出场的时候，已经是一个八岁孩子的母亲，小说并未专门描写安娜的少女时光，但在托尔斯泰布下的命运棋局里，安娜的少女生活其实一直若隐若现：富足、精致、单纯。

安娜自己之于少女时代的感慨与感受曾在小说中一掠而过，其中有三处比较直接：一处是在嫂子陶丽家里，安娜与前来串门的吉娣聊天，她由衷地对十八岁的吉娣说："您现在的年华真太宝贵了！……我清清楚楚地记得，那好比弥漫在瑞士群山中的蔚蓝色雾霭。这种蔚蓝色雾霭笼罩着童年结束时那个幸福年代的一切，过了这幸福阶段，路就越来越窄了，踏上这段道路真叫人又惊又喜……谁不是这段路上的过来人哪！"（托尔斯泰：《安娜·卡列尼娜》，草婴译，上海译文出版社，后同）另一处是已经生发出死亡念头的安娜坐在马车里，看着瞬息万变的窗外景色，联想着美好的尘世生活，忽然记起十七岁那年跟姑妈一起去朝拜三圣修道院的样子："那个一双手冻得红红的姑娘就是我么？当时觉得高尚美好，如今却一钱不值。"最后一处是在安娜扑向铁轨之际，她本能地画了十字，而"这种画十字的习惯动作，在她心里唤起了一系列少女时代和童年时代的回忆。周围笼罩着的一片黑暗突然打破了，生命带着它种种灿烂欢乐的往事刹那间又呈现在她的面前……"

虽然只是几处看似漫不经心的表达，但已足以让我们感受到少女安娜的幸福与憧憬。跟着姑妈长大的安娜并未因父母早逝而受影响，作为王族后裔，她与哥哥一直享受着允足与丰裕的物质生活，而俄罗斯顶级贵族圈的人脉又为他们提供着诸多人生机会和生存选择。故事开场不久，小说就借安娜的哥哥展示了这种出身优势：奥勃朗斯基完全不用发愁官职和收入，他的亲戚朋友很多，"官场里上了年纪的人，有三分之一是他父亲的朋友，从小就认识他；另外三分之一是他的知交；再有三分之一是他的老相识。这样，地位、租金、租赁权等尘世福利的支配者都是他的朋友……"哥哥的生活是这样顺风顺水，妹妹自然也是优渥从容的。

至于少女安娜的具体生活情景，十八岁的吉娣其实是一个很好的观察窗口：二人的感情遭遇、生活理念和命运走向虽不尽相同，但在某些情境之下却有着惊人的契合之处——她们家世相当，教养相似，生活有诸多交集，在相互交流碰撞的场合里，总是成为彼此之间认真、仔细的观察者、分析者，带着女人的欣赏、直觉、猜测和嫉妒。而且，两个人曾经不约而同从自己的视角表达了某种"共情"意味：在陶丽家中，安娜分明从吉娣身上看到了少女时代的自己，才说出了那一番话；而不久之后，莫斯科的盛大舞会上，在伏伦斯基的舞伴选择上，吉娣败给了安娜。当她跟另一个青年跳最后一圈卡德里尔舞时，碰巧做了伏伦斯基和安娜的对舞者。舞步往来的过程中，吉娣"忽然发现安娜又换了一种意料不到的崭新模样"，而且发现"她脸上出现那种她自己常常出现的由于成功而兴奋的神色"。很显然，少女吉娣在安娜的身上看到了熟悉的自己——处境、心态、情绪逻辑甚至表情的微妙起伏与变化。

所以，小说看似缺省了安娜的少女生活，但吉娣的现在就是安娜的过去，吉娣的十八岁就是安娜的十八岁。这个美少女的生活在列文的眼中仿佛"披着一层诗意盎然的神秘纱幕"：她和姐姐们"今天说法语明天讲英语"，她们"必须在规定的时间轮流弹钢琴"，有专门教师上门讲授"法国文学、音乐、绘画和舞蹈"；而且她们"每天要在规定时间穿上缎子外套"在林荫大道上兜风，她们散步的时候有"金色帽徽的仆人"保护着……旧式贵族教育虽有它的刻板和保守，但其规律、规范、高端、严谨的确是给这些少女们带来了非同一般的历练。

安娜们生活的大环境自不必说，小环境也是梦幻、优越如童话一般：少女吉娣的小房间是一个漂亮粉红色的房间，里面摆满"古老的萨克森瓷器玩偶"，未涉人世的吉娣就像这房间一样"洋溢着粉红色的青春的欢乐"。

作为顶级贵族阶层的一名少女，安娜如吉娣一样，会在十八岁左右进入社交圈。托尔斯泰用了许多笔墨描述十八岁的吉娣出现在莫斯科盛大舞会上的样子——她穿了一件"玫瑰红打底、上面饰有花纹复杂的网纱"的衣裳，身上的每一处装饰都"雅致完美"：浅黄色假髻、丝绒的颈结、衣饰花边、玫瑰花结、粉红色高跟鞋、手套上的纽扣……全部处理得服帖、用心，每个细节都经过反复考量和设计。在舞池里，吉娣不是一个新手，但也不是一个老手，有着介于二者之间的兴奋和拿捏。家世、背景、训导给了她足够的力量和底气，美貌和装饰加持了她的自信、烘托着她的可爱——这个少女志在必得，舞会是她闪耀光芒的盛大平台，她坚信属于自己的白马王子正驭风而来。

少女安娜一定也是这样的：有这么一个涉足社交界的高光时刻，家人们会一起努力，为她的隆重出场进行精心的准备，她自己也会认真打造身上的每个细节，拿捏每个表情，只为在成人礼般的舞会出场中成为最闪亮的明星。不确定的只是，在她出场之前，有没有如吉娣一样，已经锁定一个心目中的"伏伦斯基"呢？如果有，为什么两个人没能持续关系？是在什么样的情状下嫁给了大二十岁的卡列宁？会不会也是在一场失败的恋爱之后，顺应了姑母的说和，进入了现在的婚姻？她是亮丽、出色、光彩照人的，但在莫斯科或彼得堡最顶尖的社交场域里，你永远没法预料什么时候会杀出一匹黑马，就像十八岁的吉娣，在进入舞会之前，她又怎能知道竟会败给一个八岁孩子的母亲呢？

托尔斯泰没有呈现少女安娜的情感经历，但能够肯定的是，较之于吉娣，她的性格与行为表现会更有棱角，她的房间可能不至于这么粉红；舞会出场的时候，她的服装也许不是粉嫩系，而是神秘系，遇到她喜欢的"白马王子"时更主动，被拒后也会有她更强力些的处理方式……两人在行为方式上自然会有不同，但就整体的环境和条件而言，安娜和吉娣的少女时光都是优渥、美好的，她们是家里的掌上明珠，社交场上众人瞩目的公主，生活处处散发着梦幻、安稳、无忧的气息。

那么，是在哪一个时间点上发生了一些偏移，以至于两个美少女分道扬镳，各自走向了不同的生命征途呢？当我看到托尔斯泰花了许多笔墨，极尽浓情蜜意、耐心细致地刻画了列文和吉娣重逢、互相示好的过程，就有些明白了：应该就是在这样的时刻、这样的契机里，安娜最终走向了另一条道路——吉娣内敛、羞涩，充满反省精神，又在必要的时候主动争取，所以当再次遇到列文的时候，她抓住了自己的幸福；安娜呢？更多急切、过于自我，又有较强的控制欲，是某个时候的高傲与负气，还是一时的任性与自私，让她终与一个年龄相当的青年擦肩而过，最终走向了卡列宁？

不管怎么说，在人生的第一个站点，安娜的风景虽难免有些小遗憾，但整体上堪称完美：四周鲜花盛开，站台热闹非凡，来往的人们投来赞美和关切的目光。她充分领受着命运加持的阳光雨露，全没想到以后的人生站点上会有怎样的狂风暴雨将她吞噬。

静好婚姻

我们总是喜欢在人生的动荡时刻发出感慨与祈愿：愿山河无恙，岁月静好。而一旦"静好"成为常态，又会抱怨生活的平淡、无趣与无聊了。当常态被打破，原来平庸无奇的日常竟然成了最大的奢望：每日的准点上下班、每周的约会聚餐、超市里买买买、公园里逛逛逛……这些习以为常甚至让你心生倦怠的日常忽然有了巨大的魅力。

婚姻是诸多日常中占比很大的一个部分。当彼此独立的两个个体因为一纸婚约被捆绑在一起的时候，婚姻的不完美和不和谐就已经注定了。只是在进入婚姻之前，几乎没有哪个女人能破除关于婚姻的美化和幻象；进入婚姻后，也就很难直面并认知婚姻的庸常与现实。安娜也是如此——当安娜在十八岁的吉娣身上看到自己的少女时光时，她的脑海里同时闪现的，还有婚姻与婚后日常：她不由自主地感叹道:"过了这个阶段,路就越来越窄了。"与幸福无忧的少女时代相比,安娜将自己的婚姻生活定义为"狭窄之路"。

太多的评述把安娜看作是一个包办婚姻的受害者。她的哥哥奥勃朗斯基说:"你嫁了一个比你大二十岁的丈夫。你没有爱情,也不知道什么叫爱情,就结了婚……"这个视角成为我们同情安娜的一个经典视角:年龄差距、性格差别、压抑婚姻……按照恩格斯的观点,安娜的婚姻不是爱情基础上的"道德婚姻",但"道德"的婚姻未必一定指向现实的"幸福"——对于安娜这样一种性格的女性来说,如果她最初嫁的是伏伦斯基而不是卡列宁,她的生活一定会幸福吗?她的婚姻会安稳、持久吗?我相信没有人能给出肯定的回答。

有诸多生活细节向我们证明着卡列宁为安娜制造的这种"静好"与幸福:她的起居室安静美好,摆放着亲友的画像,陈列着各种精美的小玩意……(想想少女吉娣的房间摆设吧,已婚安娜其实幸运地将少女房间延展到了婚后生活)对卡列宁全无感情吗?明明是不论有什么事,"高兴的、快乐的或烦恼的,都会立刻告诉他",包括卡列宁手下的小青年曾对她示好,差点儿求爱,也都和盘托出。简单断言安娜这颗一向对丈夫"开放的灵魂"里全然不包括爱意,有些不合常理。

而卡列宁也以他的个人方式不断向安娜表情达意:彼得堡车站上的一幕足可见出这一点——卡列宁在百忙之中抽时间到车站接安娜,他一直以看似玩笑实则认真的口气诉说着对妻子的想念:"你的丈夫像新婚头一年那样多情,望你连眼睛都快要望穿了。""他(儿子)并没有想念过你,可不像你的丈夫哇!""我要向你再说一声'谢谢'……提早一天回来……""现在我又可以不用一个人单独吃饭了。"

平心而论,如果不是刚刚遇见伏伦斯基,安娜在这些话语面前不会无动于衷——这些话都是很好的情话:体贴、主动、深情,带点儿卡列宁式的矜持和绅士。卡列宁同样生于贵族之家,叔叔是先皇宠臣,虽比安娜大了二十岁,但已经做到省长的他可谓年轻有为,仕途顺遂。与神思飞扬的安娜相比,他的确显得严肃、刻板、教条了些,但从另一面说,这种规范、规矩里也包含着工作需要的严谨和静好岁月必需的自律:卡列宁的"每一分钟都预先排定",他总是"严格遵守时间",在家里他吃饭、聊天,饭后陪一会儿客人,去工作之前也不忘笑着握一下妻子的手。当晚九点半,忙完公事的卡列宁到家,安娜带着欢迎的姿态,卡列宁吻了妻子的手,两人聊了不短时间的天儿:安娜聊家事,聊莫斯科见闻,卡列宁聊官场、政见、社交,就着红茶和点心,两人互相关切,聊天完毕安娜挽着丈夫的手将他送到书房门口,她自言自语地评价道:"他毕竟是个好人,正直、善良、事业上有成就。"

强大的经济基础,足够充裕的物质供给,身边有个可以诉说心事、也足够包容的丈夫,在外有个可攻可守的高端社交圈……这就是卡列宁为安娜制造的个体环境,但日久天长的"静好"就会变成"无趣"——尤其是对于安娜这样一个内心蓬勃生长的女人来说,流淌在静好岁月中的日常、平实、按部就班、一成不变是不能忍受的,至少是不能长期忍受。她活跃而跳荡的灵魂里,需要更具戏剧色彩的生活来呼应和配合。

被伏伦斯基碰撞、摩擦出内心火花的安娜开始骚动不安,身体的背叛信号总是先于精神表现出来:安娜刚刚辩护丈夫是个"好人",接下来却是生理上的排斥:"他的耳朵怎么显得这么怪呢?"在不可自制地走向伏伦斯基的过程中,安娜对卡列宁的厌弃与日俱增,他的身体特征变得委琐、令人烦躁、不可忍受:他的眼睛是"无生气的驯顺而迟钝的",他的手"白净、青筋毕露",他"说话的腔调""扳手指的声音"都令安娜"嫌恶得打了个寒噤"。他的行为与思想也都带有了虚伪、功利的目的:看赛马比赛与朋友打招呼被安娜看作"沽名钓誉、飞黄腾达——这是他灵魂里的全部家当"。他那些"高尚的思想、热爱教育、笃信宗教"都是向上爬的敲门砖,"他说的每句话,在她听来都是虚伪刺耳的。"安娜之于卡列宁，是一个情感已经另有他属的女性对丈夫合情合理的反应：从肉体到精神的全面排斥与厌弃。她要打破这压抑、窒息、分裂的生活——由谨慎克制到放纵大胆，她在激情中获得了畅快的呼吸，也不得不直面一直躲避的离婚问题。

而在离婚问题上，卡列宁一直以来也是背了黑锅的：事实上，自始至终都是安娜在控制局面，她有意无意地操控着三人之间的关系，试图从中谋得一种平衡而又轻松的状态，结果以失败而告终。她迟迟不肯将自己与伏伦斯基的关系告诉卡列宁，开始是出于羞愧、害怕、道德压力，后来则是权衡利弊之后的主动选择了：伏伦斯基劝她向卡列宁坦白，两人再议对策，结果遭到安娜恶狠狠的反驳：逃走么？做你的情妇？把一切都毁掉？做那个被儿子憎恨的"抛弃父亲的母亲"？一想到这些安娜就"十分害怕，简直无法认真思考"，只能用虚伪的判断安慰自己，继续维持现状。她央求伏伦斯基以后不要再提这事儿了，表面上是逃避现实、暂时解脱，实际上未尝不是深心里的另一种情感流露——儿子、家庭、静好的生活，这也是安娜在乎的"一切"。安娜是分裂的，她不止一次提到自己有双重人格——生女儿的时候得了产褥热，生命岌岌可危，她对卡列宁的复杂情感本能显现：她盼望他来，叫他的名字，"他的眼睛跟谢辽查一样……"看到丈夫的一刹那，安娜的眼睛露出"温柔而狂喜的神色，这是他从来未见过的"。她请求卡列宁宽恕，并向他解释："另外一个女人附在我身上……那个女人不是我，这个才是真正的我，才完完全全是我……"

只是，听命并享受着自己情感的激荡和快乐时，安娜很少理性分析并直面自己内心的真实，对于卡列宁的这份依恋、肯定和亲近之情极少出现，更少有表白和表达，以至于生命垂危的安娜流露这些情感时，卡列宁觉得异常陌生。事实是，我们关于卡列宁根深蒂固的成见基本来自安娜过于情绪化的评判："当他生气时简直是一架凶恶的机器。""一个眼神如此迟钝、神情怡然自得的人，还会有感情吗？"卡列宁拒绝离婚，也就被安娜解读成这样的逻辑：他不知道我是一个活的、需要爱情的女人——我尽力爱他——不爱的时候尽力爱儿子——现在我需要爱和生活——他不同意离婚是卑劣本性的表现——他要用谎言捆住我的手脚。

　　刻板、冷酷、自私、虚荣，安娜眼中的卡列宁显然不是客观真实的：一个简单的细节就可以推翻安娜的成见——每每遇到女人和孩子的眼泪，卡列宁就会手足无措，听到安娜坦白了与伏伦斯基的感情后，卡列宁非常生气，但在安娜的眼泪面前"心慌意乱"。他极力克制自己的感情，"彬彬有礼与她道别"。后又在安娜生命垂危之时来到她的床前，宽谅并接纳了安娜给他带来的一切麻烦：声誉损毁、家庭凌乱、女儿养育……被安娜定义为"阴谋与报复""束缚与捆绑"的"不离婚"决定在卡列宁这里的真相是："如果他同意离婚，他将毁了安娜。"离婚问题在卡列宁的脑海里反反复复斟酌了千百遍，没有人比他更清楚其中的利害和影响：要达至离婚目的他必须起诉妻子通奸，安娜会因此遭到告发和羞辱；两个孩子无论归哪一方抚养，都会受到不同程度的伤害；而看似自由了的安娜，在教会的戒律里也不能与伏伦斯基正式结婚，他们同居的结果可能是"过了一两年不是他把她抛弃，就是她同别的男人搞上了关系"，如果同意离婚，那就意味着"我将成为促使她毁灭的罪人"。

　　只是卡列宁的这些心思无人能懂，安娜更是听不进去，卡列宁只好以书信形式向安娜请求："我只有一个愿望，那就是您的幸福，您灵魂的安宁……请您坦率地告诉我，怎样才能使您得到真正的幸福和内心的平静？我完全服从您的意志和您公正的感情。"不必怀疑卡列宁的真诚——他不是圣人，他的这些领悟、选择、决定都是伤害与疼痛层层堆叠的结果。在得知妻子出轨之后，他也曾万般凌乱，内心滋长无数愤怒与仇恨，甚至潜意识里盼望过妻子的产后死亡与最终解脱……但正是安娜讨厌的"克制"品质让他逐渐冷静下来，意识到持续这种状态只会摧毁所有当事人的幸福，他请求安娜给出一个解决之道：让灵魂安宁，内心平静，生活回归日常，幸福才有可能降临。

但事实上，此时的卡列宁心里也非常清楚，无论如何，原本的"静好"岁月不可能再回来了，任何一种选择和前行，都将面临深渊和悲剧，拒绝离婚或许还可以在一定程度上减缓悲剧的冲击力，将伤害程度降至最低——卡列宁背负着误解、压力、无奈和羞辱感在信中恳求妻子，但此时的安娜怎么可能听得进去呢？卡列宁孤独而又悲怆。

动荡爱欲

必须用"爱欲"（而不是"爱情"）这个词才能更准确地定义并理解安娜与伏伦斯基的关系——身体的本能、性情的默契、不安的灵魂、合适的机遇……所有因素缺一不可，最终激发并生产出了这个堪称华丽的爱欲故事——这样的故事一旦开始，安娜生命的"静好"状态便不复存在，随之而来的是各种意义上的起伏"动荡"：情感的、心灵的、生活的，公共空间和私人空间中的安娜变得更加神经质起来——赛马场、影剧院、沙龙，又或者是在家中，因伏伦斯基而来的一切都是激烈的：开心与眼泪、担忧与狂喜、恐惧与坦然、猜疑与忌恨等极端情绪此起彼伏，控制了安娜的日常，与此前的婚姻生活状态形成鲜明的对比。

这个爱欲故事发生的前提是：两个主角衣食无忧，拥有绝对匹配的出身、家世、教养、阅历以及闪闪发光的外在形象。

安娜是美的，她的"美"不是简单的漂亮或可爱，而表现为一种迷人的生机和感染力：几乎所有人在见到安娜的第一面时，都会被她的这种气质所吸引。吉娣遇到安娜，感觉她身上"有一种与众不同的像魔鬼般魅人的东西"，"她的眼神中闪耀着难以克制的光辉"。画家米哈伊洛夫初见安娜就瞬间被征服："安娜妩媚的形象令他大吃一惊。"伏伦斯基当年的同学高列尼歇夫一见之下也被安娜"诚恳快乐、生气勃勃"的样子所感染。列文则认为她有一种"使人心醉的风韵",智慧、文雅、美丽而又诚恳,是"一个多么奇妙、可爱、可怜的女人"。除此而外,安娜还非常善于在不同场合突显自己的美与吸引力,把个人特点张扬到最为恰如其分的境界,以"低调又奢华"的方式成功吸引众人的目光。莫斯科的舞会上,出乎吉娣意料的是,安娜选择了一身黑色丝绒礼服出场,又在乌黑的头发间插了一束小小的紫罗兰,在一众亮丽的华服中彰显了她的高雅和动人。

伏伦斯基的帅气与安娜的迷人很是般配:这个年轻的骑兵团军官"风头十足",他是基里尔伯爵的儿子,"非常有钱,人长得又漂亮,交游甚广"且"很有教养,又很聪明,是个前程远大的人物"。即使是在情敌列文那里,伏伦斯基也有着无法拒绝的亲和力与气质优势:"体格强壮、相貌端正英俊","性格沉着刚毅而又和蔼可亲","一切都显得落落大方,雅致洒脱"。

在彼得堡的火车站内,这样两个"可人儿"相遇了:伏伦斯基去接母亲,安娜则是来哥哥家调解矛盾。火车到站,伏伦斯基到母亲所在的车厢去迎接,车厢入口处两人"狭路相逢":安娜要下,伏伦斯基要上,擦肩而过的瞬间,他们彼此感受并完成了荷尔蒙的对接、碰撞和交流,重要的是,这对有着"丰富的社交经验"的男女迅速捕捉到了对方的激动、快乐和期待,并快速给予了回应。"他转过身去看她,她也向他回过头来",只需一瞥,伏伦斯基就发现了安娜脸上那被"压抑着的一股生气"。她身上洋溢的"过盛的青春"不断从眼睛的光辉和隐约的笑意里流淌出来。

这一刻,伏伦斯基前一天在吉娣那里感受到的美妙、暧昧、诱惑荡然无存,他的眼中只剩下了安娜;而在伏伦斯基目光的注视下,安娜的动作变得"矫健又轻盈""果断又优美",她跟伏伦斯基的母亲告别,又带着荡漾的微笑主动伸手给伏伦斯基,并且"大胆地紧紧地握了握伏伦斯的手"。伏伦斯基不能自制,"目不转睛"地看着安娜,直到"她婀娜的身姿看不见为止"。

安娜的主动性不言而喻——"引诱"其实已经开始,在一个潇洒飘逸的年轻军官面前,安娜不由自主地将自己的魅力最大程度地释放出来。马尔库塞说,人的本质就是爱欲,爱欲是性欲的升华,是更大意义上的生物本能(《爱欲与文明》)。我们其实可以暂时抛开俄国19世纪末期的社会变革背景,在更恒定和阔大的语境中分析这个问题:无论哪个时代,经由文明教化的人面对自我的"爱欲"本能,通常的态度无非是:放任、节制,或者是在二者之间摇摆。

安娜与伏伦斯基的爱欲关系也在放任与克制之间呈现着它的魔力:初见之下本能地表露、释放个人的欲望与情感,眼中的光辉、脸颊的光彩、动作的摇曳生姿……都是不由自主地发射的信号。两人在一起的时候,这种力量强大到理性失控:莫斯科舞会那一天,本是吉娣的定情日,安娜几乎是不由分说地抢了吉娣的风头,与伏伦斯基跳起了玛祖卡舞——这种男女结合、成双成对、带有情爱指向的舞蹈让吉娣备受伤害。

伏伦斯基也是情场老手,代表着彼得堡的这样一类人:"风雅、英俊、慷慨、勇敢、乐观,沉溺于各种情欲而不会脸红,对各种事都抱着玩世不恭的态度。"两个人在诱引与呼应上可谓旗鼓相当,极为默契:伏伦斯基配合着吉娣跳了儿曲华尔兹,又跳了卡德里尔舞,说了些无关紧要的话;安娜也与别的舞伴合作着,但两人的目光和注意力却一直粘连在一起,等到最后的玛祖卡舞,安娜与伏伦斯基互选了对方。直到这个时候吉娣才发现了自己身边潜在的危险:整个晚上安娜和伏伦斯基都在闪耀非同一般的神采和激情,而且这一切都仅为对方而产生。

但离开伏伦斯基后,理性占据上风,安娜要求自己尽快"躲避""远离":莫斯科舞会的第二天,她改变计划,打算当日返回自己的家。她真诚而坦率地向陶丽致歉说："我原想给他们撮合撮合，结果却完全出乎意外，也许我是情不自禁……"离开之后，"我又可以照老样子太太平平过日子"。

其实已经不可能了：欲望一旦点燃，很快会成燎原之势。尤其在旗鼓相当的安娜和伏伦斯基这里，他们干柴烈火，一路奔腾，更多是节奏的吻合，而难说是爱情的胜利——回家的火车上，安娜紧张、纠结、犹豫，同时甜蜜、快乐、得意，情感的混乱、迷醉与挣扎之中，"她觉得她的神经像琴弦一样在弦轴上越绷越紧"，为了缓解自己的心情，在火车中途停靠的站点上，安娜下车，一任暴风雪裹住发热发烫的自己，就在这个时候，伏伦斯基梦幻般地出现在车厢的入口处。

我是一个在黑暗中大雪纷飞的人哪（木心）

伏伦斯基适时出现并表白，安娜表面拒绝内心快乐——她感受到一种可怕的幸福感。下车的时候，与现实有关的一切变得令人生厌，朝向隐秘欲望的那个角落却变得无比迷人和生动。

在这个意义上，宗法伦常对于这种关系的"有罪"推定反而成为一种酵素，越是压抑、禁止着，越是销魂、令人神往的，一想到伏伦斯基，安娜就有一种充满"罪恶的喜悦"。在道德贬抑和舆论压力中，她得以持续这种生活的方式就是停止思考，听任情绪与身体行动："以后，以后再说。等我平静点再说。"而事实上，"她的心情始终没有平静过"。除了本能和欲望，两人关系的黏合剂还有安娜头脑里的浪漫与幻想。返程的火车上有个细节描写：安娜在读小说，心里想的却是情节在自己身上的落实——她渴望像小说中的主人公一样发表演说、到处走动、骑马打猎、戏弄嫂子，时常沉浸于幻想中的安娜"每次相逢，总是竭力把想象中的他（无比英俊，在现实生活中是不可能有的）同实际的他融为一体"。而一向"不想结婚而勾引姑娘"的伏伦斯基则"觉得自己完全沉浸在爱情里"。

安娜再也停不下来了，在获得和拥有之后，她希望这样的关系永远保持它的纯度、强度和深度，一直新鲜如初。她没有意识到，这种爱欲关系的魅力就在于：没有实现的部分才具有无比的诱惑力，其强力炫目也只能是生活的一种点缀，不可能成为常态。所以，在欲望实现的一刹那，安娜感到的不是幸福，而是"精神上一丝不挂的羞愧感"，而此刻，"爱情"则像"被夺去生命的尸体"，要忍受失落、恐惧、慌乱、羞耻等情绪的撕裂、切碎、蚕食——这是安娜的爱欲追求面临的第一重困境；接下来她无法逃脱的第二重困境是，一直回避、拖延、不愿直面的现实以残酷冰冷的面目不断出现，逼她做出选择，而弥漫其中的琐碎日常也逐渐成为她和伏伦斯基浪漫爱欲的最大杀手。

生女儿的时候安娜得了产褥热，百分之九十九的死亡率。骤然抵达的变故似乎是一种提醒，让每个人有了重新省视自己的机会：卡列宁选择宽恕，终止了离婚诉讼；安娜和伏伦斯基也忏悔着自己的行为，后者甚至试图以开枪自杀终止一切凌乱，恢复曾经的秩序。但死亡的威胁一过去，两人的身体一经复原，曾经的反思和忏悔都消失得无影无踪，爱欲的力量再次战胜了一切，安娜断然放弃了离婚要求，与伏伦斯基到欧洲去旅行度假了。

逃避生活的难题，享受现时的快乐，试图紧紧抓住自我心灵真实、真切的满足感——安娜与哥哥在这一点生活哲学上如出一辙，奥勃朗斯基曾对"一丝不苟"的好友列文说："人生的一切变化、一切魅力，都是由光和影组成的。"与伏伦斯基化学反应出来的"光与影"正具备了安娜喜欢的新鲜和幻彩效果，她沉迷其中，无法自拔，如嫂子陶丽一针见血的总结："她眯起眼睛，不想看到生活的全貌，只想追随爱欲的快乐。"

两人初次相遇的车站上，在暧昧又热烈的氛围里，他们共同目睹了一个看路工的死亡：车轨之下，这个人被轧得血肉模糊，原因不明。安娜说："这是个凶兆。"女人的直觉是可怕的，在初识情人、绽放情欲的当口，安娜就不幸预言了自己的结局。

盛大死亡

这个灵动飞扬、顾盼生姿的女人为什么非要冲向铁轨呢？是因为伏伦斯基感情上的疏离、弱化、冷淡吗？是对终将失去这份感情的恐惧吗？还是日常凌乱与世俗压力终于超出了她的承受极限？来到这世上的每个女人，都有各自的辛苦辗转，衣食无忧的安娜为什么不能继续她的人生？她有一百个理由可以苟活下去，有一千种方式安放自己的肉身。但是，她拒绝了。

那个最强力的死亡动机和死亡缘由究竟是什么？

从欧洲回到彼得堡的安娜需要继续忍受社交圈的冷落和羞辱，她申请看望儿子的要求一再被拒绝，伏伦斯基对她的爱与热情也大不如从前……她试图逃避的麻烦和困扰一重重袭来，但这一切都构不成根本性的打击：她仍可以不顾伏伦斯基阻拦出现在剧院里，挑衅周遭的议论和眼光；她未经同意、不由分说成功探看了儿子；她也可以用温柔、眼泪、愠怒和美丽留住伏伦斯基的目光——但是，在一切一切具体实在的阻力与压力之上，安娜看到了生活的某种抽象与本质：她所惧怕的生活的平淡、平凡、无聊、重复——那些曾经反感和唾弃的日常不断出现，如同之前与卡列宁的"静好"生活和凡常婚姻。

激情过后，安娜与伏伦斯基之间的倦怠情绪开始出现。欧洲旅行期间，伏伦斯基就在军官学校的同学面前抱怨："意大利的生活太乏味了。"回到彼得堡后，他开始了对自由的渴望与试探，重返社交圈、参加选举是伏伦斯基释放的信号。但于安娜而言，社交圈的大门几乎对她彻底关闭。境遇的不平等加剧了两个人关系的失衡：矛盾、冲突、口角也愈演愈烈。安娜将伏伦斯基对自己注意力的减弱认定为"变心"——"他爱上别的女人了……""一切都完了！"，而伏伦斯基则感觉"为了她陷入一种苦恼的境地"。曾经的浓情蜜意随风而逝,他们都认为"错在对方,并且一有机会就竭力指责对方"。渐渐地,两人互相注视的眼光也变了味道,小说中多次出现伏伦斯基的目光描写:"眼睛里闪现出又冷又凶的目光",安娜"心惊胆战地凝视着他那像法官一样的冷酷无情的目光",他"冷冰冰地瞅了她一眼"。

他们忍受着,也分析着,彼此更清楚地看到了对方的真相——安娜说:"他在我身上追求的是什么呀?与其说是爱情,不如说是满足他的虚荣心。"伏伦斯基也对安娜的心思、伎俩了如指掌:她找借口把参加选举的伏伦斯基叫回来,"他打量着她的发式和服装,他知道她是特意为他而穿着打扮的","这一切他都很欣赏,但已经欣赏过多少次了"。

在猜忌、争吵、熟悉、淡漠以至于麻木的感觉之外,安娜发现一种可怕的轮回已然出现:伏伦斯基竟然一度也要一个"静好"和"秩序"的婚姻状态了。他要安娜再次提出离婚申请,以便与他结婚,他需要女儿姓自己的姓,他要继续生儿育女,他要儿子属于自己的家族,孩子们能够继承他的财产,他希望一家人幸福地生活,为此,他要建功立业……她将再次成为一个"妻子"和多个孩子的"母亲"。她直白地对伏伦斯基说:如果希望再有孩子,就是不珍惜她的美。

安娜恐惧的日常沦陷进入了新一轮的开始:是的,一切似乎不过在重复过去——与伏伦斯基同居的房间摆设也变得"既没有表情,又没有灵魂","挂钟、窗帘、糊墙纸"简直是"恶梦"。她不安地抗拒着这样致命的熟悉和"轮回",紧张、焦虑着爱欲与激情的消失。她甚至尝试在其他男人身上寻找新的兴奋点,她希望找回生命那种流动的、激荡的、活力的感觉。有一个晚上列文与奥勃朗斯基一起去看她,她全身的细胞似乎都活跃起来,整个晚上"都竭力使列文拜倒在她的脚下(近来她对年轻男人都是这样的)"。

但她很快发现,身为一个女人在固化语境中的挣扎实在微不足道，列文离开，她的心思还是只有放在伏伦斯基身上，而后者随时出现"冷酷的""准备吵架"的神情，并且一幅"想干什么就可以干什么"的无所谓的样子，安娜却是"毫无办法，无从下手，无法改变"，"只有忍耐和等待"。

到了这样的境地，安娜发现已经无路可走——继续向前，无非是"冷冷清清的两个人，今后也是我们两个人……他不在的话，就是孤零零的我一个人……这样的日子是会到来的"。回头也无岸——与伏伦斯基吵翻，分手，回到卡列宁那里？或者回抚养她长大成人的姑妈那里？还是暂住陶丽家？又或者独自出国？一切就会改变吗？我会幸福吗？——她几乎没有犹豫地在心里回答自己说：绝对不可能！……"如今她把自己的生活和别人的生活看得一清二楚。……到处都是这样，永远都是这样……"安娜觉得自己"看清了人生的意义和人与人之间的关系"。她明白谁也没有什么值得高兴的事情，"人人生下来都免不了吃苦受难"。

虚无和绝望弥漫开来，不可救治。在经过了人生的一个个车站，体验了最极致的生活，看到了最顶端的风景之后，安娜发现，生活不过如此而已：华服内里是难堪的肉体，高光之后是苍白的现实，爱欲退却是平庸的日常……活着的意趣究竟在哪里呢？就像格非在《望春风》的结尾处所写："心里忽然就有一种活着就已死去的倦怠之感……被突然切断的，其实并不是返乡之路，而是对于生命之根的所有幻觉和记忆，好像在你身体很深很深的某个地方，有一团一直亮着的暗光突然熄灭了。"（格非《望春风》，译林出版社）某种意义上，安娜的死亡选择缘于这样一种彻底的倦怠感和存在之光的熄灭。同时，安娜意识到，唯有一"死"可以对伏伦斯基构成最后最彻底的控制——"死现在是促使他恢复对她的爱情，惩罚他，让她心里的恶魔在同他搏斗中取得胜利的唯一手段"。

世界令人生厌，再没什么可看，那就把蜡烛灭掉吧。可是，怎样灭掉呢？——选择什么样的死亡方式告别和离开呢？这世上有诸多平和、平静的离开方式：吃药、投水、自缢……安娜不会不知道，她甚至动过念头，设计过这样的方法——靠服用鸦片睡眠，每次一个剂量，多服几个就结束了，但最后她的选择是纵身扑向铁轨——在车站往来的身影和嘈杂的声浪里，她眼前出现了与伏伦斯基初次相遇的情景，那一天，他们共同目睹了车轮之下的一桩死亡事件。

没有比这更惨烈更令人惊心动魄的死亡方式了，瞬间粉碎，血肉模糊，美丽的她与狰狞的现场。她知道他一定会来，看到这最后的一幕，从此再也无法解脱。一切如她所料，她完成了最后最彻底的掌控：从现场回来的伏伦斯基几近"精神失常"，"已经像死人一样没有知觉"，"完全虚脱"。伏伦斯基的母亲恨恨地说：她把他彻底毁了。他变成了一个工具，随时准备在战场上被一枪毙命，进入永恒的安静。

真的结束了，所有的美丽与绚烂，静好或激荡，纷乱和清畅……"那只她曾经用来照着阅读那本充满忧虑、欺诈、悲哀和罪恶之书的蜡烛，闪出空前未有的光辉，把原来笼罩在黑暗中的一切，都给她照了个透亮，接着烛光发出轻微的哗剥声，昏暗下去，终于永远熄灭了。"

一个女人痛苦辗转、迈向死亡的过程中，一个新生命诞生了：在列文、吉娣、产婆、家人等一众的紧张、焦虑、期待与欢喜中，列文的儿子来到了人间……世界就是这样，离开和到达，结束与开始，不断轮回。即使如列文这样看穿一切，不时陷入悲观虚无，也必须跟随这生命的流转，时有无奈，时有感恩，时有厌倦，时有贪恋，时有苟安，时有进取——就是这样地活着吧，悲欣交集。

"曲园图像"考述

蒋　晖

俞樾（1821—1906）作为晚清同光时代最著名的学者、经学大师，一生著述极丰，诗文书法俱佳，西风渐进，他也是近代中国第一批最早接触、接受摄影技术、留下真实自我形象的传统文人。现存俞樾照片三帧，流传颇广，分别是七十岁至去世前五年所摄，俞樾形象多借此传播而深入人心，民国时所编纂的《清代学者象传》，其中俞樾的画像，亦源自摄影。

其实，有关俞樾图像，尚有传统文人为其写真所绘《曲园小像》，庋藏台北故宫博物院。本文梳理了俞樾诗文中相关资料，赘述如下。

俞楼传神

先贤图像，画像写真，描摹传神，"左图右史"，借以慎终追远，记录、昭示道德模楷、惕厉后人，一直是中国文化的重要传统。郑樵云："图谱之学，学术之大者。"纪人纪事，图像传世最早如唐阎立本《步辇图》，足补文献不足。

古代肖像画，按功能可分为规谏、祭祀、宴娱三类，按对象身份可分为宫廷、民间、传记等，这其中的书斋肖像尤为引人注目。

宋元以来，文人雅集、读书、著述、填词、行乐，或草堂园林，清斋自况，这样的绘图形式一直流行于江南文人之间。元代王绎有《杨竹西小像》开启风气，吴门明四家如沈周、文徵明，不仅为友朋创作了相当数量的书斋室号图，如《松石高士图》《木泾幽居图》《句曲山房图》《浒溪草堂图》等纪实绘图，自己也留有《沈周八十小像》《文待诏小像》传世，后人得以瞻仰。这些画像或自画像，像主或写真描摹，或写意抒情，大量题跋、自赞的文字，亦从图像角度再次诠释有关像主之人生理想、心灵寄托，不止书画艺术本身，研究、梳理其中蕴含的史料文献价值，亦极有意义。其他如《徐显卿宦迹图》写真实录，或兼及山水纪程图咏，乃至禅门高僧顶相骨影，相关人物画像流传至今，皆可宝贵。

晚明江南士大夫文人图像创作风行，文人"小像"繁盛一时，如叶时芳《陆树声北禅二人小像》、陈洪绶《何天章行乐图》，表象闲适隐居生活场景；专攻人物肖像的画家曾鲸创作有《葛一龙像》《严用晦像》《侯峒曾像》《顾与治先生小像》《黄道周像》《吴允兆像》《张卿子像》《沛然像》《赵士锷像》《赵庚像》《李醉鸥小像》《王时敏小像》等许多作品，像主涉及社会各阶层，而仍以士人为主体。

清代，江南地区文人热衷乡邦名贤肖像创作，其中《松江邦彦画像册》《沧浪亭五百名贤图》为其荦荦大者。其他如禹之鼎《王原祁艺菊图》、金农《冬心先生自画礼佛小像》等，皆是传世佳作。

台北故宫博物院藏《俞樾小像》，徐琪（1849—1918）绘，有蒋学溥（1846—1890）篆书题识"曲园夫子六十岁小景"。

小像后有俞樾光绪七年（1881）隶书题诗一首并跋：

> 南郭先生久忘我，东坡居士为传神。
> 青春一去岁复岁，白首重留身外身。
> 书混沌眉殊可笑，观恒河面本非真。
> 最怜珊架徐陵笔，貌此寻常行路人。

> 徐花农庶常为我写真，蒋泽山孝廉珍而藏之，皆可笑也，戏书一律。曲园叟，辛巳九月书于俞楼。

此外，还有钤印：曲园居士俞楼游客右台仙馆主人。

画中的俞樾（自号曲园居士），面目清癯，光风霁月，一派耆宿儒者风度，蔼然可观。

咸丰七年（1857），俞樾在河南任学政，因乡试出题"割裂经义"遭免官，历经战火丧乱之痛，寓居苏州专心讲学、著述，先后在苏州云间书院、紫阳书院讲学。同治六年（1867）转任杭州诂经精舍讲席，俞门弟子声誉鹊起，科举事业斐然可观，俞樾本人也早已走出罢官后流离颠沛的困窘生涯，一边主持浙江书局，刻书不倦，著述等身。

光绪三年（1877），俞樾主持杭州诂经精舍已满十年，与门生弟子在诂经精舍"第一楼"餐叙。这场欢宴中，门生们提出"俞楼"的概念，以诂经精舍"第一楼"为"俞楼"，借以表达内心对恩师俞樾的尊崇之意。彼时俞樾历经沧桑，看破人世纷扰虚名，自然一再谢辞，表达出一代大儒的自省谦逊，淡泊从容。他的另一位学生吴江王廷鼎（字梦薇），将这次师生雅集绘成《俞楼秋集图》两幅，一幅留诂经精舍，一幅赠给俞樾。关于王廷鼎与俞樾图像的关联，后文详述。

"俞楼"之倡议，俞樾虽谢绝，而俞门弟子纷纷响应，再次提出新建一舍，作为西湖边俞樾著述别业。徐琪发起此事，率先倡导捐助，俞楼遂于光绪四年（1878）开工，俞樾好友彭玉麟适在杭州，得知消息亦大为赞同，并建议扩大规模，可以接来俞樾夫人同住西湖，彭玉麟亦襄助建楼之银。

光绪五年（1879），俞楼建成，俞樾有《俞楼经始》一文，别作《俞楼诗纪》，分咏俞楼、小曲园、碧霞西舍、瓢池、伴坡亭、灵松阁、小蓬莱、西爽亭、鹤守岩、曝书台各景点。徐琪撰写《俞楼记》，记述筹建营造经过，代表同门表达敬仰之情，《俞樾小像》适时完成于俞楼建成次年。

《俞樾小像》绘者徐琪,字可玉,别号花农,浙江仁和人,少年即有才名,是俞樾最看重的弟子。《曲园自述诗》记:"花农从吾游最久,文字相知亦最深,余期之亦最切也。"

徐琪早年随戴熙侄戴以恒学画,《寒松阁谈艺琐录》称其"工画花卉,神似南田",偶然作山水小景。画史上虽未见其擅长写真之名,《俞樾小像》可证其人物肖像画亦功力不俗。画中曲园老人右手持握书卷,左腿盘膝坐在石上,别无衬景,是曲园六十岁时沉潜向学的心境,面容蔼然,衣饰朴素,一派学者风度,画幅表现出俞樾的隐然个性,得其气质精神,非久在门下朝夕相处不能攫之。

徐琪创作这幅《俞樾小像》时任翰林院庶吉士,故俞樾题诗中称"庶常"。这不是他第一次为老师画像。早在光绪元年（1875）苏州曲园落成之时,徐琪就曾为作《曲园图》,因为装裱费时,先就原图另外写成纨扇一帧,赠送老师俞樾,俞樾有诗答之：

> 一曲园林布置□,盆池拳石自嬉娱。
> 忽烦妙手来描写,遂使全家住图画。
> 康节行窝原是寄,放翁团扇岂堪摹。
> 得君点染居然好,始信文人笔墨殊。

由俞樾的题跋可知,该幅小像完成后,即由蒋学溥珍藏。蒋学溥与徐琪一样,都是俞樾门下高足。曲园的题跋后,另有钱应溥（1824—1902）、冯一梅（1849—1907）、羊复礼（1840—1892后）三跋,冯、羊二跋分别题于光绪十二年、十三年,尤其令人深感兴味者,是钱氏于光绪九年（1883）四月所作题跋,对俞樾学术上取得的成就推崇备至：

>　　研经师弟最情深，信手传来面目真。
>　　求阙斋中添一席，他年定是卅三人。

钱应溥，曾为曾国藩幕僚，时在京师军机处章京上行走。他深知曲园一生成就，与座师曾国藩之间无比深厚的情谊。早年因"花落春仍在"一句殿试诗，俞樾得到曾国藩的赏识，罢官后也是曾国藩照拂有加，浙江巡抚出面礼聘山长，俞樾终于得以在西子湖畔安顿一席，安心于教育、刻书、著述事业。题诗中提到的"求阙斋"正是曾国藩书斋名，"卅三人"典故，出自咸丰九年曾国藩作《圣哲画像记》。

曾氏见《四库全书》卷帙浩繁，感叹毕生精神也难以读完，于是从历代圣贤、著名文学家、学者中选取自周文王、周公、孔子、孟子、司马迁、班固、左丘明、庄子、李白、苏轼等三十二人，由曾纪泽绘成图像，藏于家塾以备子孙参考，其中清代人物有顾炎武、姚鼐、秦蕙田、王念孙四人。

钱应溥题诗所谓"再添一席"，是对俞樾文章道德的高度揄扬。俞樾学术以高邮王氏为宗，训诂主汉学，义理主宋学，著述宏富，门生弟子人才荟萃，多经世致用之才，在光绪七年（1881）时，已经获得极高声誉，尤其晚年学术日臻精湛，日本、朝鲜等海外学人仰慕而来，蔚然为东南大师，钱应溥跋识可谓有预见之明。

徐琪创作此幅《俞樾小像》之前，俞樾的图像已经以雅集纪事方式诞生若干。如之前王廷鼎创作了《俞楼秋集图》，后一度有意再次创作《曲园著书图》《精舍传经图》《俞楼雅集图》《右台归真图》四幅，但王廷鼎尚未开始，张小云于一夜之间绘成四幅作品，俞樾皆有诗答谢。

俞樾老友戴以恒，也曾画成《俞楼图》，并计划创作一套册页分别绘制各个景点。

徐琪与俞樾，"研经师弟"之间的"情最深"，更是画龙点睛之说，宜详加阐述。

吾党无双

俞樾、徐琪师生情谊之深，可谓异数，且历经几十年，共患难沧桑而终身不渝，现存俞樾诗文、信札、题跋文献，有大量彼此往还唱和、赠送礼物的记录，在《春在堂全书》中数量惊人，罕有匹者。如光绪六年（1880）徐琪高中进士，俞樾得意非凡，欣慰异常，赋诗颇有扬眉吐气之感：

> 金花铁子出皇州，十载相期愿始酬。
> 虎榜流传到吴苑，鹊声喧噪验俞楼。
> 本来吾党无双士，合占仙曹第一筹。
> 病叟曲园憔悴甚，为君黄色上眉头。

《春在堂诗编》中徐琪与俞樾的诗作唱酬，似隐藏着一份长长的礼单，比比皆是。学生清物馈赠不断，以此为题唱和不断，物质馈赠与文字交集，书翰往来，述及家事亲情，绵密不断，都是俞樾与徐琪之间漫长交谊的记录：

光绪七年（1881），徐琪初入仕途，出新意，用处州大竹，熨之使平，制为一扇，寄给老师俞樾。以其滑笏可爱，俞樾命名"玉板扇"。

徐琪在京任职，种松都门之庭中，得奇卉绿菊花，寄赠老师，俞樾皆有诗。

徐琪典试山西，在定州青玉峡得白石，琢文具自京师寄苏州。

有人从山西汾水得鲤鱼，置冰中馈赠徐琪，乃转寄吴下曲园。

"五羊城内节堂开"，光绪十七年（1891）徐琪升任广东学政，曲园老人诗中颇见得意。徐琪赴任过大庾岭，见早梅折枝寄来曲园。

光绪十八年（1892），徐琪得荔枝二，一寄奉双亲，一寄赠曲园。

从高州寄来手制蜜渍荔枝、蜜渍鲜龙眼。

有化州小橘子，琢为珠串可爱，供俞樾清玩。

偶得一种玲珑石花，以为新奇，寄赠俞樾赏看。

更为重要的是，徐琪在广东刊行俞樾著作，为曲园著述尽力薪传。

光绪二十三年（1897），徐琪入值南书房，后升阁学，拜经筵讲官，俞樾皆寄诗祝贺。

光绪二十六年（1900），徐琪升任内阁学士，次年署兵部侍郎，馈赠俞樾珍贵的内府乾隆窑敬畏堂茶瓯。自己所种盆荷，开并蒂莲花，所结莲房二枚，饱含情谊眷恋，远寄老师。

俞樾曾孙俞平伯出生洗三之日，正值腊月，徐琪寄赠赋诗"七十九年春不老"之颂。

光绪二十八年（1902），徐琪因故罢官，心情未免寥落，仍有寄赠俞樾程君房古墨……

俞樾对徐琪这位得意门生，一直关心备至，更始终关切着他的宦海沉浮。出任广东学政期间，徐琪曾专门写信讨教"学政"为官之道，俞樾以切身经历，教授其中关窍。徐琪在兵燹劫后，偶然得到其六世祖刻字竹瓶，俞樾为徐琪作《竹瓶歌》长诗庆贺。俞樾晚年总结一生经历，饱经世故沧桑的八十老人，有《自述诗》一卷，对徐琪，他有诗云：

文字论交谁最深，门墙徐稺最关心。

一诗焚向亡妻告，为报花农入翰林。

本诗俞樾有小注，提及庚辰年，即光绪六年（1880），适逢俞樾妻子姚夫人忌日，他曾赋诗焚寄，末云"只有门墙徐孺子，新登蕊榜大罗天"，"盖花农从吾游最久，文字相知亦最深，余期之亦最切也"。

钩沉往事，考察徐琪与俞樾之间的深厚师生情谊，才能更好体会《俞樾小像》创作、题诗的深刻内涵。师生之间，莫逆于心。

在俞樾，中年官场失意，在诂经精舍开设书院，教授科举之业，也是教化造就人才之地，他对徐琪才华的欣赏、事业功名的殷殷期待出自肺腑至诚，尤其师生两人在诗歌艺术、兴趣爱好方面有共同语言，得此佳弟子，是他得意事。

在徐琪，拜曲园门下，学业长进，时时聆听教诲，受益匪浅，故一生不忘老师栽培恩德，尊师爱师，终身不渝。他为俞樾绘制小像，寄托无限仰慕眷恋之情，因为朝夕相处，对俞樾的神态、内心气质的把握不同于一般画师，更将自己对俞樾的尊崇之心，通过画笔一一细致展示，正好与肖像画"传神"精髓契合，这种创作机缘是职业画师无法获得的。

文人创作小像，题跋最能表达像主的人生态度、精神世界，这也是这类小像创作的诉求点，文字直接传递的信息，是创作者与像主共同完成的一个整体，观者体会其隐晦、细微处，往往别有感悟。

俞樾自题诗云："南郭先生久忘我，东坡居士为传神。"可见对门墙弟子才华、人品的看重。

《曲园墨戏》是俞樾游戏笔墨之作，收录曲园率性而为的二十种墨戏图，"一团和气""如南山之寿""大悲""曲园课孙""福寿双修""曲园长寿"等，字画合一，妙趣横生。俞樾题释云："古人之字即古人之画……余素不习画，字则童而习之，以至于今闲居无事，拈弄笔墨，时书新意，颇有合乎古人字画合一之旨，集为一编，题曰'墨戏'。"

《曲园课孙》墨戏，最为著名，俞樾自题：

> 余止一孙陛云，自课之垂十年矣，今春又报罢南回，将待壬辰（1892）再赴公举。老夫衰矣，殊有赵孟视荫之意。

俞樾的孙子俞陛云（1868—1950），十六岁中秀才，十七岁中举人，但之后考进士屡次落榜，光绪二十四年（1898）俞陛云终于考中探花，授翰林院编修。"曲园课孙"的吉兆预言，在六年后终得应验。

徐琪在岭南时，曾于英德县山中偶得一英石，"状如人形，坐而观书，巾帻须髯皆备，因思往在西湖，从曲园师游，尝绘《授经图》，此石俨如风采，且与吾师所作《课孙图》墨戏亦复相似。"

徐琪得此英石，曾为俞樾创作一幅《授经图》千里寄赠。此外，徐琪《粤轺集》中还有一首《授经石歌》诗。

《春在堂诗编》卷十四，俞樾有答诗赋此事。可知徐琪为俞樾创作画像，不止《曲园图》《俞樾小像》等作品。

自嘲释义

前辈风流，不激不随。

《俞樾小像》创作于曲园六十岁时，俞樾自题诗，有"青春一去岁复岁，白首重留身外身"的感叹，其中寄托自己六十年人生感悟与自得，结尾以"貌此寻常行路人"自嘲，对像自揽，表现出豁达通透的人生境界，修养、学识一一体现在文字中。

历来文人小像题字、自跋，往往富于自嘲的人生况味，其幽默的境界，是参透、看破，是人生智慧的表现。如宋元佛门高僧，于顶相画幅上题写自赞，往往机智诙谐，立意超拔，其实也是点化世人的透彻言语，比如明代道衍姚广孝，本就擅长写诗，北京仰山寺曾藏有画像，题跋自赞曰："这个秃厮，忒无仁闻。名垂千古，不值半文。"

题像多自嘲打油诗，不仅是高僧所为，也是书生本色。苏州拙政园至今有拜文揖沈之斋，其中沈周像石刻，原图曾经项元汴收藏，其上有文嘉题跋，录石田翁《八十自嘲小像诗》：

人谓眼差小，又谓颐太窄，我自不能知，亦不知其失。

面目何足较，但恐有失德，苟且八十年，今与死隔壁。

检点《石田集》，有好几首类似自题小像诗，语气多类滑稽，这种炉火纯青的风趣，正是小像创作的延续与阐发，正见像主胸襟。

前文所述，苏州曲园落成之时，王廷鼎打算为老师绘制一套《曲园图册》，"甫创是议，未有图也。张子小云乃以一夕之力，毕成四图"，这套一夜之间绘成的四幅曲园图像，寓意自然是纪念俞樾小园落成，虽不是写真人物肖像，以"曲园"为题，也是传统文人斋室园林图的传统，风流遗绪，这套《曲园图册》或虽泯灭不见，妙在俞樾当时皆有诗答谢，文字未曾磨灭，录《春在堂诗编》卷九：

一　曲园著书

逍遥曲园中，撰述皕卷外。今老不著书，惭愧此图画。

二　精舍传经

来自第一楼，十有三春秋。虽无经可授，乐与诸贤游。

三　俞楼雅集

为吾筑斯楼，楼成吾老矣。唯愿诸君子，年年集于此。

四　右台归真

乾坤乃逆旅，久客必思归。诸子来相访，见吾杜德机。

俞樾这四首答谢赠画的五言诗，寓意丰富。

到光绪五年（1879）时，俞樾已经完成两百多卷著述，其中，为他赢得巨大学术声望的大部《群经平议》三十五卷，完成于同治三年（1864）；《诸子平议》三十五卷，成书于同治九年（1870）；其他还有《春在堂诗编》《古书疑义举例》《湖楼笔谈》《第一楼丛书》《春在楼杂文》《曲园杂纂》《诂经精舍文集》等，亦纷纷出版，这还不算他主持参与修刻的《上海县志》等。因之前战乱兵燹蔓延，同治初年以来，江南各地文献丧失殆尽，几无可读之书，浙江、江苏等官府书局之设立，正为恢复人心道统，赋予儒家经史经典著作刊刻作为一种急切使命。俞樾在同、光时代潜心整理、研究诸子古文,"拼命著述",不仅是个人功业,其中亦有深刻的社会背景,遂造就俞樾学者声望日隆。战后,以儒家诸子图书典籍而言,当时"几无书可读"。焦土一片狼藉,故家藏书湮灭,身临其境,面对如此近于文化沙漠、典籍荡然的现实,作为中国传统士大夫,俞樾最后一次试图重拾旧轨,他的努力、拼命、耕耘不辍、著作等身,获得了社会广泛赞誉,其自信与自得,尽在"皕卷"洋洋的平实叙述里。所谓"今老不著书",正是其睥睨自雄的另一种写照。

第一楼,第一人。

十三经,十三年。

无经可授,无法可说。

俞樾《精舍传经》诗中所传递的谦虚姿态,同样如此。

尤其终篇"杜德机"三字,再次体现了他穿越俗世人生的智慧与豁达,这四首《题画诗》与两年后为徐琪《俞樾小像》所题对照而看,"南郭先生久忘我,东坡居士为传神""书混沌眉殊可笑,观恒河面本非真",大约都是以佛入儒,若有若无的禅味无形无色,如沉烟袅袅,清凉一室,升起在"十三经"浩瀚典籍的刻板庄重里,这是俞樾的高度与识见,以蔼然长者风度,与弟子们娓娓谈心。

图咏题诗,夫子自道。像主的妙语题跋,是对这种文士肖像图画、文人斋室图的二次创作,与后来的众多题跋一样,随时积累,文字与图像结合,逐步构成一个完整的笔墨空间,图、文、诗、词、拜观之跋语,按序并置,记录、展示一个文人精神世界的超拔时空。肖像,直接描摹人的面貌、身姿、神情,环境补景点缀,可衬托像主人的高雅气度、超俗风姿。

再看《俞樾小像》,认真观摩这张绘制于一百三十八年前的俞樾图像,画中曲园,仅手执一卷,身坐磐石,身姿峭然,不动如山。双目精光,眼如点漆,身逢乱世的这位硕儒,如《世说新语》所谓"真神仙中人",神态中却多了一份凝思专注,表情严肃。

六十岁时的俞樾,生活状态安定,从容裕如:

孙儿陛云,与彭玉麟孙女下聘礼成;门下弟子多有金榜题名,继成玉堂翰林;闲来展读,是曾纪泽自法兰西国漂洋渡海而来的问候书信;为怡园顾文彬戏作"吉龟"诗,不忘考据;题诗明秦淮名妓卞玉京胞妹卞玉敏《画兰》,古艳风流;湖上俞楼雅集,绿柳拂动,湖光山色;虎跑、锡杖濯足清……

俞樾这一时期的生活状态,彼时有《庚辰春日戏柬诸同人》诗序,透露一二:

> 余今岁行年六十矣,学问之道日就荒芜,著述之事行将废辍,书生结习未能尽忘,姑纪旧闻以销暇日……伏愿儒林丈人高斋学士,各举奇奇怪怪之事,为我原原本本而书寄来。春在堂助作《秋灯丛话》,约以十事为率。

其诗云:

> 衰颓不复事丹铅,六十原非亲学年。
> 正似东坡老无事,听人说鬼便欣然。

联想《俞樾小像》自题"东坡居士为传神"句,大有意味。苏轼的人生境界,亦是饱经世故忧患,而乾坤逆旅,人生有涯,俞樾以苏轼笔墨赞扬徐琪之画,何尝不是苦尽甘来的自况?这一时期,俞樾日常所咏寻常食物,也大有黄州滋味,如《糕饵中有曰东坡酥者,戏为赋此诗》:

> 玉屑银泥到口无,佳名更喜借髯苏。
> 何当更起东坡问,可是当年为甚酥。

乱世，才有曲园、俞楼。

俞樾不朽，造化如此。

西法照印

徐琪为《俞樾小像》画迄十一年，光绪十七年（1891）的《春在堂诗编》中，出现记录现代摄影照相的内容。

《春在堂诗编》卷十三，有《用西法照全家小像，为赋一首并记》，题记云：

> 余据胡床扶杖而坐立余后者，余孙女及许氏第二外孙女，又稍右为孙妇彭氏。余人雁行而立，左行之首，大儿妇樊；右行之首，二儿妇姚。樊之下为从孙同恺及许氏外孙引之，姚之下为孙儿陛云及许氏第六外孙女，其依余膝下者，两曾孙女也。备书之以告我后人，辛卯十月，曲园老人记。

> 布帷氈褥净无尘，写出分明境里身。一老龙钟曲园叟，两行雁翅合家人。传神西方由来妙，照影东坡逊此真。妇竖团栾聊共乐，不须辛苦画麒麟。

晚清，正值新旧时代交替、中西文化融汇，西方商人、传教士、旅行家走进中国沿海、深入内地，摄影技术随之传入中国，借此记录中国的山川、地理风物及宫殿、园林、寺观，国民影像是其中很重要的部分。一些通商口岸已经开设照相馆，这一时期的人像摄影，近年经有识之士发掘整理，已蔚为大观，光绪皇帝、慈禧太后、李鸿章、张之洞、醇亲王等许多当时政治人物的影像，更为世人熟识。

最后的士大夫俞樾，虽沉浸于诗文唱和、写真题像的旧时风雅，面对西洋摄影术的到来，第一次目睹相片的毫发逼真，不免拆舌惊叹。俞樾举家拍摄这帧全家福相片后，按照传统肖像方式赋诗题咏，这是依旧按照传统"画像"视之，这不仅是俞樾个人的做法，当时上至皇族高官，下至普通士绅、学者，照相后均沿袭旧例，彼此寄赠，多随附题跋、赋诗，新旧糅杂的特殊时代，区区相片亦是如此。十一年间，传统线描写真传神的肖像画已经被现代光学技术的摄影所超越，这是俞樾亲身感受到的变迁。

俞樾七十岁时所摄的"西法全家小像"，不知是否仍在人间？

光绪二十五年（1899），徐琪自北京寄来一张全家福照片。俞樾记照片上有"三子三女"及徐琪夫妇八人，所赋《花农以全家照像寄示，率题一诗》题赞云：

> 的皪银光一幅铺，须眉如鉴不模糊。
> 人从福慧双修到，数与乾坤六子符。
> 眷侣神仙都绝俗，精神松柏本非臞。
> 紫宸黄阁他年事，再画朝天比翼图。

"眷侣神仙都绝俗，精神松柏本非臞。"徐琪中年发福的景象，"须眉如鉴不模糊"，有赖照片逼真呈现，俞樾如见故人，故有此说。

当时上海租界林立，照相术已经流行。俞樾曾记："沪上以曲园《胜游图》及《西湖揽胜图》，以西法照印各一千纸，售卖助赈。"这里所说的西法照印，为珂罗版印刷技术。珂罗版共分为四道工序，照相、修版、晒版、印刷，环环相连，摄影技术开始改变中国版刻的线装书，竹纸雕版的图书连同镌刻上版的古老繁体文字，所有这些俞樾钟情一生的"旧时月色"，即将覆灭。

光绪二十八年（1902），俞樾八十一岁，以士林耆宿身份得到朝廷嘉奖，重新获得正式的官员身份，重赴鹿鸣盛宴！这是他漫长人生的一件大喜事，俞樾内心期待已久。下面这首长题律诗，看起来只是摄影纪事，实则是多年"革职废员"重获衣冠身份，俞樾借此郑重向世人展示他的形象，一面是今日大儒、学者的"布衣"本色，一面是昔年学政的光荣，俞樾以两种衣冠分别拍摄相片，祖孙四代同庆吉祥。

《余用西法照印小像二：一立像，余布衣，右扶藤杖，左携曾孙僧宝；一坐像，孙陛云及僧宝左右侍，祖孙皆貂褂朝珠，僧宝亦衣冠，把玩之次，率赋一诗》：

> 衰翁八十雪盈头，多事还将幻相留。
> 杜老布衣原本色，谪仙宫锦亦风流。
> 孙曾随侍成家庆，朝野传观到海陬。[1]
> 欲为影堂存一纸，写真更与画工谋。[2]

布衣、谪官、衰翁、风流这些关键词，人生已白头，虽说是"幻相"，却期待长留人间。两张照片，一张布衣藤杖立像，另一张是"祖孙皆貂褂朝珠"，俞樾与俞陛云祖孙二人穿戴正式官袍，连同曾孙小名僧宝的俞平伯，一起被摄入方寸小照，瞬间定格，其中象征意蕴不言而喻。

光绪三十一年（1905），俞樾八十五岁。发生一件令他颇感意外的事情，上海书商搜罗制作当时中国各界名人照片，发行牟利，俞樾也被列入其中，国学大师与三教九流、各色人物混处一起，俞樾是士林中人，说不上气愤，却不禁哑然失笑。

《有以沪上书贾所售中国名人照相见示者，凡一百余人，杂糅不伦，余亦在焉，为赋诗一笑》：

> 历历须眉何处摹，居然衢卖遍江湖。
> 合成老子韩非传，画出天吴紫凤图。
> 莫怪枭鸾浑不辨，本来牛马单凭呼。

---

[1] 俞樾自注："余以立像寄京师肃亲王及日本子爵长冈护美，均报其以照像赠也。又分贻家乡戚友。"

[2] 俞樾自注："照相不甚耐久，拟更倩画工摹写，备他日影堂之用。"

> 悠悠功罪难言处，著此乾坤一腐儒。[1]

自承"乾坤腐儒"如诗圣杜甫，这时的曲园老人已经看淡浮名，诗中多戏谑调侃，多少生出欢喜心。

对新奇事物好奇，晚年俞樾保持着众多生活乐趣。阅读当时流行的《茶花女》等西洋翻译小说，研究西洋钟表……比如苏州有美国传教士所办医院，添置了当时第一台X光机，据说可以"看见"心脏，俞樾特意关照孙辈前往观摩。照相摄影是他可以接受的新奇事物之一，对扩印底片这样的具体技术细节也颇有心得。

《七月初余用西人摄影之法照一小像，仅五六寸耳。白须温卿取付其国照相馆，祐而大之至四尺余，立之坐侧，伟然可观，乃赋一诗》：

> 六寸俄成四尺强，层层摄取镜中光。
> 仍留装楷三毫在，竟有曹交一半长。
> 藤杖过头人独立，葛衣称体候初凉。
> 置之客坐非无意，客到还如我在旁。

光绪三十二年（1906）闰四月十八日，俞樾好友、前江苏巡抚端方登顶瑞士"布拉德山"，这位金石学养深厚的满族大臣，因担任出国考察西洋各国宪政任务，彼时漫游欧美各地。俞樾和端方在金石收藏方面有共同爱好，端方这次考察宪政之旅，依然不忘金石考古之乐，在埃及大拓古物石像，铭文制成扇子寄给国内好友。在瑞士雪山之巅，他将拍摄的一张纪念照片寄赠俞樾，俞樾赋短歌答之：

---

[1] 俞樾自注："其意谓此百余人，有功有罪，亭之公论，然则以余其间，亦不知为功为最也。"

羡君豪游直到西海西布拉德山，绝顶穷攀跻俯视。

沧海深深八千尺，仰观但觉浮云低。
又况千山万山雪，合成一片水晶域。
愿君大笔此留题，万古洪荒数行墨。

越洋而来的端方小像，摄于封建时代行将覆灭的最后岁月，冰雪皑皑的雪山横亘画幅，倡导革新、顶戴花翎的旧派人物居中，一切皆成象征。

藤杖

《清代学者象传（第二集）》录俞樾画像，端坐奇木古藤椅上，一手扶椅，大致七十岁以后面貌，对照1935年《人世间》第二期（良友图书印刷有限公司铅印本）佚名所摄照片，面貌、姿态以及服冠都趋相似，最大的区别在于，相片上俞樾手扶一杖，《清代学者象传》中则以古拙高雅的座椅家具衬托其学者形象。

如高居翰所言："透过衬托的背景与象征物，尝试为其主题人物赋予内在的生命。这些衬托的景物，有可能是沿用已久的象征符号……也可以是需要精心推敲、且具有特定意义的事物。"现存两帧俞樾晚年相片，都右手持杖。

据俞樾门生王廷鼎《杖扇新录》所记，这根藤杖出自浙江天台山顶奇峰绝壁间，纹理坚韧，皮起凹凸，长七尺余，乃俞樾六十寿诞时，王廷鼎特意委托天台知县李星甫遍觅而来，"形微扁，色红而腴，旁一细藤作姜黄色，自头至末盘结藤身，若合若离"，藤杖质轻体直，真千百年物，正是唐代皮日休所咏产自天台华顶绝壁的"红藤杖"。

俞樾对此杖最宝爱，"凡值山游，篮舆犀麈而外，此杖常御焉"。前记日本人白须温卿取俞樾小影照片，"付其国照相馆袥而大之至四尺余"，这张照片中，"藤杖过头人独立"，即此藤杖。

以藤杖入像，是俞樾自觉的一种文化心态。苏轼竹杖芒鞋的外在形象流传千年，文人的心灵世界里，"扶杖""策杖"不仅是《礼记》所载上古礼法，也是雅士文士精神所寄的一种姿态，非题外话。

光绪二十七年（1901），俞樾在最后完成的《补自叙诗》中，特别提到受赠四川筇竹杖一事：

> 筇杖传来自蜀中，尚书望我太从隆。
> 扶纲执纪非吾事，一手携书一杖筇。

俞樾自注："奎乐峰峻（俊）制府，自蜀中寄赠筇竹杖三枝，其来书有'扶掖大雅，楷持名教'语，余不敢当，赋长歌谢之。"

赠杖者瓜尔佳·奎俊，满洲正白旗人，光绪十八年（1892）任江苏巡抚，光绪二十四年（1898）改授四川总督，故赠俞樾当地特产的筇竹杖。

俞樾谢谢老友相赠，继而诗风一转，议论起"沪上为新学者"，诸多"铺张海国新闻见，薄弃尼山旧典型"的"歪理邪说"，他深为痛恨：

> 公然倡议废群经，异论高谈不可听。
> 万古秋阳常皜皜，一朝秦焰又荧荧。
> 昔抱三忧今竟验，坐看白日变幽冥。

所谓"三忧"，俞樾自注："一忧无中国，二忧无孔子，三忧无大地，余二十年前有此说。"

这是相当沉痛的说辞。一首答谢友人赠杖的诗，满怀忧世愤懑，岂是一根竹杖所能承受的？

同年，俞樾再次收到乐峰（奎俊字）赠杖，俞樾再次赋诗答谢，其中感慨更盛，一杖之微，几成为"名教大雅"扶纲植纪的象征，衰年老人长诗以寄孤愤，至今读来亦为动容，兹录全篇于后。

《乐峰制府又以筇杖一枝寄赠，其来书有"扶掖大雅、楷持名

教"语。余谢不敢当,然不能无感,辄赋此诗》:

> 筇杖得名从汉时,至今筇杖天下知。故人杖节镇西蜀,秋间曾以二杖贻。浣花老人旧有例,敢不拜受谢以诗。无何又寄一杖至,初意谓公怜我衰。肃衣见客受其杖,焚香展函读其词。一言大雅赖扶掖,再言名教宜楷持。读之挢舌不能下,斯言于我安所施。必执此言用此杖,杖不宜受宜乎辞。三复公书三太息,公言可为深长思。窃思我朝称极盛,后有乾隆前康熙。五经谨严遵御案,四库闳大开京师。荐举经学得吴顾,召试鸿博来彭倪。其时风同道唯一,士论不敢差毫厘。嘉道以来百余载,谨守成轨无他歧。不图风会忽一变,放言高论殊离奇。谓六经可一炬毁,圣贤经传同糠粃。谓三纲可一笔扫,大泯乱我民之彝。四子之书宋儒定,元明至今循其规。我侪束发抱书读,孰不奉此为初基。乃谓以是课蒙士,为足开发人心脾。遂使新书日日出,其意直欲无宣尼。国家功令置不问,先民榘矱弃若遗。大雅沦亡且勿论,直恐名教将陵夷。扶纲植纪谁之责,安得有杖颁尹耆。我老且病又微贱,虽操此杖将奚为。重为告曰杖兮杖兮汝努力,勿徒为我扶衰羸。逐日去追夸父走,化龙来共壶公嬉。运以巨灵之高掌,辅以扶桑之乔枝。庶几以有副公意。我将扶杖来观之。

自问,虽操此杖,更将奚为?

曲园咏杖诗,有夸父逐日的豪迈气势,然而耄耋老人,只能寄望后辈努力。而落花流水,俞樾的预感相当准确。四年后,光绪三十一年(1905)八月初四,清政府颁布《废除科举制谕旨》,科举废除。俞樾诗中蕴藉的无奈,只有豁达处之,遥和东坡潇洒:

> 莫听穿林打叶声,何妨吟啸且徐行。竹杖芒鞋轻胜马,谁怕?一蓑烟雨任平生。

料峭春风吹酒醒，微冷，山头斜照却相迎。回首向来萧瑟处，归去，也无风雨也无晴。

影堂遗世

俞樾八十岁时所摄布衣藤杖立像，也是至今流传颇广的一幅曲园图像，当时郑重寄给京师肃亲王，以及曾赠俞樾仿刻宋板《尚书正义》一书的日本子爵长冈护美，并分赠亲友故人。隆重如此，如之前拍摄、赠送肃亲王相片的题诗所云："欲为影堂存一纸，写真更与画工谋。"

俞樾更特意注明："照相不甚耐久，拟更倩画工摹写，备他日影堂之用。"

影堂，最早是佛门用语，供奉达摩祖师影壁之意，宋代谢翱《逃暑崇法寺》诗云："只今尘土影堂空，石上犹镌麻纸帖。"后世寓为悬挂展示用的祖先画像。

《礼记·祭统》："生则养，没则丧，丧毕则祭。养则观其顺也，丧则观其哀也，祭则观其敬而时也。尽此三道者，孝子之行也。"一般后人祭祀祖先，必备有父母祖先画像，祭奠缅怀。此外，历代贤人名流图像，都有"成教化，垂鉴诫"的功能，俞樾深知自身画像传世的重要性，绘像留世，对此他有清醒的自觉意识。回顾一生行迹，俞樾对个人身后的学术定位、著述流传都深为自信，"生前自定名山业"，立言功业得以身后流传无疑。在他去世前，写有告别世界、亲朋等的系列组诗《别家人》《别诸亲友》《别门下诸君子》《别曲园》《别俞楼》《别所读书》《别所著书》《别文房四友》《别此世》《别俞樾》，一共十首。其中的《别俞樾》，跳出自我的肉身，回顾前尘似喃喃自语，尤其耐人寻味：

> 平生为此一名姓，费尽精神八十年。
> 此后独将真我去，任他磨灭与流传。

磨灭与流传，文章著述之外，自身形象传世，其实亦是俞樾晚年最为关切的。"勋业著于当时，道德垂于后世"的"影堂"遗像，他决定采用照片留真、再请画师绘图的方式，向世人留下自己最后的"曲园"形象。

光绪三十二年（1906），这幅寄托传世留真心愿的画像终于完成，俞樾不久去世。俞樾赋题《画像》诗云：

> 古祭必立尸，精神相感召。尸废图像兴，则在求之貌。
> 金母画甘泉，其像必已肖。唐代拜御容，尊严比宗庙。
> 流传逮氓庶，沿袭成典要。若非有画像，何以寓追孝。
> 西人讲光学，其技益奇妙。摄影入玻璃，寸管窥全貌。
> 惜乎光易流，数年便销耗。吾榇久已制，吾像犹未造。
> 范金固无赀，刻木亦费料。乃招画师来，尔技为我效。
> 形勿忖留嫌，神必阿堵到。异时坐影堂，伯鸾配德耀。
> 子孙沿成例，铏芼岁时荐。下逮云仍辈，灯下来瞻眺。
> 曾孙犹识我，一一指相告。此即曲园翁，老丑幸勿笑。

这首诗，可以看作俞樾对自身图像流传人间最后的交代，阐述了古人绘制图像的诸多意义，"精神相感召""沿袭成典要"，"若非有画像，何以寓追孝"。特别还提到自己身处的时代，西方摄影相片"光学"奇妙创新，肯定"寸管窥全貌"的逼真效果。唯一令他担心的是，当时技术尚未完备，相片容易褪色模糊，为此他"招画师来"，以中西合璧的方式，为后人留下自己最真实、长久的"曲园"图像，一代风范。

直至走到生命尽头，俞樾有一首《临终自喜诗》，再次印证了他对自身"曲园图像"的执着,其中特别提到,"已愧品题同北海,更惊图像配南丰"。此诗有自注:"日本人以余与曾文正小像,合摹一幅,广布各国。"

临终自喜,曲园图像不朽,与恩师曾国藩小像并立而流传各国。

自认平生得意事!

晚清摄影技术传入中国,文人写影传神的传统模式逐渐烟消云散。当年拍摄的国人影像,为后人认识晚清帝国提供了最直观的诸多图景,如意大利随军记者费利斯·比托拍摄了恭亲王肖像;法国人云南领事方苏雅,以照相机记录云南各地风土人物;《泰晤士报》特派员莫里循,交游广阔,镜头下记录当时京华烟云众多人物;美国旅行家威廉·盖洛所拍摄的长江流域旧时社会百态,至今为人称道;英国旅行家伊莎贝拉·伯德,只身探险进入巴蜀地区,留存大量图片记录;后来成为英国皇室御用摄影师的约翰·汤姆逊,漫游中国各地,最终结集出版有四巨册《中国与中国人》影像……这些外国人拍摄的大量影像,以西方视角记录了晚清中国人的精神面貌,俨然长卷写真。

回顾"曲园图像"之种种,有着文人小像、斋室、园林雅集图卷创作的传统遗绪、前辈风流,以书画题跋、手卷册页行世。像主、众人题诗刻意塑造"曲园"形象,诗跋则寄托人生理想、生命依归,展现像主人格之美。道德礼教的内化,体现在像主的"风仪",图像使之外化,这一面的俞樾,代表传统"守旧"的学者形象,并且是其中佼佼者,其"经学传人"、极端的文化保守主义者的姿态,尽在其中。而时代迁播,俞樾毕竟身处19世纪末、20世纪初新思想、新事物进入中国、西风渐进的大环境下,学术上恪守考据传统,而能够接受各种新奇的创新发明。他对摄影的好奇甚至"迷恋",给后人留下若干晚年纪实照片,弥足珍贵。俞樾晚年身处"不新不旧""山雨欲来"的变革风暴前夕,笔者考述其个人影像史料若干,或有一定的价值。

纵观俞樾一生,劳于笔砚,金石、古文字学都有深厚造诣,尤其晚年德崇海内，诗词中多表达日常生活情趣，长年累月的学术积淀、人生修养，焕然而出。诗文内容多家常絮语，所记生活中有关美食、花木等情趣之事，赋诗信手拈来。所写隶书，臻于质朴化境，其对古文字、金石图像的随意运用、刻画，往往别出心裁，所创的曲园笺纸古香弥漫，格调高雅。是否可以认为，他因为对金石、古文字形象辨识的考稽，而引申出对"图像"的重视？这一猜测是否合理？有待进一步讨论。